RESCAPÉ

Auschwitz, la Marche de la mort et mon combat pour la liberté

Traduit de l'anglais par Thierry Marignac

fleuve
ÉDITIONS

Titre original :
SURVIVOR
Auschwitz, The Death March and My Fight for Freedom

MIXTE
Papier issu de sources responsables
FSC® C003309

L'éditeur de cet ouvrage s'engage dans une démarche de certification FSC® qui contribue à la préservation des forêts pour les générations futures.

Pour en savoir plus :
www.editis.com/engagement-rse/

ISBN : 978-2-266-24622-4

Sam Pivnik

Sam Pivnik est né en 1926 à Bedzin, dans le sud-ouest de la Pologne, près de la frontière allemande. En 1943, il est déporté avec ses parents et ses cinq frères et sœurs. Il sera le seul à en réchapper. Après la guerre, il s'installe à Londres et devient marchand d'art.

RESCAPÉ

« La ligne qui mène de "Vous, les Juifs, vous n'avez pas le droit de vivre parmi nous" à "Vous n'avez pas le droit de vivre parmi nous", puis à "Vous n'avez pas le droit de vivre", est une ligne droite. »

Raul Hilberg

Lexique

Aktion : Déportation des Juifs, des Tsiganes et autres « ennemis » du IIIe Reich en camps de concentration.

Aliyah Bet : Nom de code donné à l'immigration illégale des Juifs en Palestine pendant les années 1930 et 1940.

Appell : Appel dans les camps.

Appellplatz : Place où se rassemblaient les prisonniers pour être comptés.

Arschloch : Insulte signifiant « trou du cul » en allemand.

Asos : Abréviation pour « élément antisocial » – une catégorie de criminels qui comprenait les sans-abri, les chômeurs de longue durée, les délinquants sexuels, etc.

Bedzin : Ville natale de l'auteur.

Berchtesgaden : Retraite bavaroise de Hitler.

Berufsverbrecher : Truands professionnels qui travaillaient dans les camps.

Blockältester : Chef de bloc.

Blockschreiber : Employé au registre de l'appel.

Blocksperre : Consignation des prisonniers dans les baraquements.

Dreckjude! : Insulte en allemand signifiant « sale Juif ! ».

Edelweisspiraten : Mouvement antinazi allemand.
Einsatzgruppen : Détachements spéciaux d'assassins, peloton d'exécution.
Eretz Yisrael : Terre biblique d'Israël, Grand Israël.
Fall Weiss : Plan stratégique des nazis pour l'invasion de la Pologne.
Familienlager : Camp familial.
Gau : District allemand.
Gauleiter : Chef de district.
Gordonia : Mouvement de jeunesse sioniste.
Hachshara : Préparation à l'émigration en Israël.
Häftlingskrankenbau : Hôpital des prisonniers.
Haganah : Force de Défense Juive ; organisation paramilitaire.
Hausfrau : Ménagère.
Heder : École primaire religieuse.
Hefker : Terme juif désignant un comportement libre de toute responsabilité ; expression juridique pour indiquer une propriété sans propriétaire connu.
Hitlerjugend : Jeunesses hitlériennes.
Jedem das Seine : « À chacun son dû », devise inscrite au-dessus des portails de Mauthausen.
Judenfieber : Typhus, littéralement : « fièvre juive ».
Judenrat : Conseil juif.
Judenrein : Purge des Juifs.
Kaddish : Prière juive pour les morts.
Kapos : Contremaîtres des camps, recrutés dans les rangs des prisonniers.
Kappellmeister : Chef d'orchestre.
Kindertransport : Transport d'enfants, soit en lieu sûr, soit dans les camps.
Knochenmühle : « Le broyeur d'os », surnom du camp de Mauthausen.
Kojen : Couchettes superposées à trois niveaux.

Kommando : Terme allemand pour désigner une unité affectée à une tâche quelconque.
Kriegsmarine : Marine de guerre allemande.
Lagerältester : Détenu en charge de la gestion interne du camp.
Lagerführer : Commandant du camp.
Lagerschreiber : Employé aux écritures du camp.
Lebensraum : Littéralement, l'espace vital, nom donné à la politique extérieure d'expansion du Reich de Hitler.
Machal : Acronyme hébreu signifiant « Volontaires étrangers » ; les soldats qui combattirent pour le nouvel État d'Israël.
Maurerschule : École de maçonnerie.
Muselmänner : Musulmans (argot des camps désignant les déportés faméliques).
Oberkapo : Chef *Kapo*.
Opération Barbarossa : Nom de code allemand pour l'invasion de la Russie.
Organisation : Terme argotique désignant le marché noir dans les camps.
Piepel : Jeunes garçons dont les gardiens des camps et les *Kapos* se servaient pour assouvir leurs besoins sexuels.
Prämienschein : Ticket de cantine.
Rampenkommando : Détachement affecté au quai de gare.
Rapportführer : Sergent-major, commandant d'un bloc.
Raus ! : Dehors !
Reichsfeldmarschall : Terme allemand pour « Maréchal ».
Rottenführer : Chef de cellule du parti nazi.
Scheissjude : Insulte raciale (littéralement : Juif de merde).

Schiffchen : Casquette à bord de toile.
Schnell ! : Vite !
Schutzhäftlinge : Prisonniers politiques.
Shabbat : Fête juive du Shabbat.
Sheitel : Perruque noire traditionnelle, portée par les femmes juives.
Shem Yisborach : Nom juif de Dieu.
Sicherheitsdienst : Service de sécurité allemand.
Smetana : Crème fermentée.
Sonderausweis : Laissez-passer des travailleurs essentiels à l'effort de guerre.
Sonderbehandlung : Traitement particulier.
Sonderkommandos : Unités spéciales de prisonniers contraints à s'occuper des chambres à gaz et des crématoires.
Stahlhelm : Casque d'acier.
Stalags : Camps des prisonniers de guerre.
Stiebel : Salle de prière juive.
Stube : Chambre.
Stubendienst : Chef de chambrée du camp.
Sturmabteilung : Organisation paramilitaire du parti nazi, les « chemises brunes ».
Sturmbrigade Dirlewanger : Unité SS tristement célèbre, composée de prisonniers de droit commun, coupable d'innombrables atrocités en Europe orientale et en URSS.
Totenkopf : Unité SS à tête de mort.
Treif : Nourriture non casher.
Treuhänder : Détenu bénéficiant d'un régime de faveur, affecté à certaines tâches.
Umsiedlung in den Osten : Déportation à l'Est.
Untermenschen : Littéralement, « sous-hommes ». Terme nazi pour désigner les Juifs.
Unteroffizier/Unterscharführer : Caporal (Armée/SS).

Volksdeutsche : Polonais d'origine allemande.
Vorarbeiter : Contremaître.
Wehrmacht : Armée allemande.
Winterhilfe : Contributions pour aider les soldats du front de l'Est.
Yad Vashem : Musée de l'Holocauste à Jérusalem.
Yiddishkeit : Judéité.
Zyklon B : Composé chimique utilisé dans les chambres à gaz.

Prologue

Face à face avec l'ange

À Auschwitz, il n'y avait pas de calendrier. Ni dates, ni anniversaires, rien qui puisse marquer le passage du temps. Pour les chanceux, ceux d'entre nous qui survivaient, la nuit suivait le jour, et les jours devenaient des semaines. Peu parmi nous parvenaient à rester vivants pendant des mois. Je ne sais donc pas précisément à quel moment je suis tombé malade. C'était probablement en décembre 1943, par un temps glacial comme l'hiver polonais peut en offrir. Dans la mince tenue rayée réglementaire des déportés, tunique et pantalon, j'aurais dû ressentir le froid mordant, mais ce matin-là, j'avais chaud et j'étais en nage.

Nous dormions à cinq par *Koje*, une couchette à trois niveaux, tassés ensemble sur des planches de bois dur et humide et je mis un certain temps à me rendre compte que la chaleur partagée des corps aurait dû disparaître puisque j'étais debout tout seul. Un bourdonnement retentissait sourdement sous mon crâne, les glandes de ma gorge étaient douloureuses et enflammées. Avant-guerre, quand on était malade, on allait chez le médecin. Si on n'en avait pas les moyens, on restait au lit, chaudement couvert, et on prenait une aspirine. À Auschwitz, l'unique hôpital était un lieu de mort – le HKB, *Häftlingskrankenbau*, une salle d'attente de la chambre à gaz, comme nous le savions tous. Je boutonnai ma tunique jusqu'en haut et je faisais de mon mieux pour maîtriser mes tremblements, tandis que la fièvre déchaînée cédait la place aux frissons.

Je me souviens à peine de mon boulot sur la Rampe, ce jour-là. Les trains se succédaient sans doute comme toujours, le cliquetis des wagons et le grognement des moteurs, le sifflement de la vapeur qui s'échappe. Puis les verrous qui coulissaient et les pauvres diables, les maudits, surgissaient des wagons, battant des paupières, éblouis par la clarté du ciel. Je les avais vus si souvent que je les remarquais à peine, à présent. Les petits enfants en pleurs, s'accrochant à leur mère ; les femmes agrippées à leur progéniture ; les Juifs orthodoxes les plus âgés tentant de lier conversation avec le *Kommando*, demandant des éclaircissements sur l'inexplicable ; des vieillards tremblants, les yeux écarquillés, boitillant le long de la Rampe, aiguillonnés brutalement par les SS. Je savais lesquels éviter, ceux dont il ne fallait à aucun prix croiser le regard, de quels chiens montrant leurs crocs, prêts à mordre, il valait mieux se méfier. Et je remplissais ma tâche comme toujours, traînant les cadavres raidis, maculés de merde, hors des wagons, habitué à ne pas respirer leur puanteur. Nous les allongions sur le ciment, loin derrière les rangs des survivants qu'on emmenait. Vers la droite, la vie. Vers la gauche, le gaz. Sans rime. Sans raison. Le jaillissement rapide d'un doigt recouvert d'un gant immaculé. Droite. Gauche. Gauche. Droite. Gauche. Gauche.

Je me souviens avoir contemplé la Rampe. Elle ressemblait à un champ de bataille comme d'habitude.

Ça ne tenait pas seulement aux corps entassés sur les chariots et emportés, mais aussi aux manteaux et aux bagages, une poupée de petite fille, des lunettes ayant appartenu à quelqu'un. Tout le monde devait abandonner ses affaires où elles étaient. On les leur rendrait plus tard, après la douche. Après leur avoir enlevé les poux. Après le Zyklon B.

Tout ça commençait à tourbillonner sous mon crâne, les cris des SS et des *Kapos*, dont l'écho se repétait sans fin. Tout soudain me parut très lointain – le grognement des moteurs et les colonnes de nouveaux arrivants qui disparaissaient au fur et à mesure. Le travail vous rend libre. *« Raus, raus ! », « Schnell ! »*, « Salopards de Juifs ». Le travail vous rend libre…

Lorsque je me réveillai en sursaut, je ne savais plus où j'étais. Au beau milieu d'une grisaille, maculée de taches noires. Quand je parvins à me concentrer et que mon cerveau s'éclaircit, je reconnus précisément l'endroit où je me trouvais. J'étais à l'hôpital, entouré de ces murs passés à la chaux dans une tentative de stérilisation. Les taches noires étaient des malades comme moi, encore dans leur tenue rayée de prisonniers.

Je ne sais combien d'heures, combien de jours, j'y suis resté. J'étais simplement content de mon lit, un peu plus doux et confortable, après des semaines à dormir à même les planches. Les matelas étaient en papier bourré de copeaux de bois, ce qui les rendait moins durs que les habituels sacs de paille. La soupe était un peu plus épaisse, et on avait droit à un quignon de pain supplémentaire. Des petites choses de ce genre rendent l'appétit de vivre, au point que certains des hommes enfermés dans le camp principal étaient prêts à tuer. La fièvre allait et venait, j'avais la tête bourdonnante d'un battement sourd, des douleurs chroniques qui m'élançaient dans les bras et les jambes me donnaient le sentiment d'être affecté d'une maladie qui me rendait infirme. J'avais dix-sept ans et l'impression d'être un vieillard.

J'avais contracté le typhus, qu'on appelait la *fièvre des fers* dans toute l'Europe parce qu'elle se déclarait la plupart du temps au cours d'un séjour sous les verrous. Il était tout à fait logique que je la contracte à Auschwitz-Birkenau, prison par excellence. Sauf qu'ici, on l'appelait *Judenfieber*, la fièvre juive. Si l'on jette un coup d'œil à la liste de mes symptômes aujourd'hui, on découvrira que le nom de ma maladie est *Rickettsia typhi*, très courante dans les lieux manquant d'hygiène et où il fait froid. La température peut atteindre 41 °C, et on est affligé d'une toux déchirante – une toux qui est encore la mienne aujourd'hui. Sans traitement approprié, la mortalité peut monter jusqu'à soixante pour cent.

Je ne savais alors rien de tout ça. J'ignorais également que l'oignon cru qu'on me donnait à manger au lieu de me fournir des médicaments ne m'était d'aucun secours. Tout ce que je savais, c'était que j'étais terriblement malade mais que la volonté de survivre m'aidait à me dépasser, rendant possibles la sortie du lit et la station debout au garde-à-vous parmi les autres malades le jour de la visite de Mengele. Bien sûr, je l'avais souvent aperçu sur la Rampe, officier SS en uniforme immaculé, fière allure, poli, jetant un coup d'œil aux prisonniers tandis qu'ils sortaient des wagons, chancelants. Un doigt pointé. Il ne s'agissait que de cela, dans des gants coûteux de couleur grise, en peau de biche. Un doigt vers la droite signifiait la vie ; vers la gauche il signifiait la mort. C'était ainsi que les membres de ma famille avaient été anéantis, perdant à l'effroyable loterie mise au point par les nazis. Aujourd'hui, il était revêtu d'une blouse blanche ouverte sur sa vareuse d'uniforme. Un stéthoscope pendait autour de son cou. Un certain nombre d'infirmiers SS gloussaient autour de lui, armés de listes et de presse-papiers. Visite médicale en enfer. Quand il parvint auprès de mon lit, je tremblais, agité d'une terreur incontrôlable. Nous savions tous que quiconque incapable de rester au garde-à-vous près de son couchage était expédié directement à la chambre à gaz. C'était un homme qui avait passé les mois précédents à opérer la sélection sur un simple coup d'œil. Combien mesurais-je ? Un mètre soixante, soixante-cinq ? Les épreuves traversées dans le ghetto puis au camp m'avaient amaigri ; mais la nourriture que je glanais sur la Rampe me donnait plus de force que la plupart des déportés. Je tremblais comme une feuille, des pieds à la tête, incapable de m'arrêter.

Ça ne lui demanda que quelques secondes. Son doigt pointa vers la gauche. La chambre à gaz. Le four crématoire. Le néant. Est-ce que la pensée de rejoindre ma famille, de les revoir dans l'au-delà me traversa l'esprit pendant ces instants terribles ? L'idée que ce malheur allait bientôt prendre fin ? Peut-être. Mais le désir de vivre était le plus fort ; voir une aube nouvelle ; manger encore une croûte de pain. Je fondis en larmes, me jetai à ses pieds, laissant précipitamment échapper quelque chose sur mon désir d'être fusillé et non gazé. Je crois même avoir embrassé les bottes de Mengele, toujours impeccables, cirées au point qu'on s'y reflétait comme dans un miroir.

Les bottes s'éloignèrent. Et aujourd'hui encore, je ne sais toujours pas pourquoi. Tous les récits que j'ai lus sur Mengele s'accordent à dire qu'il ne supportait pas d'être touché par un Juif. En tant que médecin, il en examinait beaucoup, mais selon ses propres procédures, pour les raisons qui étaient les siennes. Je m'étais agrippé à lui et rien que pour ça, j'aurais pu récolter aussitôt une balle dans la peau. Je ne l'avais pas regardé. Aujourd'hui encore, j'ignore toujours pour quelle raison il changea d'avis. M'avait-il reconnu comme un travailleur de la Rampe ? Avait-il cédé parce que ma balbutiante supplique était en allemand ? S'agissait-il vraiment de Mengele ou bien d'un infirmier dont je ne puis deviner les motivations ? Tout ce dont je me souviens, c'est que le groupe poursuivit sa visite, s'éloignant de moi, les bottes résonnant sur le sol et le doigt se pointant ailleurs, sur un autre pauvre diable. L'Ange de la Mort s'était envolé.

Les infirmiers se mirent à évacuer les gisants de l'infirmerie afin de les préparer à une immobilité définitive. L'un d'entre eux, une des rares figures bienveillantes parmi tant de cruauté, se pencha vers moi en me relevant et dit : « Ne t'inquiète pas, Szlamek, tu peux rester ici. » Je m'effondrai sur mon lit, à nouveau secoué de sanglots.

Pendant les trois ou quatre jours que dura mon séjour à l'hôpital, j'eus le temps de réfléchir. J'avais frôlé la mort et des instants de ce genre poussent à la concentration. J'avais dix-sept ans. Ma famille avait disparu. J'étais seul au monde. Mais il n'en avait pas toujours été ainsi. Autrefois – un passé distant de quatre ans à peine –, j'avais vécu une époque magique où personne ne parlait de la mort, ni même ne l'imaginait. Une époque de vie qui avait constitué mon enfance.

I

Le Jardin d'Éden

Je me souviens surtout de petites choses – le chant des oiseaux haut perchés dans les grands arbres ; le goût sucré des mûres qui s'épanouissaient au petit bonheur en buissons au bord de la route ; et par-dessus tout, sous un ciel qui semblait bleu pour l'éternité, l'odeur entêtante des épineux. Je me souviens des routes remplies d'ornières, de l'odeur et des grincements rauques de l'autocar qui nous emmenait là-bas – quatre-vingts kilomètres au pays des merveilles ; le plus long trajet que j'ai effectué de ma vie, à l'époque.

Nous y allions toujours en été, bien sûr – des vacances ordinaires. Mais pas si ordinaires. Ces étés-là ne reviendraient jamais plus par la suite, sauf dans mes rêves les plus chers. Des étés dont le souvenir aurait dû s'estomper, mais il s'y refusait. Des images qui m'ont peut-être permis de ne pas perdre l'esprit au fil des années qui ont suivi. Et je les entends aujourd'hui encore, la famille et les amis se rassemblant autour de nous, à grand renfort de rires et de hochements de tête appréciateurs. Les vieux sages tiraient sur leurs barbes, les femmes nous serraient contre leurs poitrines et nous dispensaient des baisers sonores, tout en faisant la cuisine. « Voilà la famille de Bedzin ! », tel était le premier cri qui retentissait à nos oreilles. Et pendant quelques semaines, Bedzin nous semblait aussi lointain que la face cachée de la lune.

Je revois les tables aujourd'hui encore, chargées des nourritures de la campagne. Le beurre luisant, jaune vif ; la crème, *smetana*, pure, piquante, plus nourrissante que n'importe quelle crème proposée de nos jours. Du fromage qui fondait dans la bouche, mais se rappelait ensuite par un puissant arrière-goût ; le fromage à trous (Emmental ou Jarlsberg), le gâteau *Schweitzer*. Du pain à l'odeur de paradis trempé dans la *smetana*, des pâtisseries pour lesquelles on aurait donné son bras droit. On partait en courant dans les bois, avec mes frères, histoire de se dépenser un peu après un tel repas – Nathan, presque un homme, déjà, en ce dernier été d'avant-guerre ; Majer et Wolf, qui tentaient tant bien que mal de le suivre. Josek était trop petit pour venir avec nous, c'était encore presque un nourrisson, ne s'écartant jamais très loin des jupes de ma mère. On jouait au football avec un ballon de fortune fait de chiffons dans les hautes herbes, on montait les robustes petits poneys de la plaine polonaise, on s'aspergeait mutuellement en nageant dans les eaux fraîches et brunes de la rivière, parsemées de feuilles de saule.

Le matin, tandis que le soleil entamait paresseusement sa course ascendante dans le ciel bleu, nous nous installions dans l'atelier de mon oncle au rez-de-chaussée de la petite maison peinte en jaune sur la place du marché. Il était bottier, et je sens encore l'odeur du cuir et les coups réguliers du poinçon tandis qu'il confectionnait les bottes comme les membres de notre famille le faisaient depuis des générations : hautes et élégantes, dans des teintes d'acajou profond, ou bien noires et luisantes, et qui étaient commandées par l'armée ou vendues par correspondance à de riches amateurs d'équitation. Mon oncle avait été un beau jeune homme – je me souviens des photographies –, mais c'était à présent un des doyens de la ville, portant la barbe qui convenait à ce rôle et qui lui donnait un certain statut de respectabilité. Bien que gamins, nous en étions parfaitement conscients. Mais lorsqu'il mesurait nos pieds, au milieu des lambeaux de cuir et des formes de bois luisant, il laissait tomber le protocole et il nous chatouillait, ébahi par la taille de nos extrémités.

Un autre de mes oncles exerçait la profession de boucher. Il possédait un beau cheval pour tirer le chariot dans lequel il transportait la viande. Il nous laissait parfois chevaucher l'animal pour traverser la place principale, flanquée d'une synagogue qui me paraissait aussi grande qu'un château.

Au-delà des limites de cet espace, l'agitation de la bourgade rappelait celle de chez nous, quoique différente. Les gens d'ici étaient des nôtres, les héritiers d'une même tradition religieuse, d'un même passé, mais ils vivaient au pays des merveilles. Je les avais tous connus et fréquentés, depuis mon plus jeune âge, et parce que nous allions leur rendre visite tous les étés. Je les ai vus pour la dernière fois quand j'avais onze ans. Et plus jamais ensuite.

Le Jardin d'Éden avait un nom : Wodzislaw, à quatre-vingts kilomètres de ma ville natale, entre l'Oder et la Vistule. L'eau dans laquelle nous plongions avec délice était celle d'un des nombreux affluents, le Lesnica ou le Zawadka, je ne me souviens plus. La météo vous dira que c'est en juillet qu'il y pleut le plus souvent, mais je n'en ai pas gardé ce souvenir-là. Le soleil brillait sans discontinuer – sur la synagogue construite à cet endroit en 1826, sur le monastère chrétien fondé par le duc Wladyslaw d'Opole, des siècles auparavant, et même sur les sinistres mâts de charge des mines de charbon, dressés au loin.

Les gens trimballent l'image stéréotypée du Juif habitant des villes, écumant les rues pour y trouver un sou vaillant. Le plus fameux Juif de la littérature britannique est Shylock, le marchand de Venise, au siècle de Shakespeare ; le port était en effet un des plus florissants marchés du monde – une époque où il n'y avait pas encore le moindre Juif en Angleterre. Mais pendant ma jeunesse en Pologne, on distinguait des Juifs de toutes sortes, dans tous les corps de métiers, tant urbains que ruraux – du moins… jusqu'à ce qu'on nous interdise de les exercer. La famille de ma mère, à Wodzislaw, était composée de gens de la campagne. L'une de mes tantes s'appelait Lima Novarsky. Son prénom signifiait *fleur*, et elle s'entendait très bien avec sa propriétaire, une chrétienne polonaise. Une autre de mes tantes était meunière. Wodzislaw s'était vu décerner le statut de « ville » par les lois Magdebourg du Moyen Âge, mais c'était plutôt une bourgade campagnarde. À Wodzislaw, toute ma famille élevait du bétail – moutons, chèvres, poules.

Tous les ans, nous retournions galoper dans l'herbe de cet Éden et, à cette époque, notre plus grand malheur était l'obligation de rentrer à la maison à la fin des vacances.

Chez nous, c'était la ville de Bedzin, située sur les berges de la rivière Przemsza, un confluent de la Vistule. Elle avait été signalée pour la première fois dans les livres d'histoire quelque temps avant que je naisse ; en 1301, c'était un village de pêcheurs qui n'acquit le statut de « ville » qu'un demi-siècle plus tard, par la vertu des mêmes lois Magdebourg qui l'accordaient aussi à Wodzislaw. L'horizon de la vieille ville était dominé par le château de Kazimerz le Grand. Au départ un humble camp retranché aux remparts de bois, Bedzin avait été reconstruite en pierre par Kazimerz, une enceinte circulaire aux murailles de quatre mètres d'épaisseur, et douze mètres de hauteur. Elle était érigée là, sur la colline surplombant la Przemsza, pour se dresser sur la frontière polonaise et repousser les constantes incursions orientales des Silésiens. Au Moyen Âge, un certain nombre de foires s'y tenaient, représentant un comptoir commercial important au sud de la Pologne ; si important que les Silésiens, puis les Suédois firent de leur mieux pour la raser.

Mais, à l'horizon de Bedzin, le bâtiment qui comptait plus pour moi que je ne le soupçonnais, n'existe plus aujourd'hui : la grande synagogue. On a trace des premiers Juifs dans le village bien avant que ne s'élève une synagogue. Présents dès 1226, ils travaillaient la terre et payaient des impôts à l'Église chrétienne. Au XIVe siècle, ils s'étaient pour la plupart tournés vers le commerce et le prêt, officiellement désapprouvés par l'Église. Sous le règne de Ladislas Ier Lokietek, on accorda aux Juifs des droits et un statut égal à celui des chrétiens, mais la situation se détériora progressivement ensuite. Au XIIe siècle, le message adressé par les gouvernements gentils était : « Vous n'avez pas le droit de vivre en tant que Juifs parmi nous » ; au XVIe, il avait évolué en : « Vous n'avez pas le droit de vivre parmi nous. » En 1538, on décréta que les Juifs porteraient des chapeaux jaunes pour marquer leur « différence ».

Mais la communauté juive prospéra, et la nouvelle économie du XIXe siècle vit surgir les mines de charbon et les forges d'étain. Le monde avait changé, et Bedzin était aux mains des Russes. Les historiens ont parfois comparé la Pologne à un ballon de football géopolitique, dans lequel shootent des pays plus puissants, comme nous le faisions avec nos balles de chiffon dans les ruelles de notre petite ville. D'après le recensement russe de 1897, la population de Bedzin était composée de Juifs à cinquante et un pour cent ; en 1921, peu avant ma naissance, ces statistiques avaient grimpé jusqu'à soixante-deux pour cent.

Depuis le XVIIe siècle, sur la colline, une synagogue se dressait sous le château, mais celle dont je me souviens avait été construite en 1881. Il en existait une autre et, à l'époque de mon grand-père, plus de quatre-vingts maisons de prières. J'avais vu le jour au sein d'une communauté juive florissante, bien que vivant dans des conditions modestes, et la grande synagogue, reconstruite l'année de ma naissance, était la seule en Pologne méridionale à avoir été conçue et décorée par des Juifs. Chaim Hanft en était l'architecte – je revois encore la grande porte, étincelante de verre taillé. La vaste fresque qui colorait le mur était l'œuvre de Mosze Apelboin ; Szmul Cygler barbouilla la partie ouest de la synagogue dans son style inimitable. C'était un art populaire, celui des gens qui s'étaient enracinés à Bedzin, et qui remontait à l'Antiquité – je me souviens des animaux avançant deux par deux vers l'Arche de Noé. Comme l'a écrit Josef Harif, Bedzin était « une ville typiquement juive avec des Juifs typiques, des Juifs aux préceptes traditionnels gravés dans le marbre, nés en sainteté d'Élus pour maintenir leur *Yiddishkeit* (Judéité), jusqu'à la venue du Messie ».

Pourtant, dans la décennie précédant ma naissance, Bedzin était une ville de contrastes. Toutes sortes de bruits retentissaient dans les rues, et pas seulement la voix spectrale d'Abram Kaplan, l'assistant du rabbin, dont l'écho roulait dans les ruelles entourant la grande synagogue : « *Sha ! Sha !* » – « Silence ! Silence ! » On parlait dans la vieille ville un dialecte âpre et guttural comme l'allemand de Vienne. Dans les quartiers récents qui s'étendaient sur les berges de la rivière, les propos des nouveaux venus se teintaient d'inflexions plus douces, en polonais, yiddish, tchèque. C'était une ville où la richesse – des familles d'entrepreneurs puissants, tels que les Fürstenberg, avaient des centaines d'employés – côtoyait la misère la plus noire, comme celle de la mendiante nommée Sara la Folle, qui mourut de froid dans la rue une nuit glaciale de mon second hiver.

Les non-Juifs étaient constitués pour l'essentiel de Polonais catholiques avec leur église juchée sur la colline et des Allemands de Silésie, nous rappelant ainsi qu'à diverses époques, Bedzin avait appartenu respectivement à la Prusse, à la Russie tsariste, et à l'empire austro-hongrois des Habsbourg. Chez moi, on parlait yiddish, polonais, allemand, et même un peu d'anglais que mon père avait appris à Londres, bien que cela sonne bizarrement à nos oreilles et que nous ne le comprenions pas tout à fait.

De nos jours, pour voir les endroits dont j'ai gardé le souvenir, il faut aller sur Internet. Le château de Kazimerz est toujours là, c'est une ruine, mais c'en était déjà une quand j'étais gamin. Je me souviens de l'ancienne place du marché, avec le bétail, les chevaux, la volaille et les auvents colorés des échoppes. On a démoli l'ancienne gare du XIXe siècle pour en reconstruire une nouvelle, toits plats et poutrelles, dans le style Art déco qui faisait alors fureur en Europe, quand j'avais quatre ans. Sur la Place du 3-Mai se dressait une imposante statue Art déco représentant une femme nue au centre d'un cercle bordé d'arbres, les bras tendus vers les nuages. On voyait des tramways et des bus, des camions et une voiture de temps en temps, pour nous rappeler qu'on était au XXe siècle. Au milieu de tout ce trafic, les petits poneys attelés à leurs chariots avançaient cahin-caha, image d'un Bedzin d'autrefois, une culture plus ancienne qui nous souriait, sereine, forte de mille ans d'existence.

Mais ce que je revois plus que tout, dans les clichés fanés et les instantanés qui resurgissent dans ma mémoire, c'est le 77, rue Modzejowska, et la cour intérieure. C'est là que je suis né, le 1er septembre 1926. Comme celle de tout un chacun, ma vie est une suite de hasards, de peut-être, et de si… L'une de ces circonstances fortuites entoura ma naissance : en effet, j'aurais pu naître à Londres, et le destin m'aurait alors épargné l'Holocauste, la destruction, et toutes les horreurs qui me hantent parfois la nuit aujourd'hui encore.

Mon père s'appelait Lejbus Pewnik et il était né en 1892. La Pologne était alors sous le joug de la Russie, où le tsar Alexandre III menait une politique sporadique de pogroms anti-Juifs, orchestrée par les Cosaques et la police. Mon grand-père mourut du choléra à la fin du siècle – les dates ne sont plus très précises dans ma mémoire – et mon père mit le cap sur l'Occident, l'Angleterre. Je ne sais pas au juste pourquoi, mais il me paraît probable qu'il ait voulu éviter la conscription dans l'armée tsariste – le rouleau compresseur russe qui s'enliserait plus tard dans les marécages de Tannenberg et de Galicie.

La sœur de mon père était d'ores et déjà à Londres, une ville qui jouissait de l'aura d'une liberté inconnue aux Polonais, en tout cas de mémoire d'homme. Il existait un « ghetto juif » à Whitechapel et à Spitafields. Des journalistes tels que S. Gelberg et Jack London ont décrit la vie dans ces lieux au début du siècle dernier : « Ça regorge de restaurants casher ; les boucheries casher sont alignées les unes après les autres en grappes dans les secteurs les plus défavorisés (on en compte sept, par exemple, au coin de Middlesex Street et de Wentworth Street)... *"Weiber ! Weiber ! Leimische Beigel !"* psalmodient les femmes... Et longtemps après la tombée de la nuit... elles sont encore prêtes à gager leur vie ou la bonté de *Shem Yisborach* (Dieu) pour Israël sur la qualité des produits qu'elles offrent. »

Mais Whitechapel n'était devenu le quartier juif le plus célèbre de Londres qu'en raison des crimes de Jack l'Éventreur en 1888. Mon père vivait dans le quartier moins connu et plus aisé de Stamford Hill, qui abrite de nos jours la plus grosse communauté hassidique d'Europe, souvent surnommé « le kilomètre carré de piété » en raison du nombre de Juifs orthodoxes qui vont et viennent autour des synagogues. Une des écoles du secteur vient même récemment de refuser d'étudier Shakespeare à cause de ses idées antisémites.

À l'époque de mon père, c'était différent. Stamford n'avait rien d'un ghetto, contrairement à Whitechapel, et Londres était la ville la plus grande et la plus cosmopolite du monde. Mais mon père ne s'y adapta jamais vraiment : « La chaussée n'était pas casher », disait-il, et toute la famille comprenait. Une nouvelle manifestation d'un destin capricieux – d'un coup du sort – survint lorsque mon père reçut une lettre de sa mère, Ruchla-Lea. Son autre fils, mon oncle Moyshe – tailleur à Szopoenice, près de Katowice – ne lui était d'aucune aide et la vieille dame commençait à avoir du mal à vivre seule à Bedzin. Elle demandait à mon père de revenir à la maison.

Je ne suis pas tout à fait certain de la date de ces événements. Si c'était après la Grande Guerre, alors la Russie était en proie à ses convulsions révolutionnaires et les enfants de Bedzin n'avaient plus besoin de prier pour le tsar. Si c'était avant la Grande Guerre, la conscription n'était plus à craindre et Bedzin resterait aux mains des Allemands du mois d'août 1914 jusqu'à la signature de l'Armistice.

Il existe un portrait de mon père pris dans un studio photo lors de son retour en Pologne. C'est un jeune homme de belle allure, une vingtaine d'années à tout casser, au col amidonné et aux chaussures cirées comme un miroir. Il paraît assez sérieux, ce qui était sans doute requis par son statut dans la communauté à l'époque de ma naissance, mais l'ombre d'un sourire point aux commissures de ses lèvres. Je me dis parfois que pour m'élever, il lui fallait un grand sens de l'humour. Son costume semble quelque peu étrange – la veste est ouverte pour exhiber son gilet et sa montre à gousset –, il a l'air trop grand pour lui. C'est étonnant parce que mon père était tailleur – en réalité, il faisait même partie de l'association professionnelle des tailleurs. Peut-être s'agissait-il de la mode de l'époque.

Mon père se maria avec sa première femme peu de temps après son retour à Bedzin. Bien des années plus tard, on raconta dans la famille qu'elle était morte en couches, donnant naissance à leur fille Hendla, mais c'était faux. Ils ont sûrement divorcé, parce que j'en garde le souvenir. Nous n'avions pas affaire à elle, mais je savais qui c'était. Il s'était produit le genre de choses qui arrive parfois dans les familles orthodoxes et pieuses, sans doute un scandale, et personne ne fit plus jamais allusion à elle. Ma grand-mère, Ruchla-Lea, qui vivait avec nous au 77, rue Modzejowska, était à l'origine de toutes ces histoires, mais elle les racontait en catimini, à la lueur de la bougie, au moment du coucher. Hendla habitait chez nous – elle devait avoir environ cinq ans de plus que moi, j'imagine – et sa mère rendait visite à sa sœur qui résidait dans notre immeuble, et passait inévitablement bavarder avec Hendla. Il me semble me souvenir qu'elle s'était mariée avec un boutiquier d'une ville voisine, mais tout cela est très confus, maintenant, l'une des nombreuses ombres de mon passé.

Ma mère s'appelait Fajgla, une femme tendre, toute dévouée à mon endroit. Comme la plupart des mères juives, c'était une bonne mère. Je ne m'en rendais pas compte, à l'époque, mais j'étais sans doute son préféré. Ou peut-être qu'en raison du type d'enfant que j'étais devenu, il lui fallait passer plus de temps et d'énergie à me protéger – c'est en tout cas ce qu'il semblait, parfois. Elle portait son *sheitel* de temps en temps, sans manifester un tempérament aussi profondément religieux que celui de mon père. Nathan était mon aîné de deux ans. Nous entretenions les relations d'amour-haine assez courantes dans les familles, chez les frères d'âges voisins. De caractères très différents, nous passions notre temps à nous quereller et à nous battre. L'aimais-je malgré tout ? Bien entendu, c'était mon frère. Et, en particulier dans la communauté juive, les liens du sang sont sacrés.

Si je reste vague au sujet de mes autres frères et sœurs, c'est parce que je les ai à peine connus, et n'ai jamais eu la possibilité de voir s'épanouir leur personnalité. Hendla était ravissante, gentille et intelligente. Elle ne jouait pas les grandes sœurs autoritaires, parce qu'elle savait que ça n'aurait jamais marché. Chana était jolie, elle aussi – j'avais six ans quand elle est née. Mes autres frères étaient Majer, de trois ans mon cadet, Wolf, né en 1935, et Josek, né trois ans plus tard. Telle était la cellule familiale – grand-mère Ruchla-Lea, père Lejbus, mère Fajgla, et nous, les enfants.

J'imagine que les Pivnik pouvaient être considérés comme une famille grimpant l'échelle sociale, dans les années 1930. Nous avions la radio, et nous lisions le journal quotidiennement : un en yiddish pour mon père tandis que ma mère et Hendla lisaient un journal polonais. Des deux côtés, mes grands-pères avaient exercé la profession de camelot, des hommes qui erraient sur les routes pendant des heures avec carriole et chevaux, n'obtenant souvent qu'un maigre revenu pour prix de leurs efforts. Le grand-père qui n'avait pas succombé au choléra se noya par une nuit noire en revenant d'une ferme environnante. Il prit un raccourci qu'il croyait bien connaître et tomba dans la rivière. Il avait cinquante-trois ans. Mon père, lui, était tailleur, membre d'une profession respectable, ce qui l'élevait au statut d'artisan. Son atelier, plein de rouleaux de toile, de pelotes de fil et de gros ciseaux d'un genre qu'on ne voit plus guère, était situé de l'autre côté de la cour pavée de notre maison au numéro 77. Il travaillait six jours par semaine à confectionner costumes, vestes et jupes. Mon oncle Moyshe aux sourcils broussailleux et aux yeux pétillants, vivait à Szopoenice et se spécialisait dans la confection d'uniformes. En Pologne, à l'époque, tout le monde portait un uniforme : les facteurs, les cheminots, les policiers, les pompiers. Même les officiers ou sous-officiers des casernes voisines passaient de temps à autre des commandes particulières – des uniformes de parade, ou encore les grandes tenues de l'armée la plus fière d'Europe, avec ses traditions remontant au maréchal Poniatowski et ses lanciers de la Vistule.

Le bruit de l'atelier de mon père bourdonne encore à mes oreilles. Mère, Hendla, Nathan, et même moi y étions de service, lorsqu'il y avait de grosses commandes, ou que père était absent, en consultation avec le rabbin. Nous ne possédions qu'une seule machine à coudre, la seconde avait été vendue lors de mon angine de poitrine, pour payer mon séjour au sanatorium. Nathan avait un boulot indépendant, mais dès qu'il le pouvait, il s'occupait des livraisons pour mon père, et les grincements de son vélo de course résonnaient en ville. Je me souviens encore de l'appartement où nous vivions, et de la cour d'immeuble où une communauté s'était formée longtemps avant ma naissance. Les appartements avaient en général un toit plat, dans le style français, le nôtre possédait deux grandes pièces et une cuisine. Je dormais avec Nathan dans un lit et nos parents partageaient le leur, avec les garçons les plus jeunes. Hendla et Chana occupaient quant à elles l'autre pièce (en fait, la cuisine) avec grand-mère Ruchla. D'après les standards en vigueur de nos jours, c'était surpeuplé, et d'une certaine façon, j'imagine, cela nous prépara à ce qui allait suivre.

Nous étions peut-être en pleine « ascension sociale », comme on dit aujourd'hui, mais nous n'aurions jamais pu nous permettre d'acheter notre appartement. Père le louait à monsieur Rojecki, un Polonais chrétien qui vivait au premier étage au-dessus du couloir voûté qui menait à la cour, avec sa femme et son frère célibataire. Il n'avait pas d'enfants, mais il possédait deux petits chiens. Je ne sais pas à quelle espèce ils appartenaient, mais ils avaient toujours l'air d'avoir froid, avec leur pelage court parcouru de frissons en permanence durant les terribles hivers polonais.

Monsieur Rojecki était un homme très massif, me semblait-il quand j'étais enfant. Il était catholique, et membre, je m'en rends compte aujourd'hui, d'un groupe politique de droite de la ville. Il était, malgré tout, très généreux avec les Juifs et protégeait farouchement ses locataires. Il nous encouragea, Nathan et moi, dans ce qui devint une passion pour l'un comme pour l'autre. Des pigeons avaient fait leur nid dans le grenier au-dessus de chez lui, et Rojecki nous permit de leur construire un pigeonnier. Les pigeons avaient ceci de particulier : c'étaient des petites bêtes aux plumes douces et au roucoulement bienveillant, sources de satisfaction sereine.

Au rez-de-chaussée se trouvait une épicerie, où mon père exposait ses produits dans quelques vitrines. Dans la cour, il y avait une autre boutique qui vendait de la toile à sacs, en face des locaux de Piekowski, le marchand de chevaux. Il fournissait parfois des chevaux à l'artillerie en garnison en ville et fabriquait aussi des câbles métalliques pour l'industrie.

Je pense que notre immeuble et sa cour constituaient un centre vibrant d'industrie artisanale et de soutes à charbon. Tout le monde avait des enfants, sauf Rojecki, et tous étaient mes compagnons de jeu – aux *conkers*[1] ou au football, et puis on sautait dans les flaques, on patinait sur la glace. À trois ou quatre pâtés de maisons de distance se trouvait un débit de boissons où

1. Sorte de jeu d'osselets, également pratiqué en Grande-Bretagne, qui se joue avec des marrons. (Toutes les notes sont du traducteur.)

l'on servait de la nourriture, des pois et des haricots, et de la bière. Tout le monde se connaissait dans cette collectivité unie par la foi et les efforts pour survivre aux conditions économiques sévères des années 1930, marquées par une grande pauvreté. Au bar, il y avait une ardoise, et les habitués payaient quand ils pouvaient ; jamais le samedi, en tout cas.

Quand j'y repense, mon enfance à Bedzin a été dominée par trois choses. La première était la famille, que, comme tout un chacun, je tenais pour acquise, jusqu'à ce qu'il soit trop tard pour réaliser l'importance qu'elle avait. La deuxième était la religion, la troisième, l'éducation.

Avant ma naissance, ces deux derniers sujets n'en faisaient qu'un. Aux côtés de la grande synagogue s'élevait la grande académie, la maison d'études construite en 1859 où les fidèles pratiquants se rendaient chaque jour pour apprendre et prier. La religion juive a des prières pour chaque minute de la journée, fondées sur les psaumes du roi David. Quand je rentrais de l'école, mon père disait : « Assieds-toi, nous allons dire une prière ensemble. » Du vivant de mon grand-père, le responsable de l'organisation des tailleurs s'appelait Reb Abram Litwik, et récitait à cette académie des psaumes pour toute la confrérie. Il était toujours le dernier à s'en aller.

À cette époque, tous les garçons étaient envoyés à l'âge de quatre ans au *heder*, une sorte d'école primaire religieuse où ils étudiaient *Le Livre* – les enseignements du Talmud et de la Torah. Il fallait apprendre par cœur et que Dieu protège celui qui se montrait paresseux. Les règles s'étaient un peu assouplies de mon temps, en partie parce que le nombre de Juifs à Bedzin avait légèrement décru dans les années 1930, et en partie grâce à un professeur charismatique nommé Joshua Rapaport. Originaire de Varsovie, il représentait une des sources d'inspiration les plus marquantes de sa génération. Nous tenons, quelles que soient nos races, religions, générations, nos professeurs pour des piliers. Je n'ai jamais apprécié monsieur Rapaport à sa juste valeur – c'était le proviseur de mon école, une silhouette imposante, quelqu'un dont j'avais même un peu peur. Il ne supportait certes pas les idiots, mais il nous ouvrit à tous les portes de la culture. Lui-même très sportif, il intégra la compétition au cursus scolaire, de même qu'il monta le premier orchestre musical ayant jamais vu le jour en ville.

Je fréquentais ce qu'on appellerait aujourd'hui une école primaire publique. On chantait des chansons le matin, puis on suivait des cours d'une heure sur des sujets aussi variés que la géographie ou les maths, le travail du métal ou le travail du bois. Ces cours se déroulaient en polonais et nos enseignants étaient chrétiens. En troisième année, la dernière où j'ai fréquenté une salle de classe, mon professeur s'appelait Katschinska. Nous portions tous un uniforme. Il était de couleur bleu foncé avec une bande verte en bas du pantalon, et de petites casquettes rondes bordées de vert. Les professeurs nous examinaient en détail, dans l'esprit des générations précédentes, considérant que propreté était synonyme de sainteté. Ils vérifiaient la netteté de nos oreilles, de nos cous, s'assuraient que nos cols blancs étaient rigides et amidonnés. On nous donnait des pantoufles pour évoluer à l'intérieur du bâtiment, parce que l'école était flambant neuve, munie du chauffage central, avec des sols polis comme du verre. On ne pouvait se risquer sur ce genre de surface avec des godillots d'hiver. Ce que je préférais, c'était le jardinage. L'école avait évidemment affublé ce cours du nom grandiloquent d'horticulture, mais c'était ni plus ni moins du jardinage. Chaque classe avait son lopin de terre, et nous cherchions tous à être les premiers, et les meilleurs, à faire pousser des fleurs, des radis, des tomates. J'aimais la terre, l'air frais, le soleil. Le tableau noir et la craie, les ordres : réponds à la question, et fais ça… suscitaient chez moi moins d'enthousiasme. Bien sûr, l'école était censée faire de nous des hommes, mais il s'avéra qu'une institution d'un genre complètement différent, que n'auraient pu imaginer ni Rapaport, ni Katschinska, allait s'en charger.

À midi, nous rentrions tous manger à la maison, dans la cour du numéro 77 en ce qui me concernait, et on en profitait parfois pour se lancer dans des parties de football illicites dans des rues à l'écart – ce dont je parle aujourd'hui comme de « ma vie mondaine ». Mon père s'intéressait à mes études, vérifiant la qualité de ce que j'apprenais et mon sérieux, mais le plus important résidait pour lui dans les cours que je prenais l'après-midi. Des cours d'hébreu et d'instruction religieuse. Ils n'avaient lieu ni à l'école, ni à la synagogue, mais dans des maisons particulières. Il y avait vingt-cinq élèves par classe. Le professeur et son assistant nous enseignaient les mystères de notre foi. Mon père contrôlait mes connaissances tous les samedis et, en cas d'hésitation ou d'ignorance de ma part, il était prompt à me les faire regretter d'un revers de main, ou d'un coup de ceinture.

Je revois mon père aujourd'hui encore : un petit homme soigneux, précis, à la barbe bien taillée. Ce n'est pas parce qu'il ne jouait pas au football ni aux osselets avec nous qu'il n'était pas un bon père. Au contraire. L'époque a simplement beaucoup changé à cet égard. « Économisez les coups de bâton et gâtez vos enfants », tel était le dicton de sa génération. Et je me souviens de mon émerveillement, assis par terre, lorsqu'il nous racontait le Déluge et l'Arche de Noé ; Joshua et Jéricho, et toute l'Histoire qui avait été transmise à un peuple fier, élu par Dieu. C'était auprès de Hendla et de ma mère que je cherchais secours pour mes devoirs d'école, et je ne crois pas que notre bibliothèque ait jamais compté autre chose que des livres religieux.

J'en reviens perpétuellement à la même conclusion : j'étais un sale gamin. J'allais au cinéma – il y en avait trois à Bedzin –, j'adorais les westerns et *Tarzan* avec Johnny Weissmuller, yodlant de liane en liane dans la jungle. Ça ne posait aucun problème – un tel comportement était parfaitement acceptable chez nous –, mais nous brisions également des fenêtres en jouant au football et volions des fruits à monsieur Rojecki. Et cette dame affublée d'un grand chapeau ridicule… Quand on est petit garçon, et qu'il neige, et qu'on rencontre une dame avec un chapeau ridicule… J'ai le regret d'avouer qu'elle devint la cible de nos boules de neige, et je m'en repens, à présent. Je possédais une paire de patins à glace en acier, et nous faisions la course avec les chariots (ce n'était pas une grosse épreuve), voire les tramways (un jeu carrément mortel, l'un d'entre nous y perdit un bras). Nous fûmes plus d'une fois pris en chasse par la police. Qui sait, aujourd'hui, je serais peut-être catalogué « délinquant juvénile »[1] ?

1. Allusion aux lois *ASBO* (*Anti Social Behavior Order*) mises en place en Grande-Bretagne par le gouvernement Blair à la fin des années 1990, pour lutter contre la délinquance juvénile.

Chaque fois que j'étais pris en flagrant délit, mon père m'infligeait une correction à coups de ceinture – telle était la règle. Ma mère intervenait comme une mère, tentant d'adoucir le châtiment. Elle les aurait subis à ma place si elle avait pu. Dès qu'il y avait une question en suspens – qu'il s'agisse de mon comportement ou de quoi que ce soit d'autre –, mon père en appelait au Livre. Il jouissait d'une certaine position dans notre communauté ; les gens venaient le consulter quand ils avaient des ennuis et il leur parlait pendant des heures, assis les jambes croisées dans son atelier, en continuant à coudre. S'il ne pouvait fournir une réponse, si le Livre n'était d'aucun secours, il allait voir le rabbin ou passer du temps dans le *Stiebel*, la salle de prière.

À une certaine époque – je devais avoir onze ans –, Hendla nous a annoncé qu'elle voulait partir en Palestine. Depuis des siècles, les Juifs de la Diaspora se languissaient de leur Terre promise – Canaan regorgeant, comme le dit la Bible, de lait et de miel. Leur patrie était la Palestine, où vivaient alors les Arabes sous une administration britannique, encore l'un des empires les plus puissants du monde à cette date. De jeunes Juives et de jeunes Juifs désiraient y fonder un État juif. Bedzin, comme toutes les communautés juives, avait ses cercles sociaux, et notamment ses organisations de jeunesse, sur tout l'éventail socioculturel de l'époque. C'était à l'une de celles-ci que s'était ralliée Hendla. Elle se nommait *Gordonia*, et Nathan en était membre, lui aussi. Ils portaient des foulards bleus attachés par un anneau spécial, parlaient de la Palestine et tentaient d'apprendre l'hébreu. En principe, il y avait une préparation d'un an avant d'aller en Palestine ; cette phase s'appelait *Hachshara.*

L'émigration elle-même, entreprise dans les années 1930 par des milliers de Juifs, avait pour nom *Aliyah*. Mais… cultiver la terre ? Dans le désert ?… Aux yeux de mes parents – qui avaient sans doute peur qu'elle ne soit en compagnie de gentils, ne mange de la nourriture *treif* (non casher) et que cette affaire ne se termine par une grossesse indésirable –, ça n'avait aucun sens. J'avais du mal à comprendre, n'ayant jamais vu Hendla avec un garçon, peut-être parce que j'étais trop jeune pour être admis à l'organisation de jeunesse. En fin de compte, le mystère des mystères, pour moi, tenait au fait que Hendla ne jouait pas au football, et qu'on ne partageait pas grand-chose ! Hendla n'eut jamais l'occasion de partir en Palestine, mon père ayant rendu les armes après être finalement intervenu auprès du rabbin.

Ainsi se déroula mon enfance. Tout n'était pas rose, à Bedzin, loin s'en faut. Quand on se penche sur les journaux locaux de la fin des années 1930, ils sont pleins de conflits divers – des bagarres générales à l'assemblée plénière Talmud-Torah ; des gens qui se traitent de « canailles » et agitent le poing. Il y eut un jour une rixe au sein même de la synagogue. Un éditorial de l'époque concluait : « Que la paix règne à nouveau dans notre ville. »

Mais je n'avais que douze ans, et j'étais bien innocent. Pour moi, le monde se limitait au football, au jardin, à l'odeur de crottin de cheval de la cour du numéro 77, aux frissonnants caniches de monsieur Rojecki et au roucoulement des pigeons. Par-dessus tout, il était défini par la terre sacrée qu'habitait la famille de ma mère à Wodzislaw – les pins, la rivière, le pain, le fromage. Le Jardin d'Éden.

Mais quelqu'un avait formé le projet d'un autre Jardin d'Éden lui aussi. Il s'agissait d'un caporal bavarois adhérent d'une organisation de droite formée peu après la Grande Guerre. Le seul problème était qu'il voulait établir son Jardin d'Éden dans un pays étranger.

Le mien.

II

Le monde sens dessus dessous

Je ne fête plus mon anniversaire depuis très longtemps. Je ne le fête plus depuis le 1er septembre 1939, jour de l'invasion de la Pologne par l'Allemagne. Je ne me souviens plus si j'ai eu des cadeaux, je suppose que oui. Les temps étaient durs, mais ma mère avait l'habitude de jongler avec le budget familial et mes parents ne m'auraient jamais causé une déception de ce genre. Je me rappelle que c'était un vendredi, une chaude journée de fin d'été, un ciel d'un bleu sans mélange planait sur Bedzin. La rentrée scolaire n'était prévue que pour le lundi suivant, mes amis et moi étions donc en train de jouer quelque part dans la rue. Qui était là ? C'est un peu confus dans mon souvenir, mais il s'agissait probablement de Yitzhak Wesleman, Jurek, et les trois fils Gutsek. L'un d'entre nous était sûrement venu avec un ballon, à l'époque, c'était obligatoire. Ce jour-là, toutefois, tout parut différent.

Ce n'est pas simplement parce que j'avais treize ans – en ces temps reculés, on ne connaissait ni le mot ni le concept d'adolescence. Ce qui se passait n'avait rien à voir avec nous et pourtant nous fûmes emportés par le mouvement. Une certaine effervescence régnait à la grande caserne près de la gare ferroviaire. Les gens s'y dirigeaient par groupes de deux ou trois dans des murmures, le visage grave, les yeux brillants. Nous les suivîmes.

J'avais toujours aimé observer les soldats, avant que leur présence ne prenne pour moi une tout autre signification. Notre régiment local était le 23e d'artillerie légère, encore tiré par des chevaux, à l'époque, comme presque tout le reste de l'armée polonaise. Notre bande de gamins les regardait défiler sur la place, leurs bottes cirées claquant des talons sur les pavés, leur uniforme brun-kaki à col vert, les boutons et insignes luisants comme des sous neufs. Ils partaient en manœuvres en rase campagne de temps en temps, les chevaux traînant les canons avec leur peinture de camouflage, les essieux cahotant sur les pierres de la route.

Aujourd'hui, plus question de tenue impeccable, de défilé et de guêtres cirées, tout cela avait cédé la place à ce qui me semblait, même du haut de mes treize ans, de pures manifestations de panique et de désespoir. Postés derrière les rangs des badauds, on ne voyait pas grand-chose. On demanda à des adultes ce qui se passait ; quelle était la cause de toute cette agitation ? On avait tous vu les soldats partir en manœuvres plus d'une fois. Jouer à la guerre. C'était leur métier de soldat. La réponse resta gravée dans ma mémoire. Un homme se tourna vers nous, et nous considéra du haut de bien des années d'une sombre expérience. Il nous annonça que les Allemands avaient envahi le pays. Nous le regardâmes sans comprendre. Il fit une nouvelle tentative d'explication : la guerre venait de commencer. Nous restâmes sans réaction. Il haussa les épaules et n'insista pas, dégoûté. Nul doute qu'il marmonna le cliché en vigueur pour chaque génération vieillissante sur la jeunesse d'aujourd'hui.

J'imagine que nous restâmes aux alentours jusqu'en fin de matinée, à écouter le craquement du cuir, les chevaux qui renâclaient, hennissaient, le cliquetis du métal, les ordres vociférés. Un peu avant midi, les énormes portails de la caserne s'ouvrirent et le régiment sortit en ordre de marche. Sans la fanfare et sans le moindre drapeau. Dans la petite foule assemblée là, quelques personnes leur délivrèrent une ovation, applaudirent et agitèrent les bras. Les soldats avaient quant à eux l'air renfrogné, concentré, l'œil rivé sur l'horizon.

Nous vîmes le dernier canon tourner à l'angle de la place et reprîmes notre partie de football interrompue par tout ce remue-ménage. Le bruit ne s'imposa à nous que petit à petit ; un roulement sourd comme celui du tonnerre venu des distantes Carpates, qui se rapprochait et devenait de plus en plus sonore. De temps en temps, les déflagrations et détonations couvraient nos cris et le choc de nos godillots sur la balle de chiffon. Nous n'avions jamais rien entendu de semblable. Mais nous savions à présent que la guerre fondait sur Bedzin. Et que rien ne serait plus jamais comme avant.

Nous l'ignorions à l'époque et ne sûmes du reste que bien des années plus tard que les Allemands avaient franchi la frontière ce matin-là, à cinq heures quarante-cinq, par une aube qui annonçait une nouvelle journée ensoleillée. La date initiale prévue pour l'invasion était le 25 août mais elle avait été repoussée afin de peaufiner les préparatifs. D'autre part, il leur fallait attendre que « nous » nous rendions coupables d'une agression. C'était un coup monté par les services secrets allemands, bien entendu. À vingt heures, la veille, des troupes polonaises avaient attaqué une station de radio allemande à Gleiwitz, non loin de Bedzin. Aucun Polonais n'avait pris cette salade au sérieux, mais la plupart des Allemands y croyaient. Les assaillants étaient en réalité des SS revêtus d'uniformes polonais volés et toute cette mascarade était une mise en scène pour que la Pologne fasse figure d'agresseur.

Il n'y eut pas de déclaration de guerre. Les Allemands appelèrent l'opération *Fall Weiss*, caisse blanche, et alignèrent contre nous sur le terrain cinquante-trois divisions. Nous possédions à l'époque trente divisions d'infanterie dont neuf de réserve, onze brigades de cavalerie et deux brigades motorisées, auxquelles il fallait ajouter des unités de soutien plus réduites comme celles du génie militaire. L'armée de Cracovie avait été créée le 23 mars de cette année-là comme pivot principal de la défense polonaise. C'était le détachement le plus proche et le contingent de Bedzin était parti le renforcer. Ce dernier comptait cinq divisions, une brigade montée, une brigade de montagne, et une brigade de cavalerie. Il était commandé par le colonel Wladyslaw Powierza sous l'autorité du général Antoni Szylling au niveau divisionnaire.

Ce vendredi-là, au commencement de ce qui entrerait dans l'Histoire sous le nom de « Campagne de Septembre », je ne savais rien de tout cela, mais la guerre devint bientôt le principal sujet de conversation des adultes, et pour notre part, c'était comprenne qui pourra. Armées, divisions, bataillons, régiments, cavalerie, artillerie, ce n'étaient que des mots ; ils appartenaient à un monde dont j'ignorais tout. On jouait encore au football au milieu de l'après-midi quand nous parvint le bourdonnement régulier d'avions à hélices, venus de l'Ouest. Nous avions entendu parler de l'excellente réputation de l'aviation polonaise, sans jamais avoir vu la moindre formation en vol. Nos yeux mirent du temps à s'habituer, à concentrer le regard, à embrasser tout le spectacle. Puis nous distinguâmes la vague de chasseurs-bombardiers à la peinture de camouflage et au fuselage étincelant au soleil. Lorsqu'ils atteignirent le château, la formation se divisa en plusieurs groupes censés pilonner diverses parties de la ville. Maintenant, on distinguait les croix noires révélatrices sur le bleu pâle de la face inférieure des ailes. Ceci, apprendrions-nous bien plus tard, était le signe distinctif de la nouvelle et mortellement efficace tactique allemande du *Blitzkrieg*, la guerre éclair. Ils commençaient par une attaque aérienne. Le massacre terrestre suivrait. Tandis que les moteurs hurlaient au-dessus de nos têtes, nous ne savions pas encore qu'ils avaient déjà bombardé la ville de Wielun – à une centaine de kilomètres à vol d'oiseau. Les trois quarts des bâtiments n'étaient plus que ruines fumantes ; le raid avait fait mille deux cents victimes, la plupart civiles.

Je me souviens encore de la déflagration sourde des bombes quand elles atteignaient leur cible, ainsi la gare ferroviaire avec son toit plat et sa façade Art déco, disloquant le zinc et le cuivre ouvragés, détruisant les communications, déchiquetant les artères vitales de Bedzin. C'est drôle, une bombe, on l'entend, mais on la *sent* aussi exploser. La répercussion de l'onde de choc était comparable à un coup à l'estomac. On a continué à jouer au football mais avec moins d'assurance. Une fumée noire s'élevait au – delà des tourelles du château de Kazimerz et les avions disparurent aussi brusquement qu'ils avaient surgi. On finit par se rendre compte qu'il venait de se passer quelque chose de terrible et on pensa à nos familles. Il fallait rentrer à la maison d'urgence.

Je dévalai Modzejowska et pénétrai sous la voûte de monsieur Rojecki. Ma mère et Hendla préparaient déjà le repas de *Shabbat* du soir, mais mon père n'avait pas donné signe de vie. Je savais où il se trouvait – à la synagogue ou au *Stiebel* avec les autres vieillards et le rabbin. *Quelqu'un* saurait forcément comment réagir aux événements, au déferlement de la guerre totale qui nous submergeait déjà. Je leur débitais à toutes deux ma version des faits. J'exagérais probablement, pour ménager mes effets, comme un gamin de treize ans. Ma mère ne disait rien, se contentant d'émettre des réflexions anodines sur l'élaboration du dîner et *Shabbat*. D'instinct, j'avais la certitude que mon père s'abstiendrait de ramener un sans-domicile à la table du soir, comme il le faisait souvent. Je crois aujourd'hui qu'il avait recommandé à ma mère de ne pas nous parler des événements de la journée. Des années plus tard, j'appris que la France et l'Angleterre étaient sur le point de déclarer la guerre à l'Allemagne, et que le Premier ministre britannique, Neville Chamberlain, avait annoncé l'état de guerre à la radio. Les Anglais avaient peut-être évacué leurs gamins des villes par peur du *Blitzkrieg*, mais nous étions ceux à qui on l'infligeait en réalité. Chez nous, il n'y eut jamais de « drôle de guerre ».

De notre fenêtre sur la cour, nous vîmes les colonnes de fumée qui s'élevaient telles des cheminées jusqu'au soleil couchant, ce soir-là. La chaleur estivale avait une odeur de brûlé – non pas celle douce du bois au Jardin d'Éden, mais une senteur âcre, piquante et inconnue. Nous nous rassemblâmes autour de la table comme toujours et ma mère alluma les bougies, mais nos chants n'exprimaient aucune joie. La conversation était crispée. Après le dîner, nous écoutâmes mon père lire des extraits du Livre, prononcer les mots que j'avais entendus toute ma vie, et qui, ce soir, résonnaient d'une tonalité différente. Ce soir-là n'offrait aucune promesse d'avenir, comme je le sais à présent.

Samedi 2 septembre. Encore une journée chaude et ensoleillée. D'habitude, on aurait pris le chemin de la synagogue avec les voisins et les amis pour remercier Dieu. Mais pas ce jour-là. Et il se passerait douze ans avant que je ne remette les pieds dans une synagogue. Fini les fêtes. Tous les rituels qui marquaient l'année juive furent abandonnés ou bien circonscrits à des dimensions ridicules. La bar mitzvah de Nathan, deux ans plus tôt, avait été une cérémonie solennelle au plein sens du terme. La mienne eut lieu dans notre cuisine, quelques semaines après l'invasion, sans lecture de la Torah à la synagogue, sans rabbin, sans gâteaux et sans café. Cette journée de septembre était, d'une certaine façon, la première de mon âge adulte. Hier, je jouais au football et je saluais les soldats. Aujourd'hui, je contemplais des colonnes de réfugiés, ces hommes, ces femmes, ces enfants tristes, sans visage et sans domicile, qui devaient encombrer les routes d'Europe pendant les six années à venir. Cela ressemblait à l'Exode dont parlaient mon père et le rabbin, mais la foule était également composée de gentils se sauvant vers l'est avec les Juifs, fuyant l'avancée de la *Wehrmacht.* On se servait de tous les moyens de transport possibles : les riches étaient en voiture ; les entrepreneurs en camion. D'autres, s'arc-boutant aux attelles des chariots qui contenaient leur vie entière, claquaient la croupe de leurs chevaux de trait. Valises, sacs, lits et matelas, un oiseau dans sa cage, un bidet. Ils n'étaient pas encore en proie à la panique. Les êtres humains sont une espèce optimiste, en général. Il se passerait quelque chose. Dieu allait trouver une solution. Mais personne ne souhaitait s'attarder à Bedzin, c'était trop près de la ligne de front et, selon toute probabilité, demain matin, ce serait devenu le front lui-même.

Des rumeurs. Au cours des six années qui suivirent, ma vie devait dépendre des rumeurs. Les Allemands bombardaient toutes les villes sur leur chemin, et abattaient à la mitrailleuse les civils survivants. Leurs Stukas piquaient sur les files de réfugiés se dirigeant vers l'est pour les mitrailler. Mais aucune raison de s'inquiéter. L'armée polonaise les repousserait vers la frontière. Tout irait bien.

La vérité, que personne ne connaissait à Bedzin, le 2 septembre, était que des unités de la 10e armée du général Reichenau et de la 14e armée du général List convergeaient sur Cracovie, bousculant toute résistance sur leur passage. Les troupes du général von Rundstedt avaient déjà franchi la rivière Warta. Les pertes allemandes étaient élevées – d'après des rumeurs selon lesquelles l'armée polonaise repoussait les Allemands – mais leur progression vers l'est semblait inexorable car menée si rapidement que les communications entre les unités de notre armée étaient rompues, que les réserves, autour de Tarnow, n'arrivaient pas assez vite sur le champ de bataille pour la contenir.

Je ne me souviens pas exactement de ce que je fis

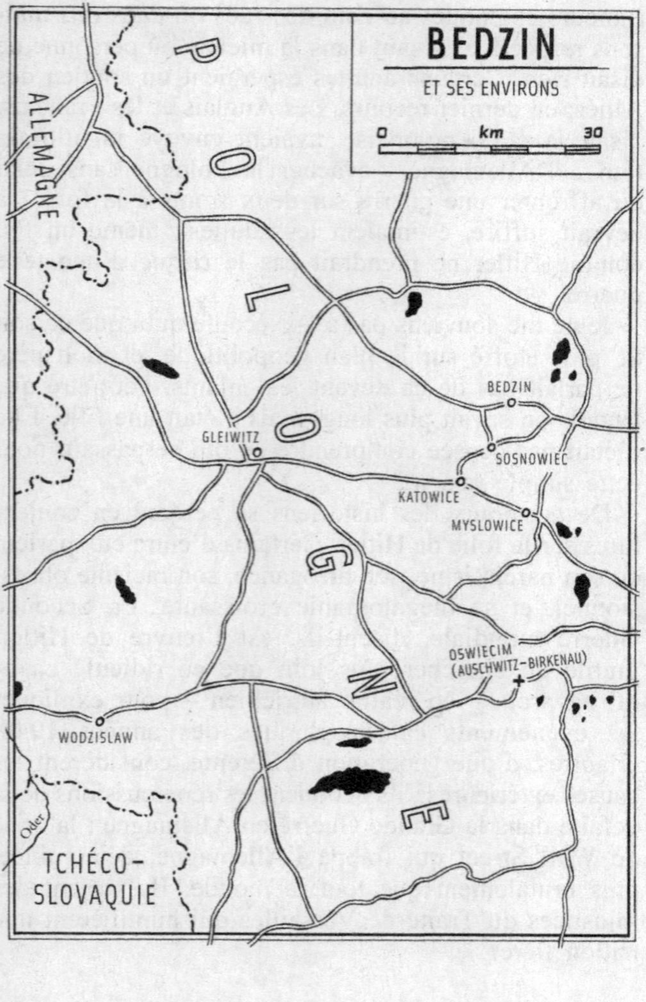
BEDZIN
ET SES ENVIRONS
0 km 30
POLOGNE
ALLEMAGNE
BEDZIN
GLEIWITZ
SOSNOWIEC
KATOWICE
MYSLOWICE
OSWIECIM
(AUSCHWITZ-BIRKENAU)
WODZISLAW
Oder
TCHÉCO-
SLOVAQUIE

ce samedi-là, et le jour suivant, du reste. J'imagine que je partis jouer avec mes copains et échanger les rumeurs entendues au coin des rues ou dans nos maisons respectives – sauf dans la mienne où personne ne disait rien. Certains adultes espéraient un soutien des Alliés, en dernier recours. Les Anglais et les Français, disait la radio polonaise, avaient envoyé un ultimatum à l'Allemagne : évacuer la Pologne sans délai ou affronter une guerre sur deux fronts à la fois. Ça devrait suffire, estimaient les adultes ; même un fou comme Hitler ne prendrait pas le risque d'une telle guerre.

Je ne me souviens pas avoir écouté quoi que ce soit de plus étoffé sur le plan géopolitique, et mon père ne parlait pas de ça devant les enfants. Peut-être que Hendla en savait plus long, mais c'était une fille. Elle n'était pas censée comprendre ce qui se passait, pour cette simple raison !

De nos jours, les historiens se perdent en conjectures sur la folie de Hitler. Certains d'entre eux parlent de son narcissisme, son arrogance, son racisme obsessionnel, et sa mégalomanie croissante. La Seconde Guerre mondiale, disent-ils, est l'œuvre de Hitler, inutile de chercher plus loin que ce ridicule caporal bavarois – en réalité autrichien – pour expliquer les événements catastrophiques des années 1940. D'autres, d'une génération différente, considèrent les causes extérieures ; ils évoquent les répercussions de la défaite dans la Grande Guerre en Allemagne ; la crise de Wall Street qui frappa l'Allemagne, déjà ruinée, plus brutalement que tout le monde. Ils parlent des injustices du Traité de Versailles qui humilièrent une nation fière.

Je n'avais pour ma part aucune idée de ce que signifiait la « Grande Allemagne », pas le moindre indice sur le concept hitlérien de *Lebensraum* – espace vital – pour le peuple allemand. Fervent adepte de la géopolitique, il croyait que l'Allemagne devait annexer tous les territoires où vivaient des Allemands. Il suffit de jeter un coup d'œil à la carte de mon pays tel qu'il se présentait quand j'avais treize ans. Le traité de Versailles avait créé le corridor polonais, une bande de territoire se déployant jusqu'au port franc de Dantzig sur la mer Baltique, qui constituait notre seul débouché maritime. Hitler avait déclaré au colonel Josef Beck, le ministre polonais des Affaires étrangères : « Dantzig est allemand, restera toujours allemand, et deviendra officiellement tôt ou tard une partie de l'Allemagne. » À l'est de Dantzig s'étendait la Prusse-Orientale, qui appartenait à l'Allemagne nouvellement unifiée depuis 1871, et Hitler insistait : la Prusse-Orientale ne devait pas être séparée de la mère patrie par un État étranger. La solution était simple. Il fallait fermer le Corridor et intégrer la Prusse-Orientale au Grand Reich. Les Polonais s'y opposeraient-ils ? Bien sûr. Il suffisait de les envahir pour que le problème soit résolu.

Je ne savais alors rien de tout cela, et je ne connaissais pas davantage la haine qui brûlait dans le cœur de cet homme pour le peuple juif. Tout ce que je constatais, c'était que le flot de réfugiés toute la journée de dimanche, puis de lundi, ne montrait aucun signe de ralentissement, sans compter les chariots, les chiens, les enfants – et que c'était le chaos.

Et bien entendu, il n'y avait pas d'école. Est-ce que je m'en suis réjoui ? Je ne m'en souviens pas. Si j'y avais pensé, je me serais certainement rendu compte qu'une des constantes primordiales de mon existence avait déjà disparu. L'école est l'un des fondements, l'un des socles de l'enfance. Au moins aussi importante que la famille et la religion. Elle ne représente pas seulement l'endroit où l'on étudie, mais aussi celui où l'on apprend à affronter le monde extérieur. L'école de Rapaport ne rouvrit pas ses portes pendant le restant de mon séjour à Bedzin, et mon éducation scolaire prit fin brusquement.

Le lundi 4 septembre, parmi les rumeurs les plus étranges, mais les plus insistantes, courait celle annonçant l'arrivée des armées françaises et britanniques pour nous porter secours. Personne, et encore moins un garçon de treize ans, ne se posait la question de savoir si c'était possible. Comment auraient-elles pu intervenir si vite ? La réalité était que Neville Chamberlain avait prononcé sa fameuse déclaration à ses concitoyens à onze heures quinze la veille. Les Français ne s'étaient joints à lui qu'à dix-sept heures. En réalité, les troupes françaises et britanniques ne mettraient *jamais* les pieds en Pologne, mais personne ne le savait encore.

Au nord de notre ville, l'armée de Lodz avait été battue au cours d'une série de combats sans répit ; Reichenau avait atteint la Warta et List marchait sur Cracovie. Le lundi, son armée avait déjà parcouru quatre-vingts kilomètres. Mais c'était la rumeur, et non les faits, qui régnait en maître à Bedzin, en ces jours de septembre. Les Anglais et les Français étaient en chemin. Soulagement. Euphorie. Les gens riaient, bavardaient. Les femmes et les jeunes filles avaient cueilli les fleurs de cet été sec et brûlant, pour les jeter sous les pas de nos sauveurs, pour souhaiter la bienvenue aux braves. Nous attendions dans la rue principale, foule parcourue de murmures, électrisée, l'oreille tendue, peu après midi, vers le grondement de véhicules lourds en train de foncer sur les routes, en provenance de l'Ouest. Nous entendîmes des vivats. Les badauds postés plus avant devaient déjà apercevoir les drapeaux bleu, blanc, rouge.

La première image qui s'imprima sur ma rétine fut celle de motocyclettes de couleur foncée avec des side-cars. Les motocyclistes portaient des casques d'acier descendant bas sur la nuque, *Stahlhelme*, et des uniformes vert-de-gris, le fusil en bandoulière. Ils étaient recouverts d'une couche de poussière estivale après ce long trajet. Ils se déplaçaient lentement, regardant autour d'eux d'un œil morne. Des hommes sévères aux traits durs. Des camions peints en gris les suivaient, boîte de vitesses grinçante et à la queue leu leu. Tous remplis de soldats armés jusqu'aux dents qui nous considéraient sans la moindre aménité. Après les camions surgirent les véhicules blindés, hérissés de mitrailleuses ou de canons – le visage de la guerre totale.

L'humeur de la foule n'avait plus rien à voir avec ce qu'elle était précédemment. Les femmes avaient laissé tomber les fleurs et les acclamations avaient cessé. Les bavardages insouciants s'étaient interrompus, les sourires restaient figés sur des lèvres tremblantes. Je me tenais près d'une famille juive réfugiée de Düsseldorf, qui s'était installée dans notre immeuble deux ans auparavant pour échapper aux persécutions nazies, lorsque le filet hitlérien s'était resserré autour d'eux. J'ai oublié leur nom, mais je me souviens que la mère a prononcé les paroles auxquelles nous pensions tous : « Ce ne sont ni des Français, ni des Anglais. Ce sont des soldats allemands. »

Dans la foule massée sur le trottoir, cette phrase

sembla donner le signal de la dispersion. Les gens s'éparpillèrent, emportant leurs bouquets de fleurs ou bien les jetant sur la chaussée avec mépris. Tout le monde filait chez soi. Rentrer à la maison, verrouiller les portes, tirer les rideaux aux fenêtres. Déterminer – d'une manière ou d'une autre – l'attitude à adopter. Personnellement, je ne retournai pas chez moi. De la même manière que j'avais été fasciné par les bombardiers deux jours plus tôt, j'étais hypnotisé par la *Wehrmacht* et j'assistai à un spectacle que je ne compris pas sur le moment, et que je ne peux toujours pas m'expliquer aujourd'hui. Dans le flot des troupes qui envahissaient la ville, j'aperçus un camion conduit par des Allemands, mais rempli d'hommes en uniforme polonais. Ils plaisantaient et riaient comme si leur présence dans les véhicules de l'ennemi était naturelle. J'aurais dû regarder s'ils étaient armés, parce que, s'ils ne l'étaient pas, il s'agissait alors de prisonniers de guerre. Mais si tel était le cas, pourquoi avaient-ils l'air de s'amuser ? Et si c'étaient des Allemands, pourquoi portaient-ils des uniformes polonais ? Les gens en parlèrent pendant des jours, mais nous n'eûmes jamais le fin mot de l'histoire. La solution la plus probable est qu'il s'agissait de *Volksdeutsche*, des Polonais d'origine allemande qui avaient accueilli l'armée d'invasion à bras ouverts. Le *Kappellmeister* ou chef de la fanfare militaire, petit homme corpulent aux épaulettes de capitaine, en faisait partie. Il venait à l'école Rapaport enseigner la musique aux enfants de temps en temps. Il n'était pas monté au front se battre, n'avait jamais quitté Bedzin pour autant que je me souvienne. Mais, comme à l'occasion de tant d'autres événements au cours des six années qui allaient suivre, je ne sais toujours pas *précisément* ce qui se passait.

Je rentrai chez moi pour y trouver une situation d'assiégés. Nous étions à présent exactement dans la même condition que les réfugiés que nous avions vus en fuite. *Notre* propre maison était entourée de l'acier des forces de l'Axe. Mais si nous entassions nos possessions terrestres – la machine à coudre de mon père, la bicyclette de Nathan, mes patins – sur un chariot et prenions la route, nous irions où ? Ce lundi-là nous restâmes à l'intérieur, nous aventurant quelquefois dans la cour mais jamais dans la rue. Les camions circulaient dans le quartier à la nuit tombante, des haut-parleurs aboyant l'ordre aux habitants de demeurer chez eux, sous peine d'être abattus. Nous suivîmes ces instructions, écoutant le grondement des moteurs de poids lourds et les coups de feu sporadiques tirés par des pistolets et des fusils.

Difficile d'expliquer comment je me sentais, si longtemps après et avec tout ce qui s'est passé par la suite. J'avais peur, bien entendu. Comment faire autrement ? Nous avions été élevés dans un esprit de fidélité à la Pologne, nous disions une prière pour le président tous les matins à l'école, de la même manière que mon grand-père avait prié pour le tsar russe. À l'époque, je ne savais pas que le gouvernement polonais se moquait éperdument des Juifs. Deux ans avant l'arrivée des Allemands, des violences antisémites avaient éclaté dans un certain nombre de villes polonaises, des violences caractéristiques du pogrom. Pour les adultes, tout cela avait un air de déjà-vu. Les Juifs avaient été victimes de persécutions pendant toute l'Histoire. Nous avions été expulsés d'innombrable fois de divers pays européens, on nous avait chassés, envoyé chercher une fortune plus clémente sous d'autres cieux : « Vous n'avez pas le droit de vivre parmi nous. »

Si j'avais une quelconque perception de l'antisémitisme à l'époque, ça ne durait que les quelques jours suivant la fête de Pâques chez les chrétiens. Je jouais avec des gentils aussi bien qu'avec des Juifs tout le restant de l'année – notamment avec Jurek et les frères Gutsek –, mais à Pâques on se battait parce qu'ils nous accusaient d'avoir tué Jésus. Mais on se disputait souvent – pour un coup irrégulier au football, pour une réflexion entendue par hasard. Si la guerre n'était pas survenue, il ne fait aucun doute que nous nous serions battus pour des filles au cours des années suivantes. Ces batailles à coups de poing étaient livrées et oubliées dans la journée. On portait ses blessures et ses coquards quelques jours avec fierté, puis on pensait à autre chose. Les seules échauffourées dont j'ai entendu parler – Nathan les évoquait quelquefois – éclataient après les matchs de football quand l'équipe des gentils subissait un revers. C'était toujours fomenté par les supporters des équipes adverses. Chez nous, le chef de la police faisait bien son boulot et prenait garde à éviter les incidents. Avant ce fatidique mois de septembre, il n'y avait jamais eu de pogrom à Bedzin.

Est-ce que ça continuerait ainsi ? Et si ce n'était pas le cas, est-ce que les Juifs pourraient s'en aller, comme nous l'avions toujours fait, et trouver refuge ailleurs ? Où, en fin de compte, pourrais-je découvrir un nouveau Jardin d'Éden ?

Les jours qui suivirent restent flous dans mon esprit. J'appris bien plus tard que dans d'autres parties de la Pologne, l'armée avait été repoussée, nous laissant isolés et sans défense. Le 6 septembre, la 14e armée de List prit Cracovie et le gouvernement polonais quitta Varsovie, donnant l'ordre à son armée, épuisée, inférieure en nombre et vaincue presque partout, de se positionner sur une ligne entre la Vistule et les rivières Narew et San. Le jour suivant, elle dut reculer jusqu'à la rivière Bug.

En attendant, notre priorité était de trouver à manger. Nous avions le droit d'être dehors pour acheter de la nourriture, mais le couvre-feu régnait toujours et, passé une certaine heure, il n'y avait plus que des Allemands dans la rue. Nous devions être rentrés chez nous à dix-neuf heures. Nous n'étions plus autorisés à sortir jusqu'à huit heures le lendemain matin. Bedzin s'était rendue sans combat, le centre n'offrait donc pas ce paysage de ruines, caractéristique d'un certain nombre de villes européennes durant ces mois-là. Partout cependant, on voyait des soldats, la plupart dans l'uniforme vert-de-gris de la *Wehrmacht*, tandis que d'autres portaient autour du cou la chaîne, signe distinctif de la police militaire. Le samedi suivant l'invasion – cette fois encore, personne n'avait parlé d'aller à la synagogue –, je remarquai que les uniformes avaient commencé à changer. On repérait de plus en plus souvent ceux de la police civile, bleu-vert, et bientôt des hommes en chemises brunes, portant des brassards rouge, noir et blanc ornés du swastika – des bureaucrates du parti nazi qui s'installaient à l'hôtel de ville et autres bâtiments administratifs, avec leurs classeurs, leurs machines à écrire et leur paperasse. Parmi les nombreuses choses que j'appris sur les nazis pendant les années qui suivirent, il y a leur obsession du détail. Il leur fallait tout en trois exemplaires, confirmé trois fois, et classé dans l'ordre. Ils étaient fiers de ce qu'ils avaient accompli. Plus inquiétant encore, la police de Bedzin patrouillait elle aussi ; peut-être des

Volksdeutsche, ou bien des opportunistes qui désiraient survivre.

Je remarquai aussi les rafles qui débutèrent presque aussitôt. Les hommes étaient « rassemblés » par les soldats, surtout les Juifs orthodoxes avec leurs vêtements noirs, leurs mèches bouclées descendant sur les oreilles et leurs longues barbes. On les regroupait sur les places et au coin des rues et on les emmenait en dehors de la ville, vers les usines bombardées la semaine précédente. Leur tâche était de trouver les bombes non explosées parce qu'elles pouvaient être « recyclées » dans l'effort de guerre. Ils n'avaient aucun entraînement, et aucun équipement. Ils servaient de dragueurs de mines humains et les pertes importaient peu. Si une bombe éclatait et que quelques Juifs succombaient ou souffraient de terribles blessures, qu'est-ce que ça pouvait faire ?

Je me souviens très bien du vendredi 8 septembre. Ce fut le jour de l'arrivée de l'*Einsatzgruppe*. Nous ne savions pas comment les appeler, et n'avions aucune idée de la nature précise de leur mission. La plupart d'entre eux ressemblaient à des policiers en treillis militaire de combat. Certains autres portaient des uniformes de la *Wehrmacht*, mais modifiés, épaulettes noires et runes sur le col, avec un insigne à l'effigie de l'aigle sur les manches. Ils débarquèrent comme toujours en motos, camions et véhicules tout terrain. Il s'agissait des pelotons d'exécution, des hommes auxquels le haut commandement nazi avait confié la tâche de persécuter systématiquement la communauté à laquelle j'appartenais. L'unité particulière dont j'ai eu l'occasion de faire la connaissance était commandée par l'*Obergruppenführer* Udo von Woyrsch, un aristocrate de Silésie, membre du parti nazi depuis des années. Le *Gruppe* était fort d'environ deux mille hommes, dont la composition reflète la singularité de ces unités. Ils faisaient tous partie de la *Sicherheitsdienst*, les divers services de police appelés *Gestapo, Kripo* et *Orpo*. Himmler leur avait donné l'ordre de faire régner la terreur dans le secteur de Katowice. Leur présence brutale marquait le début de ce que le monde allait connaître sous le nom d'Holocauste.

Je passai l'après-midi à la maison, parce qu'il était dangereux de traîner n'importe où ailleurs. On entendait des coups de feu retentir de temps à autre dans les rues. Puis au crépuscule, une odeur de brûlé envahit la ville. Ça n'était pas la même odeur que la semaine précédente, quand les usines avaient été bombardées, et je voulais en avoir le cœur net. Mes parents s'y opposaient. Fini le temps où je jouais au football en sécurité dans la rue. Ma mère gardait sa progéniture à portée du regard. Mais je grimpai sur un hangar accolé à un mur dans la cour à la tombée du jour. Je vis un horizon incandescent et des colonnes de fumée noire sur le ciel violacé. La grande synagogue, symbole de mon peuple, flambait. Les poutres craquaient et s'effondraient sur la falaise située au-dessous du château. Et c'était pendant *Shabbat*, notre jour du Seigneur.

Je ne sais pas combien de temps je restai là, sur la pointe des pieds, hypnotisé par ce spectacle. Il n'y avait pas le moindre camion de pompiers lancé à toute allure pour éteindre le feu et l'incendie se propageait autour de la synagogue, aux maisons et aux commerces juifs. Je ne pus m'arracher à cette vision qu'en entendant Hendla me crier de descendre. Les Pivnik étaient tous à la maison en cette fin de semaine, tous ensemble tandis que le monde que nous connaissions s'écroulait au-dehors.

Le lundi matin, nous eûmes le courage de sortir. Il est fort possible que n'ayant plus rien eu à manger à ce moment-là, il s'agissait sans doute d'une nécessité impérieuse. Le spectacle qui s'offrit à nos yeux était quasi inimaginable. L'*Einsatzgruppe* avait rempli sa mission pendant le week-end et les conséquences étaient visibles de quelque côté que se porte le regard. Des cadavres traînaient dans les rues, figés dans leur dernier soubresaut, des rigoles de sang coloraient de brun les caniveaux. Je n'avais jamais vu de mort auparavant, et il s'agissait de gens que je connaissais – des voisins et amis de la famille, qui, quelques jours auparavant, vaquaient paisiblement à leurs occupations. La plupart d'entre eux étaient des Juifs d'un certain âge, facilement reconnaissables à leurs vêtements et à leurs chapeaux traditionnels – la cible la plus facile pour les crosses de fusil et les balles de l'*Einsatzgruppe.* Il serait réconfortant de penser qu'ils connurent une mort rapide, mais je ne le crois pas. On les avait provoqués, humiliés, roués de coups, expédiés à terre à coups de pied, et abattus – les hématomes sur leurs visages noircis le prouvaient. Et il n'y avait pas que des vieillards, ou des orthodoxes étendus à terre. On découvrait des gens plus jeunes, des deux sexes, et même des gamins de mon âge, pris sous le feu meurtrier des nazis, que nous avions entendu retentir samedi et dimanche.

L'image la plus sinistre que je retiens est celle des Juifs pendus aux arbres de la place. Des hommes maculés de noir, qui ressemblaient à de lugubres décorations de Noël. Je me souviens encore de leur aspect, de leurs bras et de leurs jambes qui pendaient, le corps à la merci des intempéries. Je ne fis pas le compte des cadavres, et aucun d'entre nous n'y regardait de trop près, au cas où il viendrait à l'esprit de l'*Einsatzgruppe* que nous devions les rejoindre d'urgence.

Dieu sait – et Lui Seul sait – combien de Juifs et de non-Juifs périrent à Bedzin en cette fin de semaine.

Certaines de ces exécutions sommaires étaient sans doute dues au hasard. Quelqu'un qui courait se mettre à l'abri entre deux maisons. Quelqu'un qui cherchait sa famille ou ses amis. D'autres meurtres eurent lieu de façon délibérée, planifiée à l'avance. Bedzin, comme toutes les villes polonaises, possédait ses intellectuels, ses groupes nationalistes, qui devinaient tous, avant septembre 1939, l'orientation de la politique en Pologne. On sait aujourd'hui pourquoi ces gens étaient pris pour cible. Ils représentaient une résistance possible et quelqu'un, dans la communauté, avait dû les montrer du doigt. Comment diable l'*Einsatzgruppe* aurait-il su autrement à quelles portes frapper ? On les sortit de chez eux *manu militari*, on les emmena aux confins de la ville et on les abattit. Telle était la rumeur qui courait en ville, et après ce que j'avais vu ce lundi autour de la rue Modzejowska, je n'entretenais pas le moindre doute à ce sujet.

En l'espace d'une semaine, le monde que nous connaissions et aimions avait disparu. Je lisais la stupéfaction dans les yeux de mon père. Dans le passé, lorsque les ennuis s'annonçaient, il allait toujours à la synagogue, voir le rabbin, parler aux anciens et prier Dieu de lui indiquer la voie. Mais à présent, la synagogue n'était plus qu'un tas de ruines fumantes et de nombreux anciens étaient étendus sur le trottoir, roides dans la mort.

Aujourd'hui encore, les historiens débattent du nombre de victimes en cette fin de semaine. En dehors de ceux qui avaient peut-être brûlé vifs dans l'incendie de leurs maisons, selon les estimations les plus modérées, il s'élevait à au moins cent hommes, femmes et enfants ; dont sans doute quatre-vingts étaient Juifs. À l'époque, il me semblait qu'il y en avait beaucoup plus. Une seule victime, après tout, c'était déjà trop.

Mais les Pivnik se serraient les coudes, grâce à un stoïcisme inattendu. Nous nous demandions si la situation pouvait encore empirer.

III

L'Occupation

L'école Rapaport avait fermé ses portes. La synagogue n'était plus qu'une charpente noircie et branlante. Mon père n'était plus un petit artisan fier de ses talents de tailleur et de son statut dans la communauté. Au chômage comme presque toute la population, il représentait lui aussi une cible pour les assassins en uniforme qui écumaient les rues.

Tout le monde devait s'adapter, apprendre un nouveau mode de vie, qui, nous ne nous en aperçûmes pas tout de suite, avait balayé l'ancien pour toujours. D'après les rumeurs venues de l'est, et les livres d'Histoire le confirment de nos jours, les Russes avaient envahi la Pologne le 17 septembre. Nous ne disposions que de dix-huit bataillons le long de la rivière Bug, parce que toutes les autres unités tentaient de contenir la *Wehrmacht*. La Pologne était broyée, telle une noix entre les deux branches d'un casse-noix. Le jour suivant, le président et le général en chef furent arrêtés et emprisonnés. Ils laissèrent des messages encourageant les troupes à continuer le combat.

Le 23e régiment d'artillerie légère était parti depuis un certain temps, et nous ne le revîmes jamais. Nous autres Juifs, nous avions l'habitude de nous défendre dans nos petites rixes à coups de poing, mais là, c'était autre chose. Nous étions avant tout des civils et si difficile qu'il fût de suivre ses préceptes en ces circonstances, le rabbin nous enseignait à tendre l'autre joue. Adolf Hitler et Joseph Staline, deux hommes qui réfutaient les leçons du rabbin, condamnaient des millions d'hommes à la mort.

Bien que nous n'ayons jamais employé ce terme, la ville de Bedzin devint officiellement la ville de Bendsburg, partie du *Gau* allemand de haute Silésie. Nos voisins chrétiens étaient confrontés à un choix épineux. Ceux qui pouvaient invoquer une ascendance allemande avaient la possibilité de signer des papiers pour devenir *Volksdeutsche*, et ils accomplissaient ainsi la moitié du chemin pour être acceptés comme Aryens. On obligea les autres à partir, emportant leur univers sur leur dos, dans des chariots ou des landaus, et à s'installer dans un secteur que les Allemands appelaient le gouvernement général. Hans Frank, l'avocat de Hitler, en prit la tête. « La Pologne sera traitée comme une colonie », annonça-t-il à la radio, à l'époque où les habitants de Bedzin en possédaient encore. « Les Polonais seront les esclaves du grand empire allemand. » Évidemment, il n'était pas permis aux Juifs de devenir des citoyens allemands ; nous étions à présent soumis aux lois de Nuremberg que les Juifs allemands subissaient depuis quatre ans déjà.

Un certain nombre de professions furent interdites aux Juifs. Rapaport et d'autres professeurs juifs des écoles se virent chassés de leurs postes. Nous n'avions pas le droit, même si nous l'avions désiré, de grossir les rangs de l'armée. De toute façon, nos troupes étaient en déroute sur les bords de la Bug, et personne ne souhaitait entrer dans la *Wehrmacht*. Quant à l'université, inutile d'y songer. Les forts en thème de mon école virent leurs études tourner court – comme moi – en ce mois de septembre, et la Pologne mit des années à se remettre d'avoir perdu une génération entière d'intellectuels.

Comme tant d'autres artisans, mon père devint un esclave salarié – et le salaire était misérable. Des civils allemands débarquaient et achetaient les commerces juifs à des prix défiant toute concurrence. Ils venaient avec des gestionnaires aryens, et si l'on gardait le personnel juif, c'était toujours à une place inférieure, sans primes, et en les payant le moins possible. Je me souviens de l'atelier de mon père, en ce mois d'octobre où l'on commençait à comprendre ce qui nous arrivait. Des officiels en uniforme étaient entrés dans notre cour, pendant que Nathan et moi jouions au football. Ils se sont emparés du matériel de mon père – ciseaux, fil, machine et rouleaux de tissu. Il n'y eut plus la moindre commande, bien sûr. La plupart des officiels civils avaient pris la poudre d'escampette et, bien que je n'y ai pas songé à l'époque, un certain nombre des militaires clients de mon oncle Moysche dans la ville voisine de Szopoenice étaient sans doute morts.

Tout cela se déroulait six mois avant l'arrivée d'Alfred Rossner et, jusque-là, nous avions tenu le coup tant bien que mal. Rossner était un homme à l'aspect étrange, à qui il manquait des dents et qui traînait une hanche défectueuse. Personne ne le savait, alors, mais il était hémophile et, par conséquent, avait de la chance d'être encore en vie. C'était ce que les Allemands appelaient *Treuhänder*, un homme de confiance, un assistant, qui gérait deux usines de vêtements et travaillait directement pour la hiérarchie SS. Il comptait dans ses cadres les plus élevés Arje Ferleizer, un Juif qui avait été autrefois le patron de Rossner, et avait fui l'Allemagne en 1938 pour échapper aux persécutions. Ironie de l'histoire, il se retrouvait échoué à Bedzin.

Hendla et mon père allaient tous deux travailler dans « l'atelier » de Rossner en compagnie d'environ dix mille autres Juifs qu'il employa jusqu'en 1943. Nous n'avions pas beaucoup d'estime pour le jeu dangereux joué par Rossner en notre nom. Contrairement au célèbre Oscar Schindler, Rossner n'était pas un homme d'affaires indépendant, mais un gérant au service des SS, disposant de peu de moyens d'aider les Juifs. Quoi qu'il en soit, Hendla et mon père furent embauchés comme travailleurs qualifiés et jugés indispensables à l'effort de guerre allemand. Ils obtinrent donc des *Sonderausweise*, des laissez-passer bleus qui les préservaient, du moins en théorie, de la violence imprévisible des SS. Nous l'ignorions mais ces laissez-passer permettraient à notre famille de survivre un peu plus longtemps. Tant qu'Alfred Rossner graissait la patte des nazis, fournissait des uniformes de parade sur mesure aux SS les plus haut gradés, et offrait à leurs femmes les plus beaux atours de la mode des années 1940, il maintenait les Pivnik en vie.

Me trouver du travail se révéla une tâche plus ardue. Mon père était un excellent tailleur et Hendla, à dix-huit ans, déjà une couturière qualifiée, mais je n'étais qu'un jeune garçon, sans aucun savoir-faire. Les rudiments de couture que j'avais acquis ne pouvaient se comparer aux compétences dont jouissait la main-d'œuvre de Rossner. Puis, la chance me sourit. J'avais toujours aimé les chevaux – c'était notre cas à tous – et l'un des animaux que je caressais et flattais appartenait à un livreur juif nommé Dombek. Je nourrissais le cheval, veillais à la propreté de son écurie et travaillais avec Dombek à la livraison de meubles ; j'étais aussi son garçon de courses. Je ne me souviens plus de la somme qu'il m'allouait pour ces tâches – probablement peu de chose –, mais il s'agissait du premier argent que j'ai gagné de ma vie, et j'étais fier d'apporter une contribution à ma famille.

Tout changea au début de l'année 1940. J'avais alors trouvé du travail dans une usine de meubles appartenant à un certain Killov et gérée par Herr Häuber. Ces hommes étaient aussi des Allemands bienveillants, mais pas du même acabit que Rossner. L'usine fabriquait des meubles et des caisses en bois, la main-d'œuvre se scindait entre Juifs et gentils. Je confectionnais les lourdes caisses de hêtre dont on se servait pour transporter et stocker les bombes de cinq cents kilos que les Dornier et les Heinkel faisaient pleuvoir sur les villes d'Europe. On n'avait aucune information sur ce qui se passait dans le reste du monde, et 1941 succéda à 1940. Nous n'avions plus de radios et le courrier ne représentait plus pour nous qu'un lointain souvenir. Mon père me demanda de signaler que j'avais un frère en âge de travailler et puisque Dombek n'avait plus personne pour s'occuper de ses chevaux, il semblait logique que Nathan entre à son service.

Nathan aimait les chevaux de Dombek plus encore que moi si c'était possible. On lui en attribua deux avec la responsabilité de certaines livraisons. C'est alors que le chariot se renversa en grimpant une côte et lui roula sur le pied. Puis il eut une hernie et cessa de travailler avec Dombek.

Le temps que je passais à l'usine se déroulait dans une atmosphère surréaliste. Comme si nous étions tous les rouages d'une machine. Nous autres Juifs étions moins bien payés que les gentils, cela va sans dire, et les Allemands, dans leur souci obsessionnel typiquement teuton, déduisaient impôts et Sécurité sociale de notre paie hebdomadaire. Ces prélèvements augmentèrent à mesure qu'on introduisit les « contributions » du *Winterhilfe*, pour financer des vêtements chauds à destination des troupes du front de l'Est, et leur rude expédition vouée à l'échec.

La nourriture constituait un élément vital de mon boulot à l'usine Killov, une constante qui prit une importance de plus en plus considérable, à mesure que tout le reste s'effondrait. On nous donnait de la soupe ou du ragoût à midi et on nous accordait trois quarts d'heure pour manger tout à loisir. J'étais jeune – sans doute le plus jeune du personnel de Killov –, ce qui attira son attention, et il se prit d'une sorte d'affection paternelle à mon égard. Il me chargeait de diverses courses pour son compte et, au début, avant que les ordres tombés de Berlin ne se durcissent, j'emmenais sa petite fille à l'école. Nathan aussi. Il s'agissait de l'école Fürstenberger, qui continua à dispenser son enseignement après l'invasion. Quand j'allais chez les Häuber – il m'arrivait de lui servir de cocher, il possédait une voiture tirée par deux chevaux –, madame Häuber me donnait de la nourriture supplémentaire pour ma famille. J'aimerais bien dire que c'était de la confiture, une miche de pain, des saucisses, du thé, du sucre, du beurre… Mais non, tout cela appartenait au Jardin d'Éden, déjà enfoui dans un passé lointain. Quoi qu'il en soit, dans une famille comme la nôtre, les légumes et pommes de terre étaient bienvenus. Chana n'avait que sept ans, et Wolf et Josek, les garçons, étaient d'un âge plus tendre encore. Majer lui-même n'avait que onze ans, et dans une ville où travailler était un privilège, il n'avait aucun moyen de gagner sa vie.

L'usine avait également ses mauvais côtés. Killov et Häuber étaient bienveillants, mais il n'en allait pas de même de leurs subordonnés. L'officiel qui nous faisait pointer à l'usine était un nazi invétéré qui nous méprisait, un salaud sans pitié. Il nous accueillait toujours avec une diatribe antisémite, suivie fréquemment d'un coup sur l'oreille quand la fantaisie lui en prenait. Personne ne se plaignait, personne ne faisait quoi que ce soit, principalement parce que les Polonais étaient devenus en général *Volksdeutsche*. C'était ce qu'il y avait de plus difficile à tolérer pendant l'occupation. Les amis et voisins nous observaient désormais avec une haine à peine dissimulée, heureux de ne pas avoir à travailler à nos côtés dans les ateliers. Lorsque la politique raciale enragée de Himmler, tout d'abord insidieuse, fut renforcée par un arsenal d'armes à feu et de chiens, complété par la loi martiale, les gens changèrent à une vitesse stupéfiante.

En dehors de l'usine, la vie devenait plus dure chaque jour. Les boutiques et ateliers rouvrirent durant les semaines suivant l'invasion, mais gérés par des Allemands ou du moins des Polonais *Volksdeutsche* et les Juifs n'avaient pas le droit d'y entrer. Par conséquent, confinés dans certaines parties de la ville, et admis dans peu d'endroits, faire la queue – le symbole de la vie quotidienne dans toute l'Europe – devint une norme pour tous les Juifs. Les femmes et les enfants, en particulier, attendaient pendant des heures sous une pluie battante ou un vent mordant, pour un morceau de pain. Raison pour laquelle la soupe de Killov restait vitale, Nathan et moi mangions au moins un repas presque décent par jour. Je savais que mes parents se privaient au profit des plus jeunes.

Mais la queue n'était pas seulement un inconvénient dû aux privations engendrées par la guerre. Nous n'étions pas forcés de porter des brassards jaunes, à ce moment-là – ce stigmate ne viendrait que plus tard – et les Juifs non orthodoxes ressemblaient à tout le reste de la population. Les enfants polonais – et parmi eux, un certain nombre de mes amis – se faufilaient dans les files d'attente, criant : « *Jude ! Jude !* » en désignant les Juifs dans la foule. Ils étaient récompensés de portions de beurre et de marmelade supplémentaires, comme les deniers d'argent dans le Nouveau Testament. La police – constituée entièrement d'Allemands, à ce moment-là – les sortait du rang et les cognait, les laissant couchés sur une neige maculée de sang.

Dans les premiers jours de l'occupation, la farce s'imposa : ou bien on travaillait pour Killov ou Rossner, ou bien on était membre du *Judenrat*, le Conseil juif – il n'existait rien d'autre. Comme toutes les autres institutions de l'État nazi, il s'agissait d'un organisme fantoche. Sa fonction principale était de maintenir l'ordre public en dénonçant les agitateurs et en établissant un fichier de nous tous. Mon père n'en faisait pas partie, mais plusieurs de ses amis en étaient membres et le siège du *Judenrat* se trouvait juste à côté de chez nous dans la rue Modzejowska, près du marché. Devant la porte, des messages importants, traduction en yiddish des ordres des nazis, étaient placardés sur un tableau prévu à cet effet. Que personne ne puisse avoir le moindre doute sur ce qui arrivait. La machine à coudre de mon père avait peut-être été saisie par des Allemands bottés, mais les membres savaient où elle était, grâce aux renseignements du *Judenrat*. Le pillage de la communauté juive de Bedzin était entrepris de façon systématique, et les notables de cette communauté y participaient.

Le chef des conseils juifs de Silésie de l'Est était Meniok Meryn, qui servait d'intermédiaire entre le *Gauleiter* allemand et Molczacki, patron du *Judenrat* de Bedzin. Certaines personnes considéraient Meryn comme un opportuniste et un collaborateur ; d'autres pensaient que son action ralentissait les persécutions nazies. On racontait que Molczacki fouillait les corbeilles à papier de ses employés pour chercher des preuves contre eux. Je n'étais qu'un gamin, comment savoir ?

La véritable stratégie d'extorsion débuta en février 1940. Ce mois-là, les Russes et les Finlandais s'affrontaient dans un Nord glacial, en skis et en tenue de camouflage hivernale. Bien entendu, nous n'en savions rien. Bedzin était un des rares endroits en Pologne où les nazis n'avaient pas créé de ghetto, ce qui rendait la vie plus facile pour nous. Pourtant, Bedzin était tout de même en état de siège. Personne n'était autorisé à entrer ou sortir de la ville sans l'autorisation des SS, et le périmètre de ma vie était encore plus restreint. Je me rendais à l'usine et rentrais directement à la maison. De temps en temps, avec Nathan et ma grand-mère, nous allions aux confins de la ville récupérer des morceaux de charbon à brûler. Des gardes et des policiers sillonnaient les alentours, donnant l'impression qu'ils ne cherchaient qu'un prétexte pour appuyer sur la détente.

Durant ce mois de février, les nazis firent pression sur le *Judenrat* pour obtenir quinze kilos d'or, et soixante kilos d'argent auprès de la communauté juive. Comme tribut d'un quelconque crime imaginaire que nous aurions commis. Nul doute que s'ils avaient été forcés de le faire, ils nous auraient accusés d'avoir tué le Christ, ou de verser le sang d'enfants chrétiens dans un de nos rituels – ça se déroulait avant qu'ils ne cessent de chercher des raisons pour nous infliger ce genre de traitement. Les membres du Conseil firent le tour de la ville, frappant aux portes et aux volets fermés, violant l'intimité de nos maisons, or il ne nous restait que ce privilège. Je ne sais s'ils parvinrent à réunir le montant exigé, ni ce qui se trouvait caché dans les greniers et sous les lattes des planchers en attendant le jour – qui ne manquerait pas d'arriver – du départ des Allemands. Tout le monde devait donner son matériel de ski – les Pivnik n'en possédaient pas – sans doute pour la guerre en Finlande contre les Russes. Pour la plupart, nous n'avions plus de radio, mais les derniers à en posséder une furent obligés de s'en séparer. Puis ils nous interdirent un certain nombre de rues et d'endroits publics, créant ainsi un ghetto de fait. Nathan fut la victime de ces nouvelles mesures. Arrêté dans un secteur prohibé par les nazis, tentant d'obtenir du pain illégalement, on le conduisit à la prison de Bedzin. Je ne me souviens pas des formalités, s'il avait dû comparaître devant un magistrat ou un officiel SS. Je me souviens de la tension intolérable qui régnait à la maison quand il ne reparut pas, et de l'impuissance ressentie par mon père lorsqu'il se rendit compte qu'il ne pouvait rien y changer. Nathan resta enfermé six semaines.

Pourtant, en dépit de tout cela, la vie poursuivait son cours. L'usine était supportable. En réalité, j'attendais avec impatience le moment d'aller au travail. Et je parvenais encore à faire une partie de football de temps en temps, même si le nombre de mes partenaires de jeu avait terriblement diminué. Et je trouvais encore du réconfort auprès de mes pigeons, qui roucoulaient sans souci dans le grenier de monsieur Rojecki. L'idée me vint que, pour eux, la guerre n'existait pas, ils n'encaissaient pas de coups, ils ne marchaient pas sur une corde raide. Si j'avais réfléchi, je me serais rendu compte qu'ils n'avaient pas beaucoup à manger eux non plus.

La nourriture demeurait le problème numéro un. Nathan et moi étions en pleine croissance, de même que Majer. Nous vivions à dix au 77, rue Modzejowska, et seuls quatre d'entre nous rapportaient de l'argent. Ma grand-mère était trop vieille et ma mère accaparée par les enfants en bas âge – Josek n'avait que quatre ans. Il existait un marché noir, des gens qui connaissaient des gens, et on voyait parfois de l'argent et de la nourriture changer de mains furtivement au coin des rues sombres. Nous avions encore quelques amis polonais de souche.

Nous ne savions pas encore que les ordres rédigés à Berlin par le Reich allaient durement éprouver la Pologne dans les mois qui suivraient. Si un Polonais venait en aide à un Juif en lui offrant l'hospitalité au moment des *Aktionen*, la déportation dans les camps, il risquait la peine de mort, ainsi que toute sa famille. En 1940, on n'en était pas encore là, mais les chrétiens se mettaient tout de même en danger, s'ils nous venaient en aide. Ils nous refilaient parfois de la nourriture et cela conduisait parfois la génération précédente des Pivnik dans une position malaisée. Un jour, je revins à la maison avec un colis de nourriture – cadeau de la mère de mon ami Dudek, de la saucisse de porc. Ce n'était pas un problème pour moi – avant-guerre j'avais souvent mangé du porc chez Dudek –, mais pour mon père, ça relevait du blasphème. Malgré tout ce qui s'était passé à Bedzin : l'incendie de la synagogue, la fermeture des écoles, les pendaisons, les bûchers et l'exécution des Juifs par fusillade, la trahison du *Judenrat* – les principes étaient encore là, et mon père ne pouvait dévier de l'enseignement qui avait constitué sa vie. Sa première réaction fut de jeter la saucisse. Je ne me souviens pas de quelque querelle que ce soit entre mon père et ma mère, ni même d'une discussion. Peut-être mon père avait-il regardé ma mère dans les yeux et ce qu'il y avait vu était suffisant. C'était elle aussi une Juive fidèle et pratiquante, mais ses enfants avaient faim et pour une mère c'est la seule chose qui compte. Il finit par sortir de la maison pendant que nous mangions du porc, et, à partir de ce moment-là, telle fut la règle en vigueur. Nous ne mangions pas de porc devant lui, et nous ne lui en parlions pas si nous en mangions quand il avait le dos tourné. Tel était le prix à payer pour être la cible des fous qui nous persécutaient.

De bien des manières, mon père souffrit le plus de l'Occupation. C'était un homme fier, un traditionaliste, jouissant du respect de la communauté. C'était du passé. Et cela empira, le jour où il rentra à la maison, couvert de sang, ébranlé. Il était sorti acheter du pain et ne revenait pas depuis plusieurs heures. Nous ne nous étions pas trop inquiétés, l'imaginant dans une file d'attente. Cette fois, ce fut un voisin qui le ramena à la maison. Mon père avait été dénoncé, dans la queue – ce doigt maléfique pointé devint, à partir de ce moment-là, un trait caractéristique de mon existence – et plusieurs policiers l'avaient passé à tabac. Il apparut très secoué, mais les blessures intérieures devaient être plus profondes encore. À compter de ce jour, le seul endroit où il allait, c'était l'usine de Rossner. Hendla, Nathan ou moi faisions la queue. Ma mère devint la pierre angulaire de cette famille, celle qui maintenait notre cohésion. En contemplant le visage de mon père, je voyais qu'il avait perdu toute pugnacité, tout désir de continuer à vivre.

La jeune génération avait nettement plus envie d'en découdre avec l'envahisseur – l'exubérance et la folie de la jeunesse, j'imagine –, et une sorte de mouvement de résistance vit le jour à Bedzin au printemps 1940. Il naquit des organisations de jeunesse où je n'avais pu entrer avant l'occupation allemande faute d'avoir l'âge requis, et maintenant, elles étaient illégales. *Poale Zion, Dror, Gordonia, Hashomer Hatzair, Hanoar Hatzoni, Hashomer Hadati* – leurs noms sont gravés dans ma mémoire, tout comme de nombreux jeunes Allemands de l'époque se souviendraient du mouvement antinazi *Edelweisspiraten* en Allemagne. Hendla, en particulier, était très liée à l'organisation *Gordonia*, bien que ses rêves de partir en Palestine parussent à présent plus utopiques que jamais. L'un de mes cousins, Hirsh Wandasman, était encore plus actif au sein du même groupe, et les nazis surveillaient avec le plus grand soin ces personnes.

Pour ce faire, ils se servaient d'informateurs, et j'ai de bonnes raisons de me souvenir de deux d'entre eux. Tout d'abord, un patron de bar nommé Kornfeld. Il avait la trentaine, je pense, et avant que le tabassage de mon père ne le confine à la maison et à l'usine Rossner, lui et Nathan allaient parfois dans son bar le samedi après-midi (où Nathan n'avait pas le droit de boire autre chose que de la limonade !). Le beau-frère de Kornfeld était un peu plus jeune et travaillait comme cordonnier ; il s'appelait Machtinger.

Un soir, alors que je rentrais à la maison, je vis Machtinger devant moi, descendant la rue Modzejowska. Il était accompagné d'un policier allemand, un scélérat méchant comme une teigne que j'avais déjà vu. Les deux hommes avaient, comme diraient les policiers d'aujourd'hui, un comportement suspect, se retournant pour vérifier qu'on ne les voyait pas tandis qu'ils se glissaient dans une porte latérale de la maison de Piekowski, le marchand de chevaux. Parmi les hommes les plus riches de Bedzin, Piekowski avait été sollicité par le *Judenrat* pour apporter sa contribution. Il avait refusé sèchement, bien qu'un autre marchand de chevaux, Wechselmann, ait donné ce qu'il pouvait. Que Machtinger et Mitschker entrent dans l'appartement du rez-de-chaussée de la majestueuse demeure des Piekowski m'intriguait. Les parents occupaient le premier et le deuxième étage ; leurs jolies filles blondes vivaient dans un appartement séparé au rez-de-chaussée. J'attendis une minute ou deux – aucun signe des parents Piekowski. Puis, je me baissai et me faufilai dans les buissons pour faire le tour de la maison. Sur la pointe des pieds, je pus regarder par un interstice entre les rideaux de la fenêtre qui donnait sur le jardin.

J'avais quatorze ans à l'époque et, bien que ce spectacle soit loin d'être un rite de passage à l'âge adulte digne de ce nom, je fus néanmoins abasourdi par ce que je voyais. Il y avait des bouteilles de bière sur la table, la pièce était éclairée par des lampes puisque les rideaux étaient tirés. La cadette avait environ dix-huit ans, elle n'était pas beaucoup plus vieille que moi, mais se révélait déjà une femme au plein sens du terme. Elle apparaissait complètement nue, allongée sur le canapé, dans une pose alanguie. La fille aînée était étendue sur un lit. Elle avait quelques années de plus et une silhouette plus épanouie – je restai bouche bée. Je les voyais souvent dans le quartier, mais toujours habillées. Mitschker et Machtinger brûlaient d'impatience de passer à l'action. Ils se débattaient pour arracher leurs chemises, jetant leurs chaussures dans la pièce, baissant leur pantalon.

J'imagine que j'avais la langue pendante, mais ce tableau n'avait rien d'habituel. Je savais que ces filles, contrairement aux hommes, n'y prenaient aucun plaisir. Elles simulaient, le visage pétrifié et dénué de passion. Objets d'un chantage quelconque, elles payaient ainsi une vie plus facile, pour que les autorités ferment les yeux. Soudain terrifié, je m'enfuis au pas de course.

Notre vie est pleine de « si », n'est-ce pas ? Si nous n'avions pas été en guerre, si nous n'avions pas été occupés par l'ennemi, si je n'avais pas connu la traîtrise de Mitschker et Machtinger, j'aurais probablement couru voir Dudek et les autres pour être au centre de l'attention et leur raconter ce que j'avais vu, contempler leurs yeux écarquillés et leurs bouches grandes ouvertes, avant qu'ils ne se mettent à rigoler. Mais il valait mieux garder ça pour soi. Les conséquences étaient trop graves. Cela se sut néanmoins – mais pas à cause de moi. Un SS qui couchait avec une Juive risquait le peloton d'exécution. Et ce genre de bandit était sans scrupules avec les autres.

Mitschker prit peur – je ne connais pas cette affaire en détail – et lâcha ses deux informateurs rapidement. Machtinger et Kornfeld furent parmi les premiers déportés. Piekowski, sa femme et ses filles les suivirent un peu plus tard.

À l'époque, je n'étais pas en mesure de concevoir ce qui se passait. Mon univers vivait une mutation constante, des policiers s'accouplaient à des jeunes filles qu'ils auraient dû protéger, et le *Judenrat*, qui était des nôtres, cherchait à se faire bien voir de l'occupant, au lit avec les SS eux aussi, de manière un peu différente.

En avril 1941 un flot de réfugiés se mit à envahir Bedzin. Une partie d'entre eux, nous confièrent-ils, avaient mis le cap sur la ville voisine de Sosnowiec. Il ne s'agissait pas de réfugiés comme ceux qui avaient fui l'avancée de la *Wehrmacht* en 1939, mais ils avaient perdu leurs maisons néanmoins. Ils déferlaient, en chariots, en voiture, en traîneaux et en landaus, emportant avec eux tout ce qu'il était possible d'emporter, venus de la ville d'Oswiecim, à un peu plus de quarante kilomètres de là. Je n'y étais jamais allé, mais c'était une version miniature de Bedzin, dont la moitié de la population était juive. Une photographie prise à l'époque où ces nouveaux arrivants apparurent confirme mes souvenirs – nous étions alors tous obligés de porter un brassard jaune avec l'étoile de David. On les avait chassés de chez eux parce que les Allemands construisaient un grand camp près des casernes de l'artillerie à la lisière de la ville, et qu'il n'y avait plus de place pour eux. On était loin de se douter que nombre d'entre eux y retourneraient sous peu.

C'est probablement à cette période – et peut-être à cause de l'afflux massif de réfugiés – que le tableau d'affichage du *Judenrat* annonça que tous les Juifs devaient se faire prendre en photo. Les gens redoutent ce genre de classification et de fichage. Au XIXe siècle, les peuplades primitives des empires coloniaux avaient peur des appareils photo parce qu'elles croyaient qu'on leur volait leur âme. L'excès d'archives, souvent annonciateur d'une taxation accrue, était considéré avec crainte. En Angleterre, en 1086, lorsque les hommes de Guillaume le Conquérant demandèrent aux gens combien de charrues et de bétail ils possédaient, la population pensa que le jour du Jugement dernier était arrivé. Les optimistes parmi nous se dirent que nous serions peut-être déportés en Palestine et que le rêve de Hendla se réaliserait malgré tout. Les pessimistes imaginaient être expédiés dans un enfer quelconque sur Terre, sans doute en Extrême-Orient. Je sais que ces photographies faisaient partie du Plan Madagascar, une des nombreuses « solutions finales » envisagées par les nazis pour nous autres Juifs.

Ce plan avait été conçu l'année précédente et, effectivement, le haut commandement nazi avait brièvement flirté avec l'idée de nous envoyer en Palestine, mais cette idée avait été écartée car peu fiable. Madagascar était une colonie française mais la France avait été submergée par la *Wehrmacht*, à l'exception de la zone libre vichyste au sud, qui collaborait avec les Allemands. L'argent nécessaire pour nous convoyer vers cette île au large de l'Afrique serait fourni par les biens juifs confisqués. Bien qu'étant la quatrième île du monde par ordre de grandeur, et malgré ses 587 000 kilomètres carrés, Madagascar était trop exiguë pour accueillir tous les Juifs d'Europe – quoique nos bien-être et prospérité soient loin de constituer un gros souci aux yeux du haut-commandement nazi. Le problème surgit parce que les Anglais refusaient de se plier aux desiderata de Hitler, et la Grande-Bretagne, même les Allemands devaient en convenir, était la maîtresse incontestée des mers. Cependant, nous nous prêtâmes docilement à la séance photo. Je possède encore celle de ma grand-mère – l'une des deux seules qui me restent d'elle. Elle devenait aveugle petit à petit, déjà.

Nous nous débattions de notre mieux dans ces conditions difficiles ; l'arrivée des Juifs d'Oswiecim réduisait encore nos ressources, et le marché noir fonctionnait en permanence. Père, un homme brisé un peu plus chaque jour, avait encore l'énergie de détourner des morceaux de toile de l'usine d'uniformes de Rossner et il restait assis à la maison avec son fil et son aiguille, les jambes croisées, fabriquant des vêtements pour les gentils, en échange de farine ou de saucisses.

Mais le danger n'était jamais bien loin. Les hommes et les femmes travaillant à l'usine voyaient parfois leurs doigts arrachés par une machinerie sans garde-fous. Il n'y avait aucun règlement de sécurité en ce qui concernait les ouvriers juifs. Mais un jour, le danger se précisa encore. Les Schwartzberg étaient nos voisins ; ils vivaient à trois maisons de chez nous et au printemps 1941, monsieur Schwartzberg et son fils aîné furent emmenés par la police nazie. Je ne vis pas l'arrestation, mais ce fut l'objet des conversations dans notre rue pendant des jours. Leur crime ? Le père Schwartzberg avait acheté une vache à un fermier gentil et l'avait abattue pour vendre la viande. Peut-on tolérer une provocation pareille sous notre nez, avaient dû se demander les nazis. Manifestement, Schwartzberg avait assez d'argent pour acquérir l'animal, alors qu'il aurait dû remettre tout excédent financier au *Judenrat.* Il sapait également le système SS de rations minimales, destiné à assurer tout juste la subsistance des Juifs. Et c'était un bras d'honneur magistral à leur autorité. Quelques jours plus tard, nous entendîmes que les Schwartzberg avaient été fusillés tous les deux.

Puis ce fut le tour des Wechselmann, une autre famille que nous connaissions bien. L'un d'entre eux acheta de la farine à un gentil et ils partagèrent tous le pain confectionné avec celle-ci. On pendit les Wechselmann, et je vis leurs corps se balancer aux branches des arbres qui entouraient le cimetière principal. Cette fois encore, comme avec l'invasion, il s'agissait d'intimidation. Cessez de vous livrer au marché noir ou bien vous subirez le même sort que ce cadavre gelé, grisâtre, à la nuque disloquée.

Dans les dix-huit mois où nous subîmes l'occupation nazie, je vis mes parents rongés par le tourment d'avoir à maintenir la famille en vie. J'assistais au même spectacle dans la rue et à l'usine de Killov – des hommes jeunes, soudain grisonnants et las, que l'épuisement, la malnutrition et la peur avaient rendu semblables à des vieillards. Je travaillais douze heures par jour à quatorze ans et je devais me démener pour trouver une croûte de pain à manger. Je n'appréciais pas à sa juste valeur le fait que notre famille ait préservé sa cohésion, espérant toujours que la politique des autorités évoluerait, qu'un jour ou l'autre, tous les Allemands deviendraient semblables à Killov et Rossner. Et qu'avions-nous fait, au fond ? Les Schwartzberg et les Wechselmann avaient enfreint la loi, mais c'était une loi injuste et absurde. Et le reste d'entre nous ? Nous étions Juifs, et c'était suffisant.

IV

Et le jour se changea en nuit

Le rythme des changements à Bedzin avant la création du ghetto est difficile à retracer avec précision. Tout ce que je sais, c'est que ça allait de mal en pis, un aller simple dans la mauvaise direction.

Le 22 juin 1941, les Allemands lancèrent l'Opération Barbarossa, l'invasion de la Russie. Les nouvelles ne nous parvinrent que par la bande et des jours plus tard, mais il semble que les Russes n'aient pas été préparés à ce qui leur arrivait. Les données dont on dispose aujourd'hui brossent un tableau sinistre des événements – au milieu de la première journée d'invasion, la Luftwaffe avait détruit presque 1 200 avions soviétiques, et le groupe d'armées du Nord, commandé par le *Reichsfeldmarschall* Wilhelm Leeb, avait avancé de quarante kilomètres en territoire russe. Le groupe d'armées sud, qui s'était massé à notre insu dans le secteur est de Bedzin, rencontrait plus de difficultés, mais il avançait tout de même.

Tout cela eut comme effet immédiat pour nous de marquer le début des déportations. Les jeunes hommes, en particulier, étaient raflés et emmenés en camp de travail. La seule protection était d'être reconnu comme un ouvrier essentiel à l'effort de guerre, ce qu'on appelait avoir « un métier spécifique » dans d'autres parties de l'Europe. Mon père et Hendla ne risquaient rien encore parce qu'ils fabriquaient des uniformes de la *Wehrmacht* dans l'usine de Rossner. Je ne craignais rien pour l'instant, puisque j'étais manœuvre qualifié chez Killov et Häuber. Non, le problème, c'était Nathan.

Mon frère aîné avait presque dix-huit ans, l'âge où l'on risquait la déportation. Et il travaillait encore avec Dombek, en dehors des usines nécessaires à l'occupant. Il était plus exposé que le reste d'entre nous. Il fallait manifestement qu'il vienne avec moi, et nous nous débrouillâmes pour que Nathan Pivnik me rejoigne à l'usine où il devint menuisier.

Cependant, la période ne nous était pas très favorable. Le *Judenrat*, de plus en plus empressé au service des nazis, dressait des listes de déportés potentiels et les placardait sur le tableau d'affichage de sinistre réputation sur la façade de leurs bureaux, situés dans la vieille école Fürstenberg. C'est à ce moment-là qu'on arrêta Nathan. Ce fut une expérience épouvantable pour lui, un garçon de dix-sept ans avec toute la vie devant lui. Mon père obtint la permission d'aller le voir et de lui apporter de la nourriture, bien qu'elle soit rare chez nous.

Les déportations qui nous marquèrent de stigmates indélébiles faisaient partie de la politique menée par le IIIe Reich, qui changeait en permanence. Nous ne savions pas que les nouvelles initiatives prises par les Allemands à cet égard étaient le résultat des réunions secrètes et sans procès-verbal entre Hitler et Himmler, tantôt à Berchtesgaden, tantôt à Berlin. Pour l'instant, la solution au problème juif restait une question territoriale. Madagascar n'était plus à l'ordre du jour, mais il y avait d'autres possibilités. L'euphémisme « réinstallation à l'Est » retentit dans toute l'Europe. Mais nous vivions d'ores et déjà à l'Est, notre destination naturelle était donc le camp de travail. En mai ou en juin 1942, nous remarquâmes un nouveau changement. Les noms qui apparaissaient sur les listes du *Judenrat* n'étaient plus seulement ceux de jeunes hommes en âge de travailler, mais également ceux des vieux et des infirmes, des gens qui avaient besoin entre tous de l'aide entière que la société pouvait leur fournir. Sauf qu'elle ne leur était plus d'aucun secours. Les vieilles dames avec leurs *sheitel*, les perruques noires traditionnelles ; des vieillards édentés, des manchots, des unijambistes ; des aveugles. Ces gens n'avaient aucune valeur, on pouvait en disposer comme on le souhaitait, ce n'étaient que des bouches inutiles dans le meilleur des mondes concocté par Hitler et Himmler.

Et nous commençâmes à remarquer la fréquence accrue des trains de marchandises qui cliquetaient et ahanaient à l'aiguillage situé à proximité de Modzewojska. Des wagons de fret, en bois, du genre qu'on voyait quotidiennement si l'on vivait près du chemin de fer, transportant du bétail, des porcs, des moutons ou de la volaille vers l'abattoir. Mais ceux-ci étaient différents. Il y avait des cadenas posés sur les portes coulissantes et du barbelé devant les trous d'aération, ainsi que des SS armés postés sur les toits et d'autres dans un wagon attribué aux gardes. Je ne savais pas quoi en penser du haut de mes quinze ans – à mes yeux, ils transportaient des prisonniers de guerre russes vers un camp de travail plus à l'ouest. Je vis un jour les visages des gens enfermés dans ces wagons – des hommes de tous les âges aux figures pâles, aux traits tirés, aux longues barbes en désordre, aux yeux effrayés surgissant de l'ombre. Je sais à présent que c'étaient des Juifs, mon propre peuple, destinés à subir un traitement spécial, ce que les Allemands appelaient *Sonderbehandlung*, et envoyés aux camps de Belsen, Treblinka et Sobibor.

On parlait de plus en plus souvent du camp d'Oswiecim que les Allemands appelaient Auschwitz, pendant l'été 1942. Il n'était pas très loin, et certaines personnes connaissaient des gens qui connaissaient des gens. On parlait d'une petite maison blanche où l'on envoyait les Juifs pour les tuer. Mais c'était sûrement des bêtises. On vivait dans les années 1940, au XXe siècle, ces choses-là n'arrivaient qu'aux époques barbares, sous le règne de despotes déments comme Gengis Khan et Tamerlan. Les gens qui racontaient ces choses-là devaient être des idiots.

12 août 1942. C'était une journée d'une chaleur accablante, le ciel était d'un bleu sans nuages au-dessus de Bedzin. Aujourd'hui se déroulait l'*Aktion* dont le *Judenrat* nous menaçait depuis des mois. Tous les Juifs de Bedzin et des villages alentour devaient se présenter à l'un des deux stades de football de la ville et apporter leurs papiers. Les Juifs étaient prêts à montrer les leurs en permanence depuis longtemps, mais la guerre avait encore aggravé les choses. Chaque homme juif avait une mention « Israel » à côté de son nom et chaque femme juive « Sara ». Les Pivnik mirent le cap sur Hakoah, le stade en bordure de la ville. C'était loin d'être la première fois que j'y allais, ayant applaudi et encouragé les équipes de football locales sur les gradins, espérant entrevoir un de mes héros, Nunberg, par exemple, le meilleur gardien de

but de Pologne. Mais, aujourd'hui, jour de l'*Aktion*, ça n'avait rien à voir.

Nous étions environ 20 000 entassés sur ce terrain de football, regroupés par familles, plongés dans des conciliabules à voix basse, nerveux et pleins d'appréhension. Les mères essayaient de calmer leurs bébés, geignards et agités dans la chaleur croissante. On enjoignait aux enfants en bas âge désireux comme toujours de courir et de faire les fous de s'asseoir et de se tenir tranquilles. Je remarquai que ma mère ne lâchait pas Josek d'une semelle. Les patrouilles SS circulaient, armées et vigilantes, leurs chiens tirant sur la laisse et aboyant en direction du Juif le plus proche.

Peu avant midi, un officier SS fit une déclaration dans les haut-parleurs et le bourdonnement de la foule se tut. On nous expliqua qu'il fallait pratiquer une sélection. C'était la première fois de ma vie que j'en entendais parler. On allait se diviser en trois groupes. Les travailleurs indispensables, le Groupe A, resterait à Bedzin. Le groupe B serait envoyé en camp de travail. Le Groupe C serait – et en allemand cela sonnait plus sinistrement encore : « *umgesiedelt in den Osten* » – réinstallé à l'Est.

Si nous avions jamais cru aux présages – et les Juifs ont tendance à y croire –, ce qui arriva ensuite avait de quoi me faire dresser les cheveux sur la tête. Il y eut un roulement de tonnerre juste au-dessus de nous et un éclair zébra le ciel. En quelques minutes le jour laissa place à la nuit et l'horizon fut d'un noir d'encre. La pluie crépitante s'abattait sur nous, poussant les enfants en bas âge à chercher refuge dans les jupes de leurs mères. Le terrain sur lequel nous étions était gorgé d'eau et la pluie traversait nos vêtements. Personne ne s'était préparé à ça, pas même les SS, aussi trempés que nous, hurlant des ordres, nous alignant en rangs, nous poussant en avant du canon de leurs fusils.

La bousculade commença, les groupes ne pouvant se former convenablement par manque de place. Ceux qui étaient en bordure de terrain cherchèrent des issues, creusant sous la palissade, protégés des regards par le rideau de pluie et la foule. J'en reconnus quelques-uns, c'étaient des amis de Hendla et de Nathan, appartenant au groupe *Gordonia.* Les associations sionistes qui apprenaient l'hébreu et rêvaient d'un kibboutz en Palestine se changeaient en partisans, un mouvement souterrain qui avait juré de résister à cette machine de bureaucratie nazie. Ils soulevaient le barbelé et aidaient les gens à le franchir. En me retournant, je vis mon frère Majer se joindre à eux, se tortiller dans la broussaille, la veste, le visage et les mains soudain maculés d'une boue à laquelle on ne pouvait échapper. Sur le moment, je ne compris pas pourquoi Majer y était allé, mais au fil des heures, la situation se clarifia. Et derrière les barbelés, la fusillade commença.

Le tonnerre grondait toujours et les visages terrifiés étaient illuminés par des éclairs. On pouvait tout de même établir la distinction entre le fracas du ciel et le bruit des coups de feu, chaque détonation nous faisant sursauter. Et s'ils tiraient sur mon frère Majer ? J'avais foi en mon petit frère ; à douze ans, il était fort et rapide, mais on ne court jamais aussi vite qu'une balle de fusil. À travers une brume de pluie, nous vîmes les crosses et les gourdins des Allemands pleuvoir à leur tour sur les corps trempés et prêts à tout derrière les barbelés. L'*Aktion*, c'était le Jugement dernier, aucun d'entre nous ne serait le même après l'avoir traversé.

Il flotta toute la nuit pendant que nous attendions dehors, massés les uns contre les autres. Je crois que personne ne dormit. Nous avions froid, la pluie nous avait pénétrés jusqu'aux os. Nous étions épuisés et affamés, n'ayant rien mangé depuis le petit-déjeuner de la veille, et les plus jeunes enfants se plaignaient, demandaient quand on rentrait à la maison, et ce qui allait nous arriver.

C'était le moment de remercier notre bonne étoile pour les cartes d'identification bleues dont nous avait gratifiés Alfred Rossner, prouvant que mon père et Hendla étaient indispensables à l'effort de guerre. Et à présent, je comprenais pourquoi Majer était parti. Mes parents l'avaient poussé à le faire. Nathan et moi avions le même genre de documents émis par Herr Killov, nous faisions donc très probablement partie de ceux qui resteraient à Bedzin, dans le groupe des travailleurs utiles. À l'issue de cette longue et terrible attente sur ce terrain de sport, chaque carte permettait à deux personnes de rester à Bedzin. Ce qui signifiait que ma mère et les petits étaient en sécurité. Une fois Majer enfui, aussi insupportable que ce soit pour mes parents, nous pouvions demeurer ensemble. Ou presque. L'exception, c'était ma grand-mère Ruchla-Lea, parce que nous étions une famille de dix et il nous manquait une carte. Je la vis pour la dernière fois sur ce terrain de football détrempé et piétiné par des rangées de Juifs épuisés, à la merci d'un morceau de papier susceptible de leur sauver la vie. Elle avait quatre-vingt-deux ans, elle n'était pas en bonne santé et à moitié aveugle. Je l'avais connue et aimée toute ma vie, avec ses yeux tendres et pétillants, ses mains osseuses, ses histoires avant de dormir. Elle faisait partie de ma vie et nous était arrachée. Il y eut des adieux soudains, pleins de larmes, des phrases qui sonnaient creux. Nous nous dîmes que nous nous reverrions bientôt et mes parents l'enjoignirent de faire attention ; puis la pauvre femme fragile fut emmenée vers un groupe de vieillards de la ville, choqués, tremblants. Je ne la revis jamais.

Tandis que nous quittions le stade, engourdis, transis de froid, il se passa quelque chose d'étrange. L'un de nos voisins, polonais et chrétien, saisit mon père par le bras et lui offrit d'adopter le petit Josek, et de l'élever comme son propre enfant. Ce genre de décision déchirante prend des jours, des semaines, voire des mois. Mon père qui venait de perdre sa mère allait à présent perdre son plus jeune fils. Il eut une réaction instinctive et refusa. Il désirait que notre famille reste ensemble.

Le *Judenrat* placarda une nouvelle liste. Le nom de Nathan y figurait. Mon père argumenta en vain que Nathan était un travailleur indispensable à l'effort de guerre, mais il y avait trop peu de temps qu'il était à l'usine de Killov. Herr Häuber qui nous portait en général secours n'était pas là, envoyé en mission quelque part. La seule solution était de cacher Nathan.

Aujourd'hui, il me paraît extraordinaire qu'un adolescent puisse se dissimuler dans une ville comme Bedzin, où tout le monde s'épiait, et où il existait un réseau d'espions omniprésent, au service du *Judenrat* et des autorités allemandes. Je ne sus jamais où il se trouvait, et en y repensant, je me dis que mon père et ma mère l'avaient probablement fait exprès. Il valait mieux que je reste dans l'ignorance. Moins j'en savais moins je pourrais en dire. Je me souviens que bon nombre de membres du *Judenrat* martelèrent la porte du 77, rue Modzejowska, à l'époque où c'était encore notre domicile, fouillant les placards et les remises sans succès. C'étaient des policiers bottés et en uniforme, dont on qualifierait aujourd'hui l'attitude d'arrogante.

Mais c'étaient des Juifs, et aucun d'entre nous ne comprenait comment ils pouvaient nous traquer ainsi, rechercher un Juif qu'ils considéraient comme criminel parce qu'il ne voulait pas quitter sa famille. En fait, Nathan se cacha presque tout le temps dans le grenier à foin de l'usine de Killov, au-dessus des chevaux de Dombek.

Puis le jour vint où notre univers fut réduit en lambeaux. Depuis que mon père avait été tabassé par la police, et peut-être même avant, c'était ma mère qui nous soutenait. Elle se débrouillait pour nous nourrir, nous habiller. Et si elle riait moins qu'avant, elle essayait de donner de l'entrain aux enfants. Un jour – la douleur a effacé de ma mémoire la date exacte –, la police du *Judenrat* nous rendit visite avec une solution au problème Nathan. Ils emmenaient ma mère et la garderaient en otage jusqu'à ce que Nathan réapparaisse.

Il n'y avait plus personne pour s'occuper des petits ; Majer habitait de nouveau chez nous bien sûr, revenu très vite après la sélection d'Hakoah, mais Josek n'avait que cinq ans et le reste d'entre nous travaillions de longues heures aux usines de Rossner et Killov.

Alors, confronté à cela, mon père fit parvenir une lettre à Nathan. Je n'ai jamais vu son contenu, je ne sais donc pas s'il demanda à son fils aîné de revenir à la maison, s'il lui raconta ce qui s'était passé, lui laissant sa conscience faire le reste. Quoi qu'il en soit, Nathan se livra. À ce stade avancé de l'affaire, il tenta tout de même de voir Herr Häuber, mais celui-ci n'était toujours pas rentré. Aux abois, Nathan essaya de rencontrer le cuisinier de Häuber pour qu'il se porte garant de lui. Mais l'intensité accrue des persécutions nazies n'échappait à personne, un pas vers le génocide auquel on ne voulait croire, et le cuisinier refusa de le voir. Hendla l'accompagna au poste de police et revint seule.

Puis ma mère retrouva sa maison ; savoir qu'elle avait payé sa liberté au prix de celle de son fils dut lui briser le cœur – cela dut briser celui de mon père également – il y a eu tant d'adieux depuis celui-là, et le souvenir s'est obscurci dans ma mémoire avec les années, au point que je ne sais plus exactement quand ou dans quel ordre ces événements se sont déroulés. Mais je suis sûr d'une chose : si l'on excepte la permission spéciale d'une journée qu'il obtint pour nous aider à déménager à Kamionka, je fus le dernier à voir Nathan, à le serrer dans mes bras, en larmes.

Il existait une colline à l'est de Bedzin, qu'on appelait Kamionka et qui servait de carrière depuis des années. Je connaissais bien cet endroit – pour les gamins c'était un véritable paradis avec des galeries qui traversaient des bidonvilles et de petites maisons branlantes construites dans la roche calcaire. Lorsque les carrières avaient été abandonnées, des vagabonds s'y étaient installés, comme ils le faisaient en bordure de beaucoup de centres industriels de Pologne et ils avaient construit une ville à eux. Avec le temps, les cabanes en bois avaient été remplacées par des édifices en briques, mais c'était toujours très délabré – une enclave du mauvais côté de la ville. Sept mois après l'*Aktion* de Hakoah, nous fûmes transférés à Kamionka.

Pour l'essentiel, il s'agissait d'un déplacement de population. Des gentils nécessiteux s'installèrent au 77, rue Modzejowska et nous atterrîmes dans le ghetto de Bedzin. Aujourd'hui, dans les livres d'histoire, on débat de ce qui sous-tendait la politique suivie par les nazis à l'égard des Juifs dans le IIIe Reich. Certains défendent la théorie selon laquelle tout était prémédité : le ghetto était une étape vers l'extermination, le génocide planifié depuis le début par les nazis. Pour d'autres, l'explication est fonctionnelle : les nazis n'avaient pas réellement prévu ce qu'ils feraient des millions de Juifs qu'ils trouveraient en Pologne, et des millions de Juifs supplémentaires qu'ils rencontraient en Russie. On peut certainement avancer, en termes de vitesse et de temps imparti, que la création des ghettos eut lieu sur un rythme irrégulier, de façon sporadique. Et ils étaient tous dissemblables. Celui de Varsovie était ceint d'épaisses murailles, celui de Lodz de fil de fer barbelé ; à Kamionka, point de barrière mais des repères au sol – comme pour dire, *ceci est ce qui vous est maintenant dévolu en Pologne, Juifs ; faites-en ce que vous pourrez.*

Pourquoi nous avaient-ils transférés là ? Après tout, vivant au 77, rue Modzejowska, nous nous étions accommodés tant bien que mal de dix-huit mois sous la férule des nazis, en faisant de notre mieux. À l'époque, nous ne comprenions pas, et quiconque tentait de sonder le *Judenrat* en posant des questions indiscrètes courait le risque d'être instantanément déporté, alors on s'en abstenait. L'explication qui nous était fournie d'habitude – quand on prenait la peine d'interroger – était que les ghettos avaient pour but de limiter la propagation des maladies, en particulier le typhus, que les Allemands appelaient à l'époque *Judenfieber*, la fièvre juive. Selon une autre théorie, il s'agissait de camps de prisonniers améliorés, pour nous garder sous surveillance tandis que le Reich portait son attention et son effort de guerre pour vaincre les Russes sur le front de l'Est.

Il nous était parvenu des rumeurs de Lodz, au nord,

selon lesquelles leur ghetto avait été entièrement coupé du monde depuis avril 1940 et que, là – bas, comme à Bedzin, le *Judenrat* était devenu l'organisation administrative du gouvernement – un pantin dont les nazis tiraient les ficelles.

Lorsqu'il fallut partir, les Pivnik prirent tout ce qu'ils pouvaient emporter. Nathan s'était débrouillé pour emprunter le chariot de Dombek et ses chevaux pour le tirer. Nous le chargeâmes au maximum avant de mettre le cap sur Kamionka. Puis Nathan dut nous quitter une fois de plus. Encore un nouvel exode qui me rappelait les colonnes de réfugiés fuyant l'invasion, au début, puis l'arrivée des Juifs d'Oswiecim dans notre ville. C'était notre tour de grossir les rangs des dépossédés en fuite. Jamais plus, je ne revivrai dans notre petite cour de Modzejowska.

À Jérusalem, la bibliothèque de Yad Vashem possède des photos de Kamionka, où s'alignent les masures délabrées, où l'on peut voir les mères de famille suspendre le linge sur les fils, tentant de préserver autant que possible les apparences d'une vie normale. Les rues et ruelles étaient pleines de mobilier en train de pourrir sous la pluie ou de se dessécher au soleil, les vestiges de la vie des gens trop encombrants pour être casés dans cet exercice nazi de « rationalisation » de l'espace. Nous étions entassés à huit dans une seule pièce mais au moins nous habitions une construction en briques.

La police allemande arpentait le périmètre de Kamionka jour et nuit. Elle était aidée par des auxiliaires polonais et les pompiers. Je me souviens avoir pensé que ces hommes portaient les uniformes que mon oncle Moyshe leur confectionnait à Szopienice, rappel de la catastrophe, du chaos des trois années qui venaient de s'écouler. La police du *Judenrat* patrouillait dans le ghetto quotidiennement elle aussi. Leurs casquettes à visière étaient recouvertes de blanc, et bien qu'armés de matraques et non d'armes à feu, les étoiles jaunes aux manches de leurs vareuses ne les rendaient pas plus humains. C'étaient des policiers, aussi méchants et corrompus que les autres. Il y avait des années que je cherchais à leur échapper ; je ne ressentais pour eux que du mépris.

À Kamionka, les privations s'accrurent sévèrement. Je ne sais pas si quelqu'un s'est penché sur les statistiques de Bedzin, mais à Varsovie, les Juifs avaient droit à 300 calories par jour, tandis qu'elles se montaient à 634 pour les Polonais et 2 310 pour les Allemands. Je ne me souviens que d'un unique magasin dans le ghetto, une épicerie qui vendait du pain, des légumes et, très occasionnellement, des lambeaux de viande. Les queues auxquelles nous étions habitués continuaient, ma mère et les petits attendant patiemment le moment de donner leurs tickets d'alimentation pour obtenir quelque chose à manger.

Et les rumeurs s'amplifiaient elles aussi de plus belle. Les Russes avaient stoppé l'avancée allemande à Stalingrad. Je ne me souviens pas avoir entendu parler de leurs déboires en Afrique du Nord, ni que la VIIIe armée avait battu le Feldmarschall Rommel à El Alamein, mais même si cela avait été le cas, je n'aurais sans doute pas su lier les événements. Si la guerre tournait mal pour les Allemands, c'était loin d'être pour autant une bonne nouvelle pour nous. Certes, nous désirions être libérés de tout cela ; mon père, en particulier, voulait rentrer à la maison et à son atelier du 77, rue Modzejowska. Mais personne ne se rendait compte qu'il faudrait d'abord que les choses s'aggravent avant qu'elles ne s'améliorent.

Le travail était le seul point d'ancrage de la réalité, la seule continuité, à Kamionka. Mais même là, les choses avaient changé. Avant d'être parqués dans le ghetto, nous progressions vers les usines comme nous l'entendions, sauf dans les rues qui nous étaient interdites. Nous étions à présent contraints d'y aller en marchant en colonne, surveillés et sous bonne garde – tout un peuple en marche tous les jours. Le chemin jusqu'à l'usine de Killov faisait moins d'un kilomètre, le pointage et la nourriture de relativement bonne qualité nous permettaient de conserver un semblant de raison.

Le froid et la neige firent leur apparition et nous n'avions toujours aucune nouvelle de ma grand-mère, ni de Nathan. Le monde continuait à tourner, bruissant de rumeurs contradictoires, plein de terreur. On avançait droit, on baissait la tête, on travaillait. À mesure que le printemps 1943 cédait la place à l'été, la tension devenait de plus en plus palpable. Les déportations se poursuivaient. Les premières furent accompagnées des promesses vides de sens du *Judenrat* : des membres du conseil et des médecins accompagneraient les groupes raflés par les Allemands. Quelle était leur destination ? Les camps de travail, bien sûr, pour contribuer à l'effort de guerre, pour servir le Reich. La ligne officielle prétendait que tout ça ne serait pas bien long, le camarade Staline allait déposer les armes et se rendre, et la paix régnerait en Europe. Après tout, une armée slave ne pouvait se mesurer à la race des maîtres.

Mais aucun médecin ne partait avec les déportés et les membres du *Judenrat* restaient à Bedzin. Et même comme ça, tout restait relativement civilisé ; les bannis emportaient leurs valises, des colis de nourriture pour le trajet. Parfois, ils étaient transportés dans des wagons à bestiaux, mais pas toujours, et quoi qu'il en soit, ce n'était qu'un inconvénient regrettable, et provisoire. Nous étions en guerre.

Vladek, un ami polonais, faisait partie des déportés. Il rentrait chez lui une fois par mois du camp de travail, mais, pour l'essentiel, il gardait le silence sur ce qui s'y déroulait. Avant que toute cette folie ne survienne, il possédait des pigeons lui aussi, et nous passions pas mal de temps ensemble. Il acheta le vélo de Nathan contre un sac de pommes de terre – le papier-monnaie étant, à Kamionka, virtuellement sans valeur.

C'est pendant notre séjour au ghetto que nous reçûmes des nouvelles de Nathan. Un vieil ami de la famille, un Polonais, nous apprit qu'il travaillait au camp de Blechhammer à Slawiecice, une usine chimique, et qu'il se portait bien. Ma mère lui envoya de l'orge et des sous-vêtements, mais nous ne sûmes jamais si le colis lui était parvenu, puisqu'il n'était pas autorisé à nous écrire.

Nous remarquâmes – peut-être même grâce à Josek, qui avait déjà six ans – que de plus en plus souvent des visiteurs arrivaient au ghetto. C'étaient des SS aux uniformes vert-de-gris dont le col s'ornait de runes en forme d'éclair, et des têtes de mort souriantes surmontaient les visières de leurs casquettes. Ils venaient avec leur propre police, la Gestapo – et la police du ghetto rampait devant eux avec ses chiens méchants –, arborant des airs arrogants. Les aboiements des bêtes et les claquements des talons de leurs bottes retentissaient autour de Kamionka, sonnant à nos oreilles, écho répercuté autour des taudis qui nous servaient de domiciles. Je me souviens de les avoir entendus défoncer les portes et vociférer des ordres. Ils n'avaient plus besoin de poser la question : « *Ist hier ein Jude ?* » que nous entendions avant d'être parqués au ghetto. À Kamionka, tout le monde était juif, elle n'avait plus aucune utilité. Ils cherchaient maintenant un certain type de Juifs – les jeunes et valides, ou leurs familles. Il fallait partir. Et si on avait la moindre objection – comme ce fut le cas de certains –, la réponse était une balle dans la tête. Tels étaient les bruits du ghetto – les aboiements des chiens, les bruits de bottes, les meubles qu'on réduisait en miettes. Puis les cris brefs, suraigus, ponctués par une détonation sourde, pistolet ou fusil. Puis le silence.

Combien de temps s'écoulerait-il, nous demandions-nous, avant qu'ils ne s'en prennent aux Pivnik ? J'avais déjà presque dix-sept ans, en ce long été brûlant de 1943, proie idéale pour la déportation. Que pouvions-nous faire ? Nous enfuir ; mon père, un homme émotionnellement brisé, trois petits enfants sous la férule de ma mère, de Hendla et de moi-même dans les ruelles… Quelle distance aurions-nous parcourue dans la nuit, pourchassés par les chiens, sous la menace des fusils ?

L'alternative était de se cacher et nous essayâmes de le faire. Notre maison ne possédait qu'une seule pièce, mais elle avait un toit très en pente et le grenier était juste assez grand pour nous abriter le jour où les bruits de bottes s'arrêteraient devant notre porte. J'étais devenu un charpentier expérimenté, mon père et moi construisîmes donc une cloison de bois avec des débris de planches, derrière laquelle nous cachâmes de la nourriture et de l'eau. Nous y glissâmes aussi un pot de chambre et un seau.

Ce genre de choses se produisait partout dans le ghetto et représentait une partie de la résistance muette des Juifs, une histoire qui n'a jamais été racontée. Pourquoi ne se sont-ils pas rebellés ? interpellent les révisionnistes de l'Holocauste aujourd'hui ; si la situation était aussi désespérée, pourquoi les Juifs n'ont-ils pas tenté quelque chose ? La réponse est que nous faisions ce que nous pouvions, et que cela commença à Kamionka pour les Juifs de Bedzin. Des bribes d'information, des morceaux de bois et des clous piqués à l'usine, de la nourriture qui se conserverait dans un espace exigu pendant un été chaud. Ce n'était pas l'héroïsme dont rêvaient les adolescents comme moi, mais il s'agissait tout de même de résistance. Les bruits concernant la révolte du ghetto de Varsovie nous parvinrent au mois d'avril. Cela nous rendit un peu de fierté, fit naître un peu d'espoir.

Le 19 avril, les partisans de Varsovie passaient à l'action. La politique de déportation était menée là-bas à une échelle beaucoup plus grande qu'à Bedzin. En octobre 1940, près d'un demi-million de Juifs furent massés derrière ces murs hauts de plus de trois mètres ; deux ans plus tard il n'en restait plus que 70 000. Les partisans juifs volèrent des armes, massacrèrent les SS qui leur tombaient sous la main et semèrent leurs poursuivants dans les égouts de Varsovie, en butte au choléra, au typhus, et aux rats. Quasiment un mois plus tard – sur le moment, il valait peut-être mieux que nous ne l'ayons pas su –, le commandant des SS sur place se vanta d'avoir tué 14 000 Juifs depuis le début du soulèvement et d'en avoir envoyé 40 000 autres au camp de Treblinka.

Pour nous, la fin survint un samedi chaud et sec de la fin juillet. Je me souviens qu'au-delà de Kamionka, la moisson battait son plein, les hommes en bras de chemise et en gilet abattaient serpes et faux sous les armes des SS. Les tas d'épis de maïs qu'ils récoltaient se dressaient comme des sentinelles silencieuses dans les champs, telles que je me les remémorais au Jardin d'Éden au cours des étés de mon enfance. J'avais travaillé toute la journée à l'usine, comme d'habitude, à peine capable désormais de me souvenir des rituels de *Shabbat* tels qu'on les suivait en temps de paix. Nous dînâmes et allâmes nous coucher. Je ne me souviens pas de la conversation, ni de quoi que ce soit de particulier ce jour-là, jusqu'aux petites heures de l'aube du matin suivant.

Je m'éveillai en sursaut. Les bottes. Les chiens. Les cris rauques en allemand. Droit sur nous, dans notre ruelle, vers notre porte. Mon père eut le temps de passer la tête au-dehors, pour la rentrer aussitôt. Il nous emmena tous au grenier. Ma mère et Hendla tentaient d'apaiser les enfants, qui avaient appris à ne poser des questions qu'à voix basse. On entendait des cris et des hurlements, tandis que mon père et moi-même replacions la fausse cloison, en faisant le gros dos, sans oser respirer.

En me tournant et en me penchant sur le côté, j'embrassais du regard la ruelle jusqu'à la place du ghetto, par une embrasure que nous avions aménagée avec une brique amovible. Il se passait quelque chose. Il ne s'agissait pas d'une rafle de routine pour fournir quelques déportés supplémentaires. C'était une fusillade. Les gens se défendaient. Les policiers couraient dans tous les sens et tiraient dans le tas, les éclairs des détonations illuminaient les petites maisons bancales entre lesquelles ils se déplaçaient à vive allure. Les SS, dont les insignes brillaient dans la lumière, étaient plus organisés, moins désordonnés. Je vis même des membres des Jeunesses hitlériennes, vêtus de leurs shorts et foulards ridicules, brandir leurs petits couteaux fournis par la *Hitlerjugend* et scander des slogans nazis enragés. Il s'agissait de garçons de mon âge, voire plus jeunes, qui voulaient notre peau.

Hendla était peut-être au courant de quelque chose, et elle s'était tue. Peut-être n'était-elle pas « dans la confidence ». Les chefs de la résistance, je le sais maintenant, étaient Baruch Giftek et Frumka Plotnika, et les combattants de la liberté, tous membres de *Gordonia*, faisaient partie des autres groupes sionistes. J'ignore comment ils s'étaient procuré des armes, mais on n'était pas à Varsovie. Nous n'avions pas d'égouts où nous cacher, et il est possible que nous n'ayons pas été aussi aux abois que dans la capitale. Au cours des combats des jours suivants, plus de quatre cents partisans furent abattus, beaucoup d'entre eux étaient, comme nous, de simples civils pris entre deux feux. Les pertes allemandes ? Une seule.

Tout au long de cette nuit nous nous abritâmes dans notre enfer domestique et, à l'aube, nous vîmes, par la meurtrière que nous avions pratiquée, nos voisins arrachés à leurs taudis, avec ce qu'ils pouvaient emporter de leurs maigres possessions, poussés à coups de pied dans les ruelles, encadrés par les soldats. Nous assistions à la « liquidation » du ghetto, euphémisme signifiant des milliers de victimes. J'entendis mon père déclarer, dans l'un de ses instants les plus désespérés : « Ce qui arrive aux autres nous arrivera à nous », et nous faisions nos prières. Nous avions l'habitude de prier tous les jours à Kamionka, tout comme nous le faisions autrefois chez nous.

Ce dimanche était le 1er août. Les chrétiens l'appelaient Lammastide, la fête des cierges. Au-delà de Kamionka, au-delà de la Pologne, la guerre se poursuivait. Derrière la cloison qui nous dérobait aux regards, nous étions accablés par la chaleur et l'inquiétude. Le pot de chambre et le seau étaient pleins. La chaleur et la puanteur devenaient insupportables, mais nous n'osions pas bouger. Les coups de feu sporadiques nous avertissaient que les nazis n'avaient pas disparu, absorbés par leur occupation favorite, la chasse aux Juifs.

Le lundi en fin de journée, nous n'avions plus d'eau et plus beaucoup de nourriture. Mon père n'avait pas prévu un siège de plusieurs jours. Sortir pour trouver de l'eau potable nous exposait à une mort certaine. Les chiens nous dénicheraient, les SS étaient aux aguets, l'oreille tendue. Le mardi s'avéra tout aussi chaud, tout aussi accablant. Nous restâmes assis, trempés de sueur. Je ne sais pas qui eut cette idée, mais je me souviens que ma mère mit un peu du sucre qui lui restait dans une tasse. Elle passa de main en main et nous bûmes avec gratitude le liquide chaud et sucré. C'était de l'urine.

À un mois de mon dix-septième anniversaire, je rampais dans un grenier surchauffé dans la pénombre en buvant de l'urine et en écoutant les sanglots de mes frères et sœurs tandis qu'au-dehors les Allemands tiraient sur mon peuple.

La fin du ghetto. La fin de tout ?

V

Descente aux enfers

Notre résistance prit fin le mercredi 6 août. La liquidation du ghetto de Bedzin avait duré quatre jours. La chaleur estivale s'étant finalement révélée insupportable, nous sortîmes de notre cachette et nous nous résignâmes à l'inévitable.

Je ne me souviens que de bribes de cette journée, comme les images décousues d'un rêve. Nous nous étions mêlés à une colonne en marche menant de Kamionka jusqu'à la gare en milieu de matinée sans doute, raides, endoloris, la bouche desséchée, les lèvres craquelées. La route n'était longue que d'un kilomètre à peine mais, pour nous, ça représentait un marathon. Rassemblés sur la place du ghetto, nous étions peut-être mille. Il me vint à l'esprit que même ce petit groupe de Juifs était supérieur en nombre aux SS qui nous dirigeaient. Mais cette foule était en partie composée de vieillards, de nourrissons et d'enfants en bas âge. Dans ma famille, Majer avait quatorze ans, Chana était plus jeune d'un an, Wolf n'avait que huit ans et Josek, six. Nous étions affamés, affaiblis, sans armes. On ne peut affronter des hommes équipés de mitraillettes, de fusils, avec leurs chiens en laisse, en étant aussi démuni.

Pendant que nous descendions la colline, les gentils locaux nous huaient, se moquaient, riaient de nous. Un ou deux sanglotèrent, la tête dans les mains, signe symbolique de l'attitude schizophrénique de la Pologne vis-à-vis du « problème juif ». Ces gens étaient nos voisins ; ces hommes commandaient des vêtements à mon père dans son atelier de tailleur ; ces femmes avaient parlé layette et accouchement avec ma mère ; nous faisions nos courses chez ces boutiquiers ; j'avais joué au football avec ces adolescents. Ils étaient maintenant en train de piller nos meubles et nos maigres possessions, comme des hyènes déchiquetant une charogne pour s'emparer des meilleurs morceaux. Je reconnus aussi la police locale, et les pompiers qui nous menaient à la baguette, comme du bétail. Les SS, je ne les connaissais pas, mais ils nous poussaient en avant à coups de crosse de fusil. Les enfants en bas âge s'accrochaient à leurs parents, terrifiés par les aboiements rageurs des chiens qui montraient les crocs.

J'avais toujours adoré regarder les trains qui grondaient et soufflaient en entrant et sortant de la gare Art déco. Mais ce lieu ne ressemblait désormais plus à rien. On n'y rencontrait plus personne vaquant à ses occupations quotidiennes, aucun civil, mais de nouveaux renforts de SS, de policiers et de chiens, tout l'attirail de l'État nazi. Tout cela était absurde. Personne ne nous indiquait notre destination, ils se contentaient de glapir : *« Scheissjude »* et *« Arschloch »* à notre adresse. *Scheissjude.* Juif de merde. Des siècles de haine sans objet concentrés dans une insulte violente crachée à notre face. Si quelqu'un faisait un faux pas ou traînait les pieds, les matraques de la police s'abattaient, fendant un crâne ou disloquant une épaule.

Aucun train à l'horizon. Nous attendions sur le quai, en silence. Tous ceux qui parlaient étaient sortis du rang et tabassés. Terrorisées, les mères serraient les bébés contre leur poitrine, le seul réconfort qu'elles étaient susceptibles d'offrir, en leur murmurant des mots tendres.

Ces quelque quarante minutes d'attente sur le quai nous semblèrent durer des siècles. Puis nous entendîmes des sifflets stridents et nous aperçûmes la fumée d'une locomotive au loin, un engin noir traînant cinq wagons. Les SS se tenaient sur le toit, armés jusqu'aux dents. Ils portaient leurs *Stahlhelme*, casques d'acier à la forme caractéristique auxquels étaient attachées leurs lunettes de moto. Je ne comprenais pas comment ils pouvaient tenir sur le train en marche, mais ils avaient peut-être une sorte de harnais pour les maintenir en place, là-haut.

S'il devait se passer quelque chose, c'était maintenant. Notre groupe ne comptait pas beaucoup d'hommes. Mon père avait la cinquantaine – je le prenais pour un vieillard, à l'époque – et moi seize ans. Que pouvions-nous faire ? Foncer sur les rangs SS ? Sauter sur la voie et s'enfuir ? Tout le monde avait une famille – des femmes, des mères, des enfants. Pourtant, lors de notre chaotique embarquement à bord de ce train, on aurait pu tenter quelque chose. Mais il ne se passa rien. Nous attendîmes comme des moutons que les SS inspectent les wagons et s'assurent qu'ils étaient vides, puis nous avançâmes aux cris de *« Einsteigen ! »* Montez ! Montez ! Cela ne prit pas bien longtemps. Nous n'avions avec nous que peu de choses en arrivant à Kamionka ; nous en possédions encore moins, à présent. Certaines personnes traînaient une valise ou un baluchon. Ces maigres bagages furent jetés dans le train avec les gens. Les seuls retards furent causés par les difficultés des vieillards ou des enfants à gravir les marchepieds. Nous étions poussés dans les wagons, précipités contre les dossiers de bois des banquettes, ou bien les corps pressés les uns contre les autres, debout contre les cloisons et les fenêtres. Harcelés de coups de pied, de gourdin ; ainsi se déroulèrent nos adieux à Bedzin. Nous ne le savions pas encore mais, pour la plupart, nous quittions notre ville natale pour toujours. En quelques jours, les SS pouvaient se vanter que la ville était *judenrein*, purgée de ses Juifs, la satisfaction du travail bien fait se conjuguant avec une certaine arrogance.

Ils fermèrent les portes et le train s'ébranla, ferraillant et ahanant pour quitter la gare de Bedzin. Je me souviens que ma mère s'assura alors, comme elle l'avait probablement fait déjà cent fois ce matin-là, que nous étions bien tous là. Et je me souviens de ce qui arriva juste après, aussi. Un rabbin présent dans le wagon sortit son livre de prières ; mon père et les autres orthodoxes l'imitèrent et ils entonnèrent les psaumes du roi David.

Je n'ai jamais été un homme particulièrement religieux. En tant qu'adolescent de seize ans sans expérience, dont la bar mitzvah s'était tenue en secret dans une cuisine, je ne pouvais partager les convictions de mon père. Je priais avec lui tous les jours parce que c'était ce qu'on attendait de moi. Je regardai donc ces hommes psalmodier, le visage pâle et effrayé sous leur chapeau. Mais leurs yeux se mirent à briller d'optimisme à mesure que les paroles qu'ils prononçaient les réconfortaient. Ils *savaient* que Dieu nous viendrait en aide. N'était-ce pas Sa promesse depuis l'origine ? Il trouverait un moyen, Il nous ferait un signe.

Mais Il ne fit rien de tel.

Nous dépassâmes les usines et les mines de cette partie industrialisée de la Pologne, que nous connaissions bien. Les bouleaux argentés brillaient comme du métal poli dans le soleil de midi, tachetés de feuilles au doux murmure, et le sifflement, le raclement des roues sur les rails constituait le bruit de fond sur lequel retentissait l'écho profond, mélancolique, des psaumes du wagon.

J'imagine qu'il s'était écoulé environ une heure lorsque le train ralentit par à-coups. En me baissant un peu, et en regardant entre les nuques de la foule entassée autour de moi, je vis des rangées de poteaux de béton recourbés vers l'intérieur reliés par des rouleaux de barbelés. Au-delà, se dressaient d'autres rangées : cette fois, il s'agissait de baraquements peu élevés et de plain-pied. C'était probablement un camp, pensions-nous, un de ces fameux camps de travail où ils expédiaient les habitants de Bedzin depuis des mois. Le train s'arrêta définitivement dans un crissement de freins et les portes des wagons s'ouvrirent. *« Raus ! Raus ! »* Je ne m'étais pas rendu compte à quel point les inflexions de l'allemand sonnaient de façon gutturale et impitoyable jusqu'à ce jour, sur ce quai. Nous rassemblâmes nos quelques affaires et trébuchâmes sur le béton, clignant des paupières sous le soleil.

Le bruit était assourdissant – une voix crachait des ordres à travers un système de haut-parleurs, des gardes en uniforme de Waffen-SS aiguillonnaient la foule avec leurs fusils, de grands chiens grondaient et aboyaient au bout de leur laisse, montrant les crocs, le poil hérissé. Difficile de savoir qui était le plus enragé

– les chiens ou leurs maîtres. Mais ceux qui me fascinaient, c'étaient les autres, ces gens en tenue de prisonniers, rayée de bandes verticales bleues et blanches, sale, ressemblant à des pyjamas, et ils criaient, eux aussi, à notre intention. Ils nous enjoignaient de laisser nos bagages, de les abandonner sur la Rampe. On les récupérerait plus tard, disaient-ils, et il fallait nous mettre en rang.

Nous étions tous engourdis, en état de choc. Mon père restait bouche bée, le sourcil froncé, il essayait de comprendre ce qui se passait. Hendla s'accrochait à sa main droite, Chana à sa main gauche. Les garçons se tenaient groupés autour de ma mère, comme durant tout le trajet. J'étais le seul à me trouver à l'écart sur le quai.

Près de moi, un de nos anciens voisins de Kamionka tentait d'obtenir des informations, de déceler un semblant de raison au chaos environnant. Il s'adressait à l'un des hommes en pantalon rayé qui portait une veste noire crasseuse par-dessus sa tunique et une casquette d'ouvrier informe sur la tête. Il abattit un épais gourdin surgi de nulle part sur le crâne du curieux, lui cria de la fermer et de faire ce qu'on lui ordonnait. Puis, comme pour souligner que la force fait droit, il le frappa de nouveau à toute volée avec le gourdin, en le traitant de salopard de Juif dégueulasse. L'homme de Kamionka ne posa plus la moindre question. Il était étalé sur le quai, en sang, haletant, commotionné.

Je me sentis poussé et un autre homme en tenue rayée cria qu'il fallait abandonner ses bagages sur le quai et se mettre en rang. Puis il baissa les yeux et m'aperçut. Il me chuchota quelque chose que je ne compris pas d'emblée : « Dis-leur que tu as dix-huit ans… » et disparut dans la foule en hurlant des ordres.

Où étions-nous donc, pour que des hommes se fassent matraquer parce qu'ils posaient des questions ? Pour que des hommes en pyjama conseillent en douce aux nouveaux venus de mentir sur leur âge ?

Les rangs se formaient, d'une certaine manière. Depuis trois ans, nous nous étions alignés dans des queues pour avoir du pain ; mais ici, c'était différent. Nous n'étions pas soldats ; nous ne connaissions rien à l'exercice. Et les SS étaient littéralement obsédés par ce genre de détail. Enrégimentement. Obéissance immédiate. Servilité sans conscience. Le militarisme claquant des talons de l'ancienne Prusse prenait un sens accablant et sinistre par l'adhésion sauvage à la mentalité malsaine du IIIe Reich. Nous nous rassemblâmes à environ dix mètres du train qui continuait de gronder et de cracher de la fumée. Quiconque chancelait, choqué, éberlué, incapable de se déplacer assez vite, était roué de coups de matraque ou de crosse de fusil, ou encore mordu par les chiens, dont les crocs d'ivoire s'enfonçaient dans la toile, puis la chair.

Un SS arpentait le quai en hurlant sans interruption que les familles devaient rester groupées au même endroit. D'autres SS s'arrêtaient devant certains individus pour leur demander leur âge, combien ils avaient d'enfants, et on les sortait des rangs.

Finalement, deux colonnes s'étaient formées, en rang l'une comme l'autre, mais il s'était passé quelque chose. Je n'en savais rien sur le moment, mais je venais d'assister pour la deuxième fois à une sélection, le tri froid et imperturbable de ceux qui survivraient et de ceux qui allaient périr, en accord avec les instructions démentielles émises par Berlin. La première avait eu lieu au stade, à Bedzin, mais celle-ci avait quelque chose de plus sinistre encore – plus définitif.

La colonne dans laquelle je me trouvais se composait de familles, les vieillards aux visages grisâtres, hantés ; les enfants aux joues barbouillées de larmes ; les parents en proie à une panique manifeste, tremblants sous le soleil estival. L'autre colonne était entièrement constituée d'hommes, allant de l'adolescence à la cinquantaine, certains d'entre eux posant un œil exorbité, anxieux, sur la nôtre.

Un noyau de SS était rassemblé le long du quai. Ils bavardaient, prêtant à peine attention aux brutalités en cours. Derrière eux stationnaient des camions gris et une ambulance militaire, le moteur en marche, les gaz d'échappement ondulant par vagues au ras du sol. Un déluge d'ordres menaçants déferla à nouveau. La colonne des hommes s'ébranla, dépassant le noyau de SS. J'entendis ma mère me murmurer à l'oreille : « Szlamek, sauve ta vie », et elle me poussa brutalement vers la colonne des hommes. Je n'avais pas toujours obéi à ma mère, la femme qui m'avait donné la vie et avait préservé la cohésion de la cellule familiale depuis trois ans. Je la fixais sans savoir quoi dire. Quelles paroles aurais-je pu prononcer ? « À plus tard », « À demain », « Je rentrerai pour le dîner », « Je rentrerai à temps pour *Shabbat* ». Je lui jetai un dernier regard, ainsi qu'à ma famille. Mon père, dont le monde s'était écroulé il y avait déjà si longtemps, oublié par son Dieu ; ma mère, mon point d'ancrage au monde, qui m'aurait tout pardonné ; Hendla et ses rêves de Palestine ; Majer, Chana, Wolf, Josek. Ma famille. Mon sang. Hébété, sans comprendre ce qui m'arrivait, je suivis la colonne en marche.

Nous dépassâmes le noyau de SS et l'image de l'officier qui se trouvait avec eux s'imprima pour toujours dans ma mémoire. Fils de tailleur, je savais

Moi (à gauche) avec mon frère Nathan, peu de temps après la libération. Cette photo fut prise au lac de Constance où nous aidions à l'acheminement illégal de réfugiés juifs vers la Palestine.

Tante Rachael et oncle Solomon Abramovitch, installés à Londres, chez qui nous vécûmes lors de notre arrivée en Grande-Bretagne.

Nathan et moi à Trafalgar Square dans les années 50. Nous venions d'obtenir la naturalisation anglaise.

En partance pour la guerre. Nathan a pris cette photo de moi juste avant mon départ de Londres pour Israël.

Moi (devant au centre) avec mes collègues de l'armée, lors d'un entraînement en France pour la Guerre d'Indépendance, en 1948.

Moi posant avec mon fusil en tant que membre du *Machal*, les engagés volontaires pour Israël.

Moi conduisant un half-track en Palestine.
Nous n'étions pas préparés à une telle chaleur.

מדינת ישראל

משרד הבטחון

צבא ההגנה לישראל

Mr. Sam Pivnick

In recognition of your contribution
to the defence of the State of Israel
in the War of Independence
1948
With deepest gratitude

על חלקך ותרומתך
לבטחון מדינת ישראל
במלחמת העצמאות
1948
תודה

Yitzhak Rabin
Prime Minister & Minister of Defence

10.12.1992

יצחק רבין
ראש הממשלה ושר הבטחון

Le certificat que le Premier ministre Yitzak Rabin m'a remis
pour mon engagement dans la Guerre d'Indépendance.

Nathan et moi dans notre maison
à Londres en 1965.

Devant ma galerie à Notting Hill en 1985.

L'Oberscharführer Max Schmidt avec ses parents à Ostholstein. Aucun doute, ils étaient fiers de leur garçon.

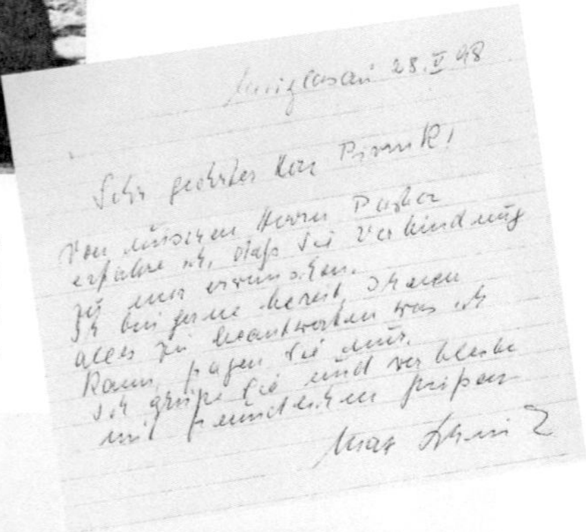

Neuglasau 28.V.98

Sehr geehrter Herr Pivnik!

Von unserem Herrn Pastor
erfahre ich, daß Sie Verbindung
mit mir wünschen.
Ich bin gerne bereit, Ihnen
alles zu beantworten was ich
kann, sagen Sie mir.
Ich grüße Sie und verbleibe
mit freundlichen Grüßen

Max Schmidt

La lettre que m'a adressée Max Schmidt, celle qui ressemble le plus à un « pardon » pour l'Holocauste.

La grange à Neuglasau où je suis resté vers la fin de la Marche de la mort. Cette photo fut prise lors du tournage d'un documentaire télévisé allemand en 1986.

Le mémorial en marbre à l'emplacement
de l'ancienne grande synagogue de Bedzin.

Moi, en 2009, devant le mémorial chargé de rappeler à tous
le ghetto de Kamionka et la déportation des Juifs à Auschwitz.

En 2004, lors de mon retour à Bedzin. Je suis dans la cour intérieure de la maison familiale rue Modzejowska. Les pigeons sont toujours là.

Sur la Rampe à Auschwitz-Birkenau en 2004 avec un groupe d'étudiants juifs venus de Grande-Bretagne.

Moi à Birkenau en 2009. J'ai adressé un dernier au revoir à ma famille et je ne crois pas que j'y reviendrai un jour.

reconnaître un bel uniforme fait main et sur mesure. Il était fringant, avec une belle prestance. Il avait les cheveux bruns, et quand il souriait, on remarquait qu'il lui manquait une dent devant. Ses bottes luisaient comme un miroir dans le soleil d'été et il tenait une paire de gants en daim gris dans la main droite. Je me souviens de lui en particulier parce qu'il examinait chacun d'entre nous, agitant les gants vers la droite ou vers la gauche. Il n'ouvrait pas la bouche, mais ce geste était un ordre en lui-même. Les SS à ses côtés sortaient les hommes du rang ; gauche, gauche ; droite ; gauche.

Ceux qui étaient expédiés à gauche effectuaient un demi-tour sur le quai, rejoignant la colonne des femmes, des enfants, des familles et des vieillards. Je suis loin d'être un homme très grand. À l'âge de seize ans, j'imagine que je mesurais environ un mètre soixante et j'avais probablement l'air costaud. J'étais resté terré dans un grenier puant du ghetto pendant quatre jours, sans le moindre morceau de savon ni un coup de peigne, je n'avais pas mangé ni bu grand-chose, mais je portais ma salopette d'ouvrier et de gros godillots. Je me souvins du cinglé en tenue rayée : « Dis-leur que tu as dix-huit ans. » Je commençais à comprendre ce qui se passait. J'espérais que l'officier agiterait ses gants vers la gauche, être renvoyé vers ma famille et pouvoir les serrer contre moi. Mais il indiqua la droite. Il ne me demanda ni mon âge, ni ce que je savais faire, ni d'où je venais. Et je ne savais toujours pas qu'il s'agissait encore d'une sélection. L'officier ne m'adressa pas la parole parce qu'il était aryen, membre de la race des maîtres et que je n'étais qu'un Juif. *Ein Untermensch.* Un sous-homme. À ses yeux, rien d'autre n'avait d'importance.

On nous mit à l'écart d'un côté, à observer la colonne familiale qui subit la même procédure. Je tentais d'apercevoir ma famille, mais j'étais en bout de colonne et ne le pus. Quand cette colonne passa devant l'officier SS, les gants indiquèrent à nouveau la droite ou la gauche et quelques-uns furent séparés de celle-ci. Parmi eux se trouvaient quelques jeunes femmes, et je me demandai si Hendla en faisait partie, arrachée à sa famille, comme je l'avais été un peu plus tôt. Mais je ne la voyais pas. Le gros de la procession se mit en marche vers les camions qui attendaient.

Nous vîmes les prisonniers en tenue rayée les aider à monter à bord, passer les bébés et nourrissons à leurs pères et mères, soutenir les vieillards et les invalides. Je ne distinguais toujours pas les Pivnik, encore persuadé de les revoir par la suite. Les camions s'ébranlèrent et démarrèrent à la queue leu leu dans la lumière de l'après-midi, l'ambulance fermant la marche du convoi.

Une sorte de calme avait enveloppé cette scène, après le chaos et la panique de notre arrivée sur le quai. Les murmures des familles s'étaient éteints avec le ronronnement des moteurs de camions, mais l'enfer était de retour, maintenant. Les ordres retentirent à nouveau. *« Schnell ! Schnell ! »*, et nous nous élançâmes dans le sillage des camions, nos pas traînants se firent pas de gymnastique, puis pas de charge, à mesure que les SS et les hommes en tenue rayée accéléraient l'allure. Quiconque ne pouvait soutenir le rythme de la course était jeté à terre à coups de poing, ou bourré de coups de pied là où il s'était effondré.

Nous nous alignâmes, haletants, le souffle court par cette journée d'août encore chaude devant un baraquement à l'aspect funèbre. La porte principale s'ouvrait sur une grande pièce nue et vide, qui servait d'entrepôt. On nous somma de nous déshabiller et de laisser nos vêtements en petits tas bien rangés. Les hommes en tenue rayée nous donnèrent des morceaux de ficelle pour attacher nos chaussures. Un gourdin s'abattait sur les épaules ou la tête de quiconque était trop lent à s'exécuter, tandis que les hommes en tenue rayée déambulaient parmi nous, aboyant des ordres en allemand. Il était clair à mes yeux que ce n'étaient pas des SS, mais des prévôts quelconques, qui, bien que non aryens, ni même *Volksdeutsche*, obéissaient au règlement SS. Et beaucoup d'entre eux semblaient prendre plaisir à nous humilier et à nous faire peur.

Ils nous enjoignaient en hurlant de donner nos dollars et notre or, nous traitaient de « sales youpins ». Ils disaient qu'on en avait les poches pleines, et que nous devions les vider. Tout cela était un refrain connu, que la machine de propagande nazie alimentait avec une force redoublée. Les Juifs sont obsédés par l'argent. Les Juifs sont riches, ils amassent de l'or. Les prévôts secouaient nos pantalons, nos vestes, nous obligeaient à ouvrir les mains, à la recherche de tout ce qu'ils pouvaient prendre. Ils empochaient les pièces et les billets, s'emparaient des cigarettes et des bagues. Les livres de prières étaient jetés par terre.

Une fois dans le plus simple appareil, frissonnant malgré la chaleur de cette journée, ils nous donnèrent des bouts de savon blanc et dur et nous emmenèrent dans la pièce suivante. Elle était aussi vide que la précédente, mais avec une odeur d'humidité et le sol était mouillé et glissant. Des pommes de douche jaillissaient des tuyaux de fer au-dessus de nos têtes et un des prévôts hurla : « N'hésitez pas à frotter ! » La porte claqua et le verrou se referma. Nous avions tous entendu des histoires sur les douches dans les camps et la façon dont les SS fabriquaient leur savon, et pendant un long, épouvantable instant, je commençais à y croire. Puis les douches se mirent en marche – un jet d'eau glaciale qui me coupa le souffle, avant de tiédir. Après toutes ces journées accablantes de liquidation du ghetto, c'était un coin de paradis dans cet enfer.

Dès que l'eau se mit à tiédir, on la coupa dans un grand cliquetis de tuyauterie. Une porte s'ouvrit au fond de la pièce et nous fûmes à nouveau transférés, encore nus et dégoulinants d'eau. Cette fois, les prévôts étaient munis de tondeuses mécaniques que j'avais déjà vues au Jardin d'Éden pour tondre les moutons. J'entends le bruit de ces instruments aujourd'hui encore et je me souviens combien c'était douloureux. Ils nous firent asseoir sur des chaises en bois dur et passèrent leurs appareils sur nos têtes comme sur du gazon, à toute vitesse. Les dents mouvantes de ces machines arrachaient les cheveux, laissant de profondes coupures dans leur sillage.

Je ne crois pas que j'avais le moindre poil sur la poitrine, cette épreuve me fut donc épargnée. Mais on me passa la tondeuse sous les bras et autour des testicules. Quiconque criait ou pleurait avait droit à un coup de matraque. Je jetai un coup d'œil autour de moi lorsque tout cela prit fin. Ils nous avaient privés d'identité. Glabres comme des enfants, couverts de coupures et d'écorchures, nous nous ressemblions tous – Szlamek Pivnik, l'écolier promis à un avenir d'ébéniste, était à présent un sous-homme anonyme. Dépouillé de ses vêtements, de son système pileux, de tout espoir.

Une porte s'ouvrit. Si je n'avais pas été si terrifié, si démoralisé, l'efficacité glaçante du lieu m'aurait impressionné. Déshumanisé en moins de deux heures.

Dans la pièce suivante, les prévôts nous attendaient, assis derrière des tables à tréteaux. Mais avant d'arriver à eux, nous eûmes à subir une dernière indignité. On m'attrapa le menton, m'ouvrit les mâchoires et on inspecta ma bouche. Il ne s'agissait pas de stomatologie amateur. Cet homme cherchait des dents en or. Puis on me poussa vers l'avant, et on me fit écarter les jambes à coups de pied. Je n'ai jamais ressenti pareille douleur, je me pliai en deux tandis que le prévôt m'enfonçait quelque chose entre les fesses. Rien de précieux là non plus. Choqué, ensanglanté, je restai debout dans la rangée jusqu'à ce qu'arrive mon tour aux tables à tréteaux.

Je connaissais déjà toutes ces formalités, ayant été témoin auparavant de l'obsession des SS pour la paperasse. Je l'avais déjà remarqué au stade de football de Hakoah, le jour où les cieux s'étaient obscurcis, je savais donc à quoi m'attendre. Le prévôt me demanda mon nom. Je lui répondis que je m'appelais Szlamek Pivnik. Puis ma date de naissance. Un instant, je me souvins du conseil chuchoté du prévôt sur la Rampe : « Dis-leur que tu as dix-huit ans. » Finalement, je choisis d'avouer la vérité : « 1er septembre 1926. » Ce fut au tour de mon lieu de naissance et je lui répondis que j'étais né à Bedzin.

J'étais encore en train de répondre à ces questions lorsque je ressentis une vive douleur à l'avant-bras gauche. Un prévôt avait écrit un nombre sur ma peau encore humide et s'était mis à m'égratigner avec une grosse aiguille montée sur un morceau de bois. Instinctivement, j'écartai le bras, mais il me saisit le poignet qu'il plaqua sur la table et me dit d'arrêter de faire le con. Il grogna dans un accent allemand que je n'avais jamais entendu auparavant qu'il me tatouait mon numéro de matricule. Pour les Juifs, le tatouage est un blasphème. Je me demandai brièvement si mon père subissait une telle indignité dans une salle voisine. Je restai immobile. Il valait mieux supporter la douleur qu'endurer ce qui suivrait toute tentative de rébellion de ma part.

Le prévôt me regarda dans les yeux, y lisant toute la souffrance, la terreur, et le deuil que je vivais. Il me demanda qui m'avait accompagné ici et s'il s'agissait de mes parents ? Son accent était toujours aussi bizarre, mais il avait la voix douce, la seule voix douce, en dehors de celle de ma mère, que j'aie entendue de toute la journée. J'ouvris la bouche pour lui répondre mais il n'en sortit aucun son.

Il hocha la tête et me dit qu'il ne fallait plus que je m'inquiète pour eux, à présent. Il termina le tatouage, avant de murmurer : « Ils sont probablement déjà au paradis. »

Ils en finirent avec moi et je chancelais en me dirigeant vers une nouvelle porte, anéanti par ce que je venais d'entendre. Je contemplai les chiffres inscrits sur mon bras, luisants de sang. 135913. J'étais un animal, marqué de manière indélébile, comme un mouton en route pour l'abattoir. Si j'avais pu lire ce qu'écrivait le prévôt, l'efficacité nazie m'aurait moins impressionné. Il avait noté tous les détails me concernant correctement, ainsi que la date – 6 août 1943 – mais sans aucune mention de Bedzin. D'après les listes qui circulaient, je venais du ghetto de Sosnowiec. Mais, dans le tableau général, on ne pouvait considérer que ce soit la pire des indignités qui m'aient été infligées.

La pièce suivante était consacrée à l'habillement qui contribuait à l'anonymat du camp. Un prévôt me jeta un paquet de vêtements et me dit de les enfiler. Tout était rayé – chemise, veste, pantalon, casquette. On n'avait pas de sous-vêtements, et les sabots en bois étaient trop grands pour moi de plusieurs pointures. En réalité, rien n'était à ma taille, et la toile des vêtements était rêche, il en émanait une puanteur répugnante. Il s'agissait de la charité la plus vile. Je ne le savais pas à l'époque, mais je portais les habits d'un mort. Je n'avais pas de ceinture. Après tout, nous aurions pu nous en servir pour nous pendre. Par conséquent, pour me déplacer, je devais agripper mon pantalon à l'aide d'une ou deux mains, suivant les circonstances.

La nuit tombait lorsque cette introduction à la vie concentrationnaire prit fin, et environ deux cents d'entre nous étaient alignés par rangées de cinq, pour rejoindre le camp au pas de gymnastique. Les SS étaient maintenant revenus dans l'équation qui était la nôtre, et nous entraînaient avec leurs prévôts, à travers un corridor de barbelés, le long de baraquements en bois peu élevés. Nous avançâmes sur peut-être trois cents mètres, avant d'arriver à un portail gardé par d'autres SS. Il s'ouvrit devant nous et nous entrâmes, les sabots traînants dans le crépuscule sur un chemin rocailleux, dépassant de nouveaux baraquements entourés de barbelés et d'un grillage électrifié. On nous pressa. La marche devint une course, les cris et les chocs sourds des gourdins rythmaient notre progression. Deux cents mètres plus loin, nous faisions face à un nouveau portail. Il s'ouvrit et nous dépassâmes une longue rangée de constructions ressemblant à des étables, jusqu'à ce qu'on nous immobilise devant l'une d'elles. Le numéro 10 était inscrit sur la porte. Nous sûmes bientôt qu'il s'agissait du Bloc II a, le Bloc de Quarantaine.

Un prévôt se tenait sur le seuil, portant un brassard

jaune avec les lettres KAPO inscrites en noir, et qui nous rappela à l'ordre. J'avais connu de meilleures façons de souhaiter la bienvenue. Il nous traita de salopards de Juifs et nous prévint qu'il était interdit de parler. Nous devions dormir dans des couchettes superposées, cinq par lit, ce qui devait nous permettre de nous tenir chaud. Nous obtiendrions de la nourriture, des draps et des couvertures le lendemain matin, nous dit-il. Puis il nous ordonna de nous taire et de rester tranquilles. Il marqua un silence pour que la suite de son discours produise l'effet maximum : « À la moindre incartade, vous êtes morts. »

Il obtint l'effet escompté. Lorsque nous pénétrâmes dans la pénombre du Bloc 10, tout le monde était silencieux. Je me casai comme je pus dans le lit superposé avec quatre autres prisonniers, des inconnus. Je n'avais jamais dormi ailleurs que sous le toit familial. Même en vacances au Jardin d'Éden, nous étions toujours restés ensemble. Personne ne se déshabilla, ni n'enleva ses sabots. J'avais mal au bras, à l'aine et au crâne, après le traitement qui m'avait été infligé. Mon estomac criait famine, n'ayant rien mangé depuis trois jours, et bu que ma propre urine avec du sucre. Les lits superposés étaient branlants et pleins de poussière, le moindre mouvement faisait craquer et grincer le bois sur le sol inégal. Je voulais pleurer, mais j'étais trop effrayé pour le faire. Je demeurai étendu dans le noir à écouter la respiration et les ronflements des autres, agité de tremblements incontrôlables.

Rien n'aurait pu me préparer à ce qui arriva lors de cette longue nuit épouvantable. Je sentis un frottement rythmé derrière moi et me tournai à moitié pour découvrir un visage en train de me contempler d'un air libidineux. C'était un homme âgé d'une quarantaine d'années que j'avais déjà vu à Kamionka. Je ne connaissais pas son nom et ne lui avais jamais parlé, et il profitait de cette nuit grotesque pour se frotter contre moi. Je ne pouvais croire qu'on pense à une chose pareille avec ce que nous étions en train de traverser, mais il avait manifestement d'autres idées et, soudain, mon cul fut mouillé. Je n'osais pas crier par peur de la matraque du *Kapo*, ou de la balle du SS.

Je fermai les yeux et les mots du tatoueur retentirent sous mon crâne toute la nuit : « Votre famille… est déjà au paradis… »

VI

Le fil du rasoir

Cette nuit fut la plus longue de toute ma vie. Je ne crois pas avoir fermé l'œil. Dans les camps, le sommeil était un luxe. Nous ne rêvions pas ; seuls les gens en liberté peuvent se permettre ça. Je restais étendu là, à écouter les grognements, les sanglots, les prières. Entendis-je retentir le *Kaddish*, la prière juive pour les morts ? Non, j'étais trop occupé à prier moi-même pour ne plus être l'objet de l'attention de l'homme qui s'était servi de moi, mais il gisait lui aussi comme un mort. L'odeur était intolérable. C'était un mois d'août d'une chaleur étouffante pour tout le monde, ce lieu puait le moisi et les corps piégés trop longtemps dans la crasse du ghetto. Les hommes les plus âgés murmuraient des paroles inaudibles. Je n'avais personne à qui m'adresser et n'osais pas poser de questions de peur de ne pas supporter les réponses.

Lorsque la porte du Bloc 10 coulissa et qu'un soleil timide envahit le dortoir, illuminant la poussière en suspens, l'aube était déjà là. Un prévôt fit barrage aux rayons dorés pendant quelques instants. Je vis qu'il portait une casquette et une veste par-dessus sa tenue rayée. Il crachait des ordres en allemand et son accent, je le sus plus tard, venait de Hambourg. Il nous ordonna de sortir de nos putains de lits et nous traita de cossards. Il était temps de se lever et de se dépêcher.

Je dégringolai de la couchette supérieure, pour être accueilli en bas par un coup de poing sur la tempe. Je partis en arrière, ma vision se troubla. Puis j'encaissai un coup de botte dans le derrière ; un prévôt m'ordonnait de me magner le train. Il retourna vers la porte, ayant probablement cogné sur un certain nombre d'autres déportés, mais je pensais être le seul. Il se mit à brailler pour qu'on se mette en rang. Nous chancelâmes dehors, à l'air libre, heureux de respirer l'air frais après une nuit étouffante. J'imagine que nous étions quarante ou cinquante, alignés tant bien que mal devant notre baraquement et le baraquement voisin. J'appris par la suite à éviter de croiser le regard de quiconque, à baisser la tête et à faire ce qu'on me disait, mais c'était ma première journée au camp et j'étais encore trop commotionné pour ne pas réagir à ce qui survenait autour de moi.

Le garde-chiourme aux pieds et poings si rapides nous passait en revue et il appela un autre homme portant un gros registre. L'obsession teutonne du décompte et des archives – nous avions déjà connu ça à Bedzin, avant et après le ghetto, mais ici, au paradis des bureaucrates, elle se déchaînait sans contrôle.

Il y eut un silence insolite. En y repensant, la journée de la veille se résumait à une cacophonie – les ordres hurlés par les SS, les chiens qui aboyaient, et même les psaumes dans le train qui ferraillait sur la voie, les gémissements dans le baraquement du Bloc. À présent, on aurait entendu une mouche voler.

« Salauds de Juifs dégueulasses ! » À nouveau, l'accent de Hambourg. J'entendais les semelles de ses bottes crisser sur le gravier et je le vis se diriger vers un homme à quelques pas de moi dans le rang. Ce gars-là ne devait pas être beaucoup plus âgé que moi, mais il était d'une pâleur mortelle sous les cicatrices brunes laissées sur sa tête par la coupe de cheveux. Je vis la matraque du prévôt s'abattre sur le crâne du prisonnier livide qui s'effondra à genoux en grognant des paroles incohérentes, agitant les bras inutilement au-dessus de sa tête pour amoindrir la douleur.

« Infect salopard ! Tu t'es chié dessus. »

Le visage du prévôt était éloquent. Il arrivait à peine à croire ce qu'il voyait, ce qu'il sentait. Il abattit une nouvelle fois la matraque avec plus de violence encore. À chaque nouveau coup, on entendait les os céder et l'on voyait le sang jaillir. Je ne supportais pas la vue de cette scène, sans pouvoir en détacher les yeux. Le prisonnier tomba la tête la première en avant, et j'espérais que c'était fini. Mais il n'en était rien. Le prévôt s'interrompit, recula de deux pas et lui balança un coup de pied à la tempe. Un autre bruit d'os broyés s'éleva, comme on casse du petit bois. Je voyais les dents ensanglantées de l'homme, de l'autre côté de la mare de merde liquide.

Je contemplai le prévôt. Son visage ne trahissait aucune émotion, aucun plaisir, aucun orgueil. Et certainement pas le moindre regret. Un SS venait vers nous, et j'étais sûr qu'il allait arracher le gourdin des mains de cette brute, lui passer un savon et emmener le blessé à l'infirmerie. Il se contenta d'un vague coup d'œil dans notre direction et poursuivit sa route.

Le prévôt traitait toujours sa victime de porc infâme et dirigeait toujours ses coups de pied vers les côtes, la tête, la nuque de l'homme à terre. Peu lui importait où ils atterrissaient, et je crois que cela n'importait déjà plus au prisonnier. Son crâne tout entier n'était plus qu'un magma sanglant, et il n'avait plus l'air de respirer.

Photo du camp d'Auschwitz

Photo aérienne d'Auschwitz-Birkenau, le 13 septembre 1944. Je suis arrivé là-bas avec ma famille avant l'extension de la ligne de chemin de fer au-delà du portail principal. J'ai ensuite été séparé de ma famille et, après avoir été tondu et tatoué, placé dans le Bloc 10 qui se trouvait dans le secteur affecté à la quarantaine.

Le prévôt se tenait face à nous maintenant, les poings sur les hanches, la matraque maculée de sang et de cervelle, et il nous expliquait ce qui nous attendait. Dans le bloc dont il avait la charge, nous dit-il, il fallait rester propre. Il ajouta, bien entendu, que nous n'étions que des sales Juifs. Il marqua un silence, dardant un regard impitoyable sur nos rangs, apprenant à reconnaître nos visages, cherchant des signes de révolte ou d'insubordination. « Écoutez-moi », dit-il, les mots les plus vains que j'aie jamais entendus, parce que c'était exactement ce que nous étions en train de faire. Il nous dit qu'il s'appelait Rudi et qu'il était responsable du Bloc, le *Blockältester*. Il fallait lui obéir au doigt et à l'œil si on ne voulait pas connaître le sort que le prisonnier à terre venait de subir. Puis, pour la bonne mesure, il nous demanda si nous avions compris. En effet, il y avait beaucoup de choses à comprendre. Beaucoup à apprendre. Si on ne comprenait pas, si on n'apprenait pas, on mourait. On était à Auschwitz-Birkenau, le camp d'extermination le plus meurtrier que les nazis ont institué. Les oiseaux ne chantaient pas, là-bas. Il s'était développé, comme je l'appris par la suite, à partir d'un petit camp de concentration – Auschwitz I – créé sur une ancienne caserne de l'armée polonaise et adapté aux besoins de sa nouvelle fonction. À mesure que les décisions de Berlin vis-à-vis des Juifs devenaient plus démentielles, son statut changea. Les méthodes employées exigeaient un agrandissement des lieux pour abriter les prisonniers comme nous, aménager/établir des chambres à gaz et des crématoriums. Si on lit des documents sur l'Holocauste aujourd'hui, il y est question des hommes qui l'ont conçu – Adolf Hitler en personne ; Heinrich Himmler, le Reichsführer SS et ses obsessions raciales ; son numéro deux, Reinhard Heydrich, « la bête blonde » ; Rudolf Höss, le commandant du *Konzentrationslager* d'Auschwitz-Birkenau. Je n'ai jamais ni croisé ni vu ces hommes, même pas Höss si mes souvenirs sont exacts. Pour moi, les créateurs de l'Holocauste se nommaient Rudi et tous les autres *Blockälteste* et *Kapos* de son espèce.

À Auschwitz, les SS étaient gestionnaires, un travail spécifiquement dévolu, dès le début de la guerre, aux *Totenkopf verbände*, les unités à tête de mort. Ils prenaient les décisions d'ordre général et détenaient le pouvoir, mais les tâches quotidiennes étaient assurées par les *Lagerälteste*, responsables du camp, et les *Blockälteste* comme Rudi ; les *Stubendienst*, les garçons de salle des baraquements, et les *Kapos*, plus ou moins contremaîtres ou surveillants des mêmes lieux. Il y avait des *Lagerschreiber* et des *Blockschreiber* pour tenir les registres. Beaucoup de ces hommes avaient été mobilisés lors de l'ouverture du camp trois ans plus tôt, plusieurs centaines d'entre eux venaient d'autres camps de concentration, pour servir de gros bras. Il s'agissait de criminels de droit commun, pègre endurcie que le IIIe Reich pouvait utiliser à ses propres fins, portant des triangles verts sur leurs uniformes – Rudi en faisait partie. Ces *Berufsverbrecher*, criminels de profession, travaillaient avec les SS, main dans la main gantée.

Les hommes qui portaient un triangle noir étaient appelés *Asos*, ou antisociaux. Il me semblait très ironique que ce terme s'applique avec beaucoup plus de justesse aux *BV* qui nous traitaient si atrocement mal. Il s'agissait d'un groupe très important, composé d'alcooliques, de dégénérés, de chômeurs de longue durée ; tous ceux que les Allemands de bonne souche et respectueux des lois ne souhaitaient pas voir encombrer leurs rues.

Le triangle rouge désignait les prisonniers politiques. Dans les registres concentrationnaires, on les appelait *Schutzhäftlinge*, prisonniers nécessitant des précautions particulières. La plupart d'entre eux étaient des gentils polonais, enfermés parce qu'ils avaient rejoint des groupes de partisans contre le Reich, ou bien qu'ils avaient été raflés au cours de diverses *Aktionen*. Quelques-uns étaient allemands, membres de groupes d'opposition au nazisme avant la guerre.

Au bout de la chaîne, en termes de discipline, on trouvait les *Kapos*, aux insignes distinctifs à l'avant-bras. La plupart d'entre eux étaient des Juifs allemands ou d'Europe de l'Ouest, qu'on recrutait chez les prisonniers de longue durée. Une de leurs caractéristiques communes était leur violence bestiale. Notre éducation consistait à prendre des coups et des coups toujours plus violents, si on se déplaçait trop lentement, ou qu'on avait compris quelque chose de travers. Pour l'essentiel, ce n'étaient que les créatures des SS, brûlant de prouver leur utilité au régime. À Auschwitz comme dans tous les camps de concentration, l'ordre naturel des choses était inversé. Dans l'univers contre-nature du génocide, la pire racaille tenait les rênes ; les fous géraient l'asile.

Je ne savais rien de tout cela, cette matinée où je vis un homme battu à mort parce qu'il avait contracté la dysenterie. C'était le 7 août 1943. Cinq ans plus tôt, je me baignais dans la rivière du Jardin d'Éden avec ma famille. Mais je ne pouvais penser à ma famille maintenant. Et pourtant, je ne pouvais penser à rien d'autre.

« S'il vous plaît, monsieur… » Une main s'était

élevée, un prisonnier posait une question. Il n'alla pas plus loin. Le gourdin de Rudi s'était abattu sur son visage.

Le *Blockältester* lui cracha qu'il n'avait pas le droit d'ouvrir la bouche et le traita d'ordure. On allait aux chiottes pour se vider les tripes avant de se laver. Il ne s'agissait pas de traîner, bordel, et il fallait s'assurer qu'on était bien propre, nom de Dieu ! Et il fallait le suivre.

Rudi était costaud. Il portait des bottes cloutées de bonne qualité et une ceinture pour tenir son pantalon. Il avait droit à une nourriture meilleure que celle de presque tous les autres ; pour ma part, cela faisait quatre jours que je n'avais rien mangé. Nous fîmes de notre mieux pour le suivre, trébuchant dans nos sabots trop larges, agrippant nos pantalons à la taille pour les maintenir en place. Le bois rugueux me coupait les pieds – j'avais dit adieu à mes chaussettes la veille, mais ralentir pour frotter les écorchures était la dernière chose à laquelle j'aurais pensé. Rudi criait qu'il nous avait ordonné de nous magner, il avançait à la lisière de nos rangs au pas de course en agitant sa matraque. Il cognait à n'importe quel propos et changeait de côté – la plupart d'entre nous goûtèrent à sa violence. L'écho du bois heurtant les os résonnait dans l'atmosphère, palpable, et quiconque s'effondrait était bourré de coups de pied jusqu'à ce qu'il se relève ou s'immobilise pour toujours.

Les toilettes du camp étaient une véritable œuvre d'art. C'est une longue baraque en bois, qui évoquait le Bloc 10 que nous venions de quitter. La lumière était dispensée par de petites fenêtres percées dans le toit, et les latrines étaient de longues poutres de ciment percées de trous. Je n'avais jamais rien vu de pareil.

Même à Kamionka, nous avions nos propres commodités, et seuls les Pivnik s'en servaient. Il n'y avait aucune intimité, ici. Nous baissâmes nos pantalons sur l'ordre de Rudi, nous bousculant pour nous installer sur les trous. Ils débordaient de merde et l'odeur était intolérable. Les excréments tombaient dans une fosse creusée au-dessous et il n'y avait pas de papier toilette ni rien pour se nettoyer. Comme depuis plusieurs jours je ne mangeais rien, je n'expulsai rien, remontai mon pantalon et attendis.

Puis Rudi nous pressa vers le bâtiment où l'on se lavait. Encore un baraquement, toujours aussi mal éclairé. Les auges qui s'y trouvaient étaient remplies d'une eau sale et froide auprès de laquelle la douche tiède de la veille semblait un paradis perdu. Rudi hurla qu'il fallait nous décrasser ou bien il nous tabasserait. Une fois de plus, il éprouva le besoin de nous demander si nous avions compris.

Nul doute que Rudi faisait preuve d'un souci paternel – s'assurer que nous comprenions ce qu'on attendait de nous. Il n'y avait ni savon ni serviette, rien que cette eau. Je m'aspergeai le visage, les mains, le corps.

Rudi rugit qu'il était temps de sortir et de rentrer au Bloc 10. Le rythme était épuisant, bien entendu à dessein. Les courses éreintantes, les passages à tabac, la violence arbitraire, tout était destiné à nous briser. Je devais apprendre bientôt que le Bloc de quarantaine était conçu comme une initiation, un test de vigueur physique et mentale qui permettait de déterminer de quoi on était fait.

L'ironie tenait au fait que nous n'étions que des êtres de chair et de sang, mais ça n'intéressait personne. Le dernier à se mettre en rang dehors fut matraqué et battu à coups de pied par le *Blockältester* et l'on s'élança au pas de charge sur le chemin du retour. Ce trajet se déroula exactement sur le même modèle que les précédents, mais en rentrant à notre baraquement, nous fûmes accueillis par deux *Kapos* à brassard jaune. Ils se dressaient aux côtés d'un amas de sacs de toile de jute et d'un tas de paille sale. Une grande table à tréteaux avec du pain et un seau contenant un liquide fumant et noir était dressée.

Le *Blockältester* Rudi était toujours aux commandes. Il nous enjoignit de prendre un sac et de le remplir de paille. C'était notre literie. Nous attendions en file indienne, observant les gestes du prisonnier devant nous, soucieux d'éviter n'importe quel faux pas susceptible de provoquer une avalanche de coups de la part de Rudi ou des *Kapos*. Je pris le sac de toile, rêche et sentant l'écurie, puis plusieurs brassées de paille pour bourrer le sac avant de disparaître dans le Bloc 10 vers ma couchette pour y déposer mon fardeau. Mon agresseur de la veille me revint brièvement en mémoire, mais aucune trace de lui. Puis il fallut ressortir dans le soleil, au rythme des aboiements de Rudi. En rang, une nouvelle fois, le dos aussi droit que possible, les yeux sur la nourriture. Tandis que nous défilions devant la table, un *Kapo* me donna un bol ébréché en émail, une tranche de pain dur et rassis épaisse d'environ quatre centimètres, une portion de salami épaisse d'un demi-centimètre peut-être, et un peu de margarine. Je ne me rendais pas compte que le reste des rations avait été détourné depuis longtemps par les *Kapos* qui travaillaient aux cuisines. Ce qu'ils nous avaient laissé n'aurait pas suffi à nourrir un chien.

L'un des *Kapos* nous intima l'ordre de garder nos bols à tout prix. En cas de perte, on ne nous en fournirait pas d'autre. J'arrivai au seau de liquide noir ;

un *Kapo* en versa une louche dans mon bol. Ils appelaient ça du café, ce n'était qu'un ersatz fait avec de l'orge grillé au goût de brûlé et amer. Les SS n'y touchaient pas. Rudi nous fit rentrer pour consommer notre « repas ». Jusqu'à ce que je boive la mixture, je ne m'étais pas rendu compte à quel point mes lèvres étaient sèches et craquelées. Ma langue était gonflée et dure à force de déshydratation, mais le « café » m'aida à mâcher la nourriture. Dieu seul sait de quelle sorte de pain il s'agissait, ou ce qu'il y avait dans le saucisson, mais cette maigre pitance me sauva littéralement la vie. Elle fut engloutie en quelques secondes. J'étais encore un adolescent en pleine croissance, et il était peu probable que je grandisse beaucoup si c'était là notre ration quotidienne.

Je me demandais encore à quel moment serait prévu notre prochain repas lorsqu'on nous expédia dehors à nouveau, alignés par rangées de cinq. Presque tout le monde était plus âgé et plus grand que moi et je remerciai le Dieu auquel je pouvais encore croire quel qu'il soit, que ma mère m'ait poussé vers cette colonne sur le quai et que personne – pour l'instant – ne m'en ait extirpé.

Un *Kapo* se tenait devant nous. Il voulut savoir s'il y avait des tailleurs parmi nous. Personne ne bougea. Il demanda s'il se trouvait quelqu'un qui sache coudre. Visiblement, il ne cherchait pas un expert. Des tas d'idées me passèrent par la tête. Mon père était tailleur, ainsi que mon oncle. Je savais me servir d'un fil et d'une aiguille et je pouvais probablement apprendre à utiliser une machine à coudre assez rapidement. Mais on était à Auschwitz-Birkenau, et j'avais déjà compris de quel genre de lieu il s'agissait. On tuait, ici.

Quelques mains se levèrent timidement. La mienne resta où elle était.

Le *Kapo* leur jeta des morceaux de tissu jaune et aboya un ordre lorsque les volontaires firent un pas en avant. Il leur ordonna de les coudre sur la veste de chaque homme présent. Les bouts de tissu étaient taillés en étoile de David, de la couleur que les gentils nous avaient obligés à porter depuis le XVIe siècle. Auschwitz était certainement l'enfer sur terre, mais on s'y inclinait devant l'Histoire, une tradition de la haine.

Le *Blockältester* nous prévint que, dès que l'insigne serait cousu, nous devions y inscrire notre matricule de façon lisible et claire, pour qu'il soit facile à lire. Puis il ajouta la question rituelle : « Compris ? »

Nous avions compris. À Auschwitz nous n'avions plus de nom. Toute trace d'humanité nous était déniée. Je n'étais qu'un Juif à matricule. C'était peut-être censé me donner l'impression d'être unique, mais ce n'était pas le cas.

Puis nous retournâmes dans le Bloc, les *Kapos* étaient partis et le *Blockältester* cherchait quelqu'un à battre à mort. Dans la pénombre du Bloc 10, nous nous lançâmes dans de furtives conversations, chacun d'entre nous apprenant à murmurer du coin des lèvres, un vieux truc de prisonnier. Sous les têtes tondues et les coupures, je reconnaissais des hommes de Bedzin et de Kamionka. C'étaient loin d'être des amis – il n'y en avait pas à Auschwitz – mais, tout au moins, ce n'étaient pas des inconnus. Peut-être, pensai-je, avec un peu de nourriture dans l'estomac et assis sur un sac de toile bourré de paille, serait-ce supportable, après tout. Mon agresseur avait disparu et je ne le revis jamais. Pendant des semaines, peut-être des mois, je sursautai à l'approche de quiconque, mais, finalement, j'appris à oublier.

Je ne me souviens pas combien de temps il leur fallut pour coudre les étoiles sur nos vestes et combien de temps nous passâmes à inscrire nos matricules avec de l'encre indélébile, mais une fois ces tâches terminées, nous retournâmes dehors, alignés comme d'habitude par rangs de cinq.

C'est à ce moment-là que je vis pour la première fois l'homme qui hante mes cauchemars aujourd'hui encore. Une taille au-dessus de la moyenne, massif, les cheveux ras – la coiffure des aryens. Il avait peut-être trente-cinq ans et portait une casquette à bord souple, que les SS appelaient *Schiffchen*, avec un aigle et un insigne à tête de mort. Une seconde tête de mort, au cas où on aurait manqué la première, figurait sur le côté droit de son uniforme de Waffen-SS vert-de-gris – encore un symbole de mort – et, du côté gauche, une étoile. Je ne le savais pas à l'époque, mais cet insigne figurait son rang dans la hiérarchie, *Unterscharführer*, caporal. S'il avait été soldat dans la *Wehrmacht*, il aurait été *Unteroffizier*, mais il était SS : ceux-ci possédaient leurs propres grades, leurs règles, et une attitude spécifique. Il s'appelait Karel Kurpanik.

J'allais mettre du temps avant de prendre la mesure des gardes SS à Auschwitz-Birkenau, et ce n'est que maintenant, en lisant des documents sur cette époque, que je me rends compte du genre d'hommes qu'ils étaient. Des sadiques et des salauds – oui, cela va sans dire –, mais c'était infiniment plus complexe que ça. La plupart d'entre eux étaient trop vieux pour aller au front et les plus jeunes avaient été en général blessés et n'étaient plus valides pour les unités de combat. Beaucoup d'entre eux étaient des *Volksdeutsche*, en suspens entre deux mondes. Même s'ils s'étaient portés volontaires, la *Wehrmacht* n'en aurait pas voulu parce que non-aryens. Ironiquement, si l'on réfléchit à l'obsession raciale des SS, ils n'avaient pas ce genre de tabous et recrutaient ces hommes pour les affecter aux camps de travail et de concentration toujours plus nombreux.

Kurpanik faisait partie de ces hommes. Un Silésien de Bytom, dans le secteur de Katowice, aussi antisémite et anti-Polonais qu'il était humainement possible de l'être. Il rejoignit les rangs des SS dont la profession de foi, je l'appris des années plus tard, était que chaque homme « doit être un combattant motivé par l'amour du combat ; il doit obéir de façon inconditionnelle et s'endurcir sur le plan émotif ; éprouver du mépris pour les races inférieures et pour tous ceux qui n'appartiennent pas à l'Ordre... Et penser que rien n'est impossible ».

Kurpanik était fait pour Auschwitz, et il fut affecté au régiment des gardiens. À l'époque où je suis arrivé dans ce camp, il était *Rapportführer*, responsable du Bloc de quarantaine, ayant mis au point un style spécifique de torture ; il s'était fait les dents en supervisant une des premières chambres à gaz. Quand on était capable de supporter ça, on se persuadait rapidement que la vie n'avait aucune valeur.

Nous étions en rangs par cinq, tandis que Kurpanik arpentait le secteur en observant le travail des *Kapos* et en bavardant de temps à autre avec le *Blockältester* Rudi. Nous étions dans une longue enceinte étroite, au sol poussiéreux par ce mois d'août, piétiné par les sabots et les bottes. L'un des *Kapos* pointa le doigt vers le fond de l'enceinte. Il devait se trouver à quatre cents mètres environ, les poteaux de béton recourbés au-dessus du grillage entouraient le périmètre. Le barbelé assassin brillait au soleil. Une route traversait un espace ouvert sur un côté, et un grillage bien plus solide délimitait la zone. Il était bordé de postes de garde et de miradors, où des hommes casqués se la coulaient douce près des mitrailleuses. Durant mes premières heures à Birkenau, je m'étais offert le luxe de jeter un coup d'œil au-delà du double rouleau de barbelés, du grillage électrifié qui entourait l'enfer, vers la campagne alentour. C'était une partie du « secteur de sécurité » comme l'appelaient les SS, dépouillé de ses arbres qui auraient pu offrir un abri aux évadés, et parsemé d'entrepôts de plain-pied. Si c'était ça, la liberté, songeais-je, comment y parvenait-on ? Et de combien de temps disposait-on avant d'être repéré par un servant de mitrailleuse ? Ce n'était probablement qu'une question de secondes.

Le *Kapo* indiquait du doigt deux gros tas de pierres, d'un blanc luisant dans le soleil matinal. Il nous dit alors qu'il s'agissait d'aplanir le sol dans l'enceinte, en comblant les trous avec des pierres, de façon à ce qu'il puisse y marcher sans tomber ni risquer de se casser le cou. Encore une sélection. Le doigt pointé : « Toi, toi, toi… », je ne sais plus combien d'hommes il désigna. Les prisonniers choisis pour la tâche firent un pas en avant et on leur dit de s'équiper d'une brouette ou d'une pelle. Il leur ordonna d'aller prendre les outils au magasin et de remplir les brouettes.

Les hommes s'éloignèrent à grands pas avant de sursauter lorsqu'il leur commanda de courir. Et il donnait des coups de poing et de pied, cognant dans la tête, et ruant dans les jambes des prisonniers. Si la scène n'avait pas été aussi sinistre, elle aurait été comique – des hommes aux crânes tondus en pyjamas rayés, les sabots trop grands raclant le sol, essayant de retenir leurs pantalons sans ceintures tout en traînant des pelles ou en poussant des brouettes. Par pur plaisir.

Le reste d'entre nous les rejoignit bientôt. Les *Kapos* nous enseignèrent à plier nos vestes pour en faire des tabliers. C'est ainsi que nous portions les pierres – encore une fois au pas de course, avec les *Kapos* aux trousses, qui frappaient les traînards. Nous attendions en file indienne devant les tas de pierres pendant qu'on remplissait les brouettes, puis les prisonniers équipés de pelles les jetaient dans nos tabliers. Nous revenions en courant, le dos en capilotade, les jambes flageolantes, prêts à tout pour ne pas renverser les pierres par peur du passage à tabac. Tout ça dans des sabots trop grands et des pantalons qui ne tenaient pas autour de la taille.

Pendant mes allers et retours à toute vitesse, je me rendis compte que j'étais le plus jeune et le plus en forme. Les hommes plus âgés trébuchaient, les pierres glissaient de leurs tabliers, leurs pantalons tombaient, le bois des sabots entamait leurs chevilles. Ça n'avait aucun sens. Nous aurions mieux accompli la tâche s'ils nous avaient laissés tranquilles. Inutile d'être un génie pour le comprendre, comme on dit de nos jours, ils auraient disposé d'une main-d'œuvre capable de faire son boulot pendant des jours et de le faire correctement. Je finis par comprendre que leur but m'échappait. Il ne s'agissait pas de combler les ornières ou d'aplanir le terrain, il s'agissait d'établir la supériorité raciale des aryens et d'humilier les esclaves à leur merci. Ils se moquaient éperdument de savoir si nous allions vivre ou mourir et ils le prouvèrent toute la matinée. Gourdins, bottes, poings – la brutalité démente et arbitraire n'était qu'une nouvelle forme de sélection.

Certains des hommes passés à tabac ne se relevaient pas. Pour Kurpanik ou les *Kapos*, ça faisait partie du boulot. Je remarquai que l'homme de Bytom y prenait énormément de plaisir – quiconque prenait un coup de gourdin assené par lui n'avait aucune chance de s'en remettre. Les blessures n'étaient pas soignées. Quelle importance si un prisonnier se vidait de son sang ? Et si ses blessures s'envenimaient et qu'il avait la gangrène, qui s'en souciait ? Ce n'étaient là que des façons adéquates de traiter le problème.

Je ne sais pas combien d'heures nous transpirâmes sous le soleil. Nous courions de long en large, glissant, vacillant sous le poids de notre fardeau de pierres. Mes poumons n'étaient plus que des soufflets de forge défoncés, tandis que je haletais, pantelant, le long du barbelé. Puis un sifflet retentit et on nous ordonna de nous arrêter. Aucune nourriture ne nous avait été distribuée depuis ce petit-déjeuner dérisoire datant de plusieurs heures déjà, et aucune ne nous fut distribuée à ce moment-là. Les hommes tombèrent à genoux, et nous bûmes l'eau qu'on nous donna avec reconnaissance.

Pendant cette pause d'une demi-heure, nous fûmes en butte à une nouvelle humiliation – chanter. Les *Kapos* allaient et venaient parmi nous, choisissant des individus au hasard pour interpréter une chanson du temps passé. N'importe quoi, pourvu d'y mettre de l'enthousiasme. Ils n'admettaient pas qu'on fredonne, il fallait chanter à tue-tête. Je ne me souviens pas de ce que je chantai – probablement un refrain appris dans l'atmosphère chaleureuse et douce de l'école Rapaport, avec ses uniformes bleu et vert, avec ses parquets cirés, si loin des ornières du Bloc de quarantaine d'Auschwitz-Birkenau. Certains des hommes parmi les plus âgés éprouvaient de la peine à chanter. Les plus traditionalistes d'entre eux ne chantaient qu'à la synagogue pour *Shabbat*, entonnant des psaumes. Je voyais rougeoyer la haine dans leurs yeux sous les quolibets des *Kapos*, qui cognaient au petit bonheur à coups de gourdin, quand ce qu'ils entendaient ne leur plaisait pas.

J'eus un coup de chance en retournant travailler après la « pause ». Un *Kapo* me mit à la place d'un membre de l'équipe qui remplissait les brouettes de pierres à la pelle, et l'envoya les ramasser à ma place. Je n'avais plus à parcourir le trajet en trébuchant avec mon fardeau. C'était encore un travail de force, de planter cette pelle dans ce tas de cailloux rigide, de remplir les brouettes et de les vider dans les « tabliers » des hommes. On se tortille pour trouver une meilleure position, un angle différent, *n'importe quoi* pour apaiser les douleurs dans la colonne vertébrale. La seule chose qui m'était interdite, si je désirais conserver ma boîte crânienne en un seul morceau, c'était de m'interrompre dans mon labeur. J'imagine qu'avoir travaillé pour le vieux Dombek à l'usine de Killov me servit. Je soulevais mieux et pouvais porter plus que mes compagnons d'esclavage, et il me vint à l'esprit, en les observant, qu'il s'agissait de comptables et d'employés de banque. Leurs outils leur glissaient des mains, ils trébuchaient et tombaient. Ils étaient complètement hors de leur élément.

La mesure du temps. On ne se rend pas compte à quel point on en a besoin avant d'en être privé. À l'école, la sonnerie rythmait l'existence. À la maison, c'était le rituel immuable des repas pris ensemble, même à Kamionka. À l'usine, on pointait en arrivant et en partant. À Auschwitz, il n'y avait pas d'horloge et on travaillait jusqu'à ce qu'on nous dise de cesser, ou qu'on tombe d'épuisement.

Donc, je suppose que nous devions travailler jusqu'à dix-huit heures, une journée de douze heures entrecoupée de trente minutes de pause, pas plus, avec un peu d'eau et aucune nourriture. Bienvenue à Auschwitz. Je ne connaissais pas encore les paroles de fer forgé inscrites au fronton d'Auschwitz, le slogan amèrement ironique importé du camp de concentration de Dachau : *Arbeit macht frei* – le travail rend libre. Si je les avais connues, je ne pense pas, toutefois, que je me serais senti particulièrement libre ce soir-là, lorsque nous reprîmes nos outils pour nous aligner en rangs de cinq devant le Bloc 10. Il nous fallait stationner à cet endroit-là pour se plier à un autre rituel spécifique à des camps comme celui-là – l'*Appell* du soir.

Je me souviens être resté planté là, le corps recouvert d'une croûte de sueur froide et de poussière de craie tandis que les SS comptaient les têtes. Une formalité, certainement ? L'affaire de quelques minutes. Non, l'important n'était pas là. L'important était que tout devait être enregistré méticuleusement. Et si cela prenait une heure, deux heures, toute la nuit, amen. Nous finîmes par nous y habituer. Nous nous habituâmes aussi à voir les cadavres allongés au bout de nos rangs, comme si des morts pouvaient répondre à l'appel. Des hommes qui transportaient des pierres quelques heures auparavant et se débattaient comme ils le pouvaient avec leurs pelles sur le tas de cailloux, gisaient là, pâles et ensanglantés, le crâne enfoncé et le corps couvert d'hématomes. On avait parfois assisté à la scène, mais on était impuissant à y mettre un terme ; on ne pouvait même pas s'interrompre dans son travail de forçat. Quand un homme meurt devant soi, on fait un détour. Si un voisin de Kamionka tombe à genoux d'épuisement, il faut l'ignorer parce qu'il va mourir et si on l'aide, on subira le même sort. Telle était la loi d'Auschwitz-Birkenau. Une loi muette, universelle, la loi de la jungle.

L'*Unterscharführer* Kurpanik avait un rôle important à jouer. Même nous, les Juifs, on pouvait comprendre ça. Il était responsable devant le commandant du décompte exact des prisonniers du Bloc de quarantaine. Pour tout le reste, il ne rendait de comptes qu'à lui-même. Nous attaquâmes le même rituel le lendemain matin, et tous les matins suivants. Quiconque avait la témérité de mourir dans la nuit, de disparaître dans la souffrance et le désespoir, entassé au milieu des vivants, devait se trouver encore présent le lendemain, étalé par terre pour l'*Appell*, laissant son matricule au registre des damnés.

Une fois l'*Appell* expédié, nous nous alignâmes une fois encore devant notre baraquement pour le repas du soir, prêts à dégainer nos bols en émail. Les menus officiels d'Auschwitz-Birkenau, dont certains sont parvenus jusqu'à nous, mentionnent de la soupe à la viande quatre fois par semaine, et de la soupe aux légumes les trois autres jours. Je ne me souviens pas avoir jamais aperçu le moindre morceau de viande ; quant aux légumes, exclusivement des navets et des patates, c'était la pitance que les gentils de Bedzin et de Wodislaw donnaient à leurs cochons. Le menu variait de temps à autre, offrant du chou, des rutabagas, ou des betteraves à sucre, mais le produit final était toujours le même – un mince brouet grisâtre au goût infâme. Cependant, même le premier jour, nous l'avalâmes avec un sentiment de bien-être, affamés après le labeur écrasant de la journée. Il n'y avait pas de pain, et bien sûr pas de cuillères – objets en métal qui pouvaient être affûtés pour devenir des armes, la dernière chose que souhaitaient les SS ou les *Kapos*. Comme les autres, j'appris à garder un peu du pain du petit-déjeuner pour le manger le soir avec la soupe.

J'attendis dans la queue, relevant ma manche pour exhiber mon matricule au *Kapo*, et il versa la soupe dans mon bol. J'assimilai rapidement un autre enseignement du camp. Si on travaillait dur, si on avait rendu service à un *Kapo*, ou si on était bien vu par lui, on obtenait parfois un bon morceau de légume du fond de la marmite. Dans le cas inverse, inutile d'y compter. On était la lie de l'humanité, on mangeait la lie de la soupe.

En réalité, le but était de nous tuer lentement, en nous affamant. Si le lecteur revoit des photos de la libération des camps prises par des soldats, anglais, américains et russes qui n'en croyaient pas leurs yeux, qu'il examine l'état des survivants. Des squelettes sur pied, des morts-vivants ; ils étaient si gravement atteints pour la plupart qu'ils ne survécurent pas après la libération et ces photographies demeurent la seule trace qui nous reste d'eux. Nous appelions ce genre de cadavre ambulant *Muselmänner*, des musulmans, je n'ai jamais su pourquoi. Peut-être à cause des films d'actualités d'avant-guerre qui montraient toujours des Indiens faméliques, en Asie, je ne sais pas. Si l'on se métamorphosait en *Muselmänner*, on avait toutes les chances de mourir, mais en route vers ce stade suprême d'émaciation, on avait à franchir une autre sélection. Affaiblis par la faim, on commettait des erreurs dans son travail, on ralentissait, on tombait malade. Tout cela représentait un crime, à Auschwitz-Birkenau, qui garantissait d'être battu à mort, de prendre une balle dans la tête, ou encore de partir pour une longue promenade vers les chambres à gaz. Un autre esclave transporterait le cadavre au crématoire.

Après la soupe, c'était l'heure des latrines et de la douche. Je ne sais pas si je réussis à chier cette fois-là – je pense que oui, parce qu'on habituait vite ses entrailles à obéir. Pas question de se relever au milieu de la nuit pour satisfaire un besoin naturel, à moins qu'on ne se soulage sur sa couchette, ce qui augurait de conséquences incalculables.

Chacun d'entre nous possédait son petit tas d'affaires fourrées avec notre matelas de paille sur la couchette. Nos chaussures s'y trouvaient pendant la nuit, nos vêtements si nous osions les enlever et nos bols. Nous n'avions rien d'autre. Nos affaires nous servaient d'oreillers, nous ne pouvions pas les laisser traîner, sous peine de se les faire voler. Ne pas avoir de chaussures signifiait courir pieds nus sur la terre battue couverte de pierres tranchantes qui entaillaient la plante des pieds. Perdre son bol condamnait à ne pas manger. Signaler qu'on avait égaré quelque chose nous désignait pour prendre une trempe. On était responsable de son matériel, et coupable de sa disparition. Je n'ai vu aucun homme de Bedzin voler quoi que ce soit, mais nous savions tous que nous étions prêts à le faire, si les circonstances l'exigeaient, parce que telle était la loi du camp.

De nouveaux arrivants étaient apparus au Bloc 10 pendant l'après-midi, tout comme dans les autres baraquements. Des inconnus, des Juifs polonais, sans nul doute, mais pas originaires de Bedzin, qui alimentaient le programme de roulement. Nous avions remplacé un contingent d'esclaves déportés avant nous et, à mesure que les hommes mouraient ou tombaient en décrépitude, de nouveaux venus les remplaçaient. Les hurlements habituels des *Kapos* retentirent, les coups de poing et les coups de pied s'abattant sur les nouveaux venus pétrifiés par la terreur, qui se demandaient dans quel enfer ils avaient atterri. Ils ne verraient pas tous l'aube du jour suivant. Pour moi, cette seconde nuit fut différente. Oui, j'étais toujours terrorisé ; oui, j'étais toujours au fond de la dépression. Mais le pervers qui m'avait agressé la nuit précédente n'était plus là. Je n'avais jamais ressenti une telle fatigue de ma vie et je m'endormis dès que ma tête heurta mon bol.

Dès l'aube, à Auschwitz-Birkenau, le chœur des bourreaux entonnait une litanie d'ordres aboyés dans un allemand guttural, et la porte du baraquement se rabattait dans un fracas assourdissant. J'avais un besoin urgent de soulager des besoins naturels. Les effets du manque de nourriture pendant des jours, l'absorption de pain dur, de soupe infecte et d'eau sale, se faisaient sentir. Je parvins de justesse aux latrines, et j'étais assis sur un trou, lorsque je remarquai un homme fouillant sa propre merde, dans un trou voisin. Je me souvenais vaguement de lui pour l'avoir croisé à Kamionka, et je savais qu'il s'appelait Yitzak. Il foudroyait les autres prisonniers du regard tout en s'activant. Je ne fus pas le seul à le repérer, mais les autres détournèrent les yeux, pour la plupart. À Auschwitz, les hommes devenaient fous. C'était leur façon de supporter leur sort ; fermer complètement leur esprit à ce qui se passait autour d'eux. Jouer avec ses excréments permettait peut-être à Yitzak de s'évader.

Mais ce n'était pas le cas. Pas cette fois-là. Pas avec cet homme-là. Il parut trouver quelque chose et fila vers la salle des ablutions. Je le suivis et le vis qui se lavait les mains, le poing droit serré. Je le gardai en point de mire tandis qu'il regagnait le Bloc 10 et je fus horrifié de constater que Rudi, le *Blockältester*, l'attendait, le dos appuyé à la cloison de bois.

Il fit signe à Yitzak et je m'attendais à un nouveau passage à tabac à coups de gourdin et de bottes, qui expédierait un nouvel habitant de Bedzin à la rencontre de son Dieu. Loin de là, les deux hommes entamèrent une vraie conversation à voix basse, inaudible pour moi, et je me dis alors qu'il valait mieux aller dans le baraquement se préparer au labeur du jour.

Durant les quelques instants qui précédaient le petit-déjeuner, Yitzak entra, fier de lui. Il avait avalé trois ou quatre petits diamants légués par sa famille pendant qu'on évacuait Kamionka. Avec si peu de nourriture, il n'en était sorti pour l'instant qu'un seul, et il l'avait trouvé ce matin-là. Je ne sais pas ce qu'avait fabriqué Yitzak à Bedzin avant le début de cette folie, mais il était habile et avisé, diplômé de l'école de la rue. Quand on n'a rien, comme c'était le cas pour le reste d'entre nous, on n'a aucun moyen de négocier. Un diamant ne pouvait acheter la liberté d'un Juif, mais il paierait un traitement de faveur. Yitzak nous raconta, par rafales de murmures, que quelqu'un l'avait vendu au *Blockältester* Rudi, mais il avait réussi à passer un marché avec celui-ci. Dans notre ignorance, nous n'avions pas la moindre idée de ce que cela signifiait.

Curieusement ce matin-là, on était au complet à l'appel ; personne n'était mort pendant la nuit. Cela ne nous surprit pas ce jour-là, mais nous sûmes bientôt à quel point c'était inhabituel. Dans la queue pour le petit-déjeuner, le bol à la main, je vis qu'on accordait à Yitzak un deuxième morceau de pain, une double ration de saucisse et de margarine. Les *Kapos* étaient passés maîtres dans l'art de se remplir les poches. La ration était censée être une miche pour quatre prisonniers, mais les *Kapos* la coupaient en cinq et détournaient la portion du milieu à leur profit. Ils avaient le loisir ensuite de la manger ou de la vendre. À Auschwitz-Birkenau, on s'entretuait à petit feu.

Au cours des quelques jours qui suivirent, je me mis à éprouver de la haine pour Yitzak le fouille-merde. Son diamant ne lui avait pas rapporté que de la nourriture, il lui permettait aussi d'être exempté de travail. Tandis que le reste d'entre nous portait des pierres et chancelait sous le poids des « tabliers » surchargés, sous la menace des *Kapos*, Yitzak restait allongé au Bloc 10, à se gratter les couilles en regardant le plafond. Il pensait probablement qu'il n'avait plus à s'en faire pour le restant de ses jours. Mais il avait tort.

Je ne connais pas la quantité de diamants susceptible d'être ingurgitée par un homme sans mettre sa vie en péril. Dans le cas de Yitzak, il était question de trois ou quatre pierres précieuses – un avenir de très courte durée. Les pierres valaient sans doute une petite fortune, mais à Auschwitz-Birkenau, ça n'avait aucun sens. Ces crétins de *Kapos* les échangeaient au marché noir du camp contre de la vodka, du vin et des cigarettes ; ils appelaient ça *s'organiser*. Je me demande parfois si les diamants sont tombés entre les mains de quelqu'un qui sache reconnaître leur valeur. Dans un coin du Bloc 10 était aménagé un *Stube*, une pièce latérale où les *Kapos* buvaient et dormaient dans un luxe relatif. Nul doute qu'ils conçurent la façon dont ils allaient se débarrasser de Yitzak à cet endroit-là. Kurpanik le tua, deux jours après l'expulsion de son dernier diamant. Je ne le vis pas de mes propres yeux, mais la rumeur se répandit très vite et c'était logique.

Quel bonheur ce psychopathe avait-il dû éprouver en battant à mort ce Juif trop arrogant !

Je suis abasourdi aujourd'hui de constater la vitesse avec laquelle la routine du Bloc de quarantaine devint un mode de vie à part entière. Nous vivions sur le fil du rasoir en permanence, car nos rangs se clairsemaient tous les jours ; chaque appel constituait une nouvelle sélection, une nouvelle mort possible. Il y avait peut-être une semaine que j'étais là lorsqu'une fois de plus, pendant l'appel du matin, ils réclamèrent des tailleurs pour confectionner et rafistoler les uniformes des Waffen-SS à l'atelier du camp. Je me mis à y réfléchir sérieusement. Le rituel épuisant du transport de pierres me brisait le dos et commençait à sérieusement éprouver mes forces, bien que je sois un jeune homme en bonne forme physique, à quelques semaines à peine de mon dix-septième anniversaire. Ce travail avait déjà tué un certain nombre de prisonniers. Être tailleur signifiait rester assis toute la journée, sous un toit, à actionner une machine à coudre, une tâche dont je pouvais probablement m'acquitter, même en dormant. Mais quelque chose me retint au moment de lever la main pour me porter volontaire. Dans les ateliers, la vie était réduite à sa plus simple expression. On était coupé du monde, les rumeurs ne parvenaient pas jusque-là. Impossible de trafiquer au marché noir. Une lente agonie par la famine, à se regarder mourir de son vivant. Et je me représentais la sévérité des *Kapos*, certainement prêts à sévir à la plus petite erreur et à passer le coupable à tabac selon leur bonne habitude.

Bien qu'en réalité, j'eus un mal fou à tenir le compte exact, je pense que ce jour-là devait être le dixième depuis mon arrivée. On était à la mi-août et ce matin-là, le *Blockschreiber*, employé aux écritures, appela huit ou dix matricules. Le mien figurait parmi eux. Une nouvelle sélection. Sans rime. Sans raison. Et certainement sans la moindre explication. Je jetai un regard autour de moi. Personne à qui dire au revoir. C'est difficile à écrire, aujourd'hui, mais c'est ainsi, nous n'étions pas camarades. Nous traversions tous le même enfer et l'on pourrait penser que ça nous unissait tacitement, « nous contre eux », mais ça ne se déroulait pas de cette manière. La peur semait la discorde entre les hommes, et c'était chacun pour soi. Les visages familiers de Bedzin étaient déjà moins nombreux au bout de dix jours, et je me trouvais aligné aux côtés d'inconnus, mon bol à la main et une croûte de pain dans la poche, conservée précieusement du petit-déjeuner.

Puis, nous nous élançâmes au pas de course, à nouveau. Seuls les moribonds marchaient, à Auschwitz ; le reste d'entre nous se déplaçait au rythme dicté par les *Kapos*. On nous mena tambour battant au-delà de notre périmètre, entre les rouleaux hérissés de fil de fer barbelé et le bourdonnement du grillage électrifié. Pour la première fois, je vis le reste du camp, les prisonniers en tenue rayée en train de trimer, affectés aux tâches absurdes qui leur avaient été imposées par les *Kapos*. Des SS armés patrouillaient à l'extérieur du périmètre, scrutant d'un œil d'aigle, le doigt impatient sur la gâchette. L'endroit paraissait immense, des blocs de bâtiments comptant des rangées de baraquements semblables au Bloc 10 s'étendaient loin vers l'horizon d'août. Auschwitz-Birkenau, le camp de concentration, comme une tache noire au milieu des moissons dorées de Pologne.

Nous courûmes environ dix minutes. Et chacun d'entre nous s'accrochait à son petit bol ébréché à quatre sous comme les chrétiens au Saint-Graal. Je le considérais comme un symbole d'espoir, une chose qu'il ne fallait plus lâcher une fois qu'on l'avait. En effet, nous auraient-ils laissé nos bols s'ils nous avaient emmenés à la chambre à gaz ? Nous prîmes un virage à angle droit vers la gauche et entrâmes dans une enceinte en tous points semblable à celle que nous venions de quitter et nos matricules furent inscrits par un nouveau *Blockschreiber* sur un nouveau registre.

Sur le moment, je ne m'en rendais pas compte, mais je venais de passer l'examen d'entrée, l'initiation. En débarquant au Bloc de quarantaine, je n'étais qu'un gamin d'une naïveté désespérante arraché à sa famille, dépouillé de sa dignité. Puis, j'avais dormi avec des mourants, j'avais mangé et chié avec eux. J'examinais les nouveaux *Kapos* de cette section du camp. Quel tour de cochon avaient-ils dans leur manche, me demandai-je, avant de décider que mon heure était venue ?

VII

La Rampe

Cette journée commença à l'aube comme toutes les autres – des *Kapos* en train de hurler, visite aux latrines, puis douche, appel, pain, saucisse, et « café ». On n'allait pas nous tuer aujourd'hui. Parce que la journée elle-même, à partir de là, changea du tout au tout. On ne nous obligeait plus à courir en portant des pierres, on ne nous menait plus à coups de botte et de trique. Les *Kapos* nous organisèrent en équipes et je faisais partie du *Rampenkommando*, affecté au quai de gare. Cela n'avait alors aucun sens particulier pour moi, mais au fil du temps, je me remémorais le fou en tenue rayée qui m'avait murmuré lors de mon arrivée : « Dis-leur que tu as dix-huit ans. » Si j'avais baissé les yeux sur les rayures blanches et bleues, mes sabots éculés, mes mains douloureuses et entaillées, j'aurais probablement fondu en larmes. J'étais devenu ce fou.

C'était un embranchement ferroviaire comme tant d'autres en Europe, mais on était à Auschwitz-Birkenau, donc c'était différent. Comme les Pivnik étaient arrivés presque deux semaines auparavant dans un train de passagers, c'est ce que je m'attendais à voir, mais la première locomotive tirait des wagons à bestiaux que j'avais vus traverser Bedzin avant que les nazis n'éradiquent le ghetto. Et je me souvenais des yeux effrayés qui observaient l'extérieur par les interstices entre les planches. Les moutons avaient-ils cette expression lorsqu'on les conduisait à l'abattoir ?

Nous étions alignés en rang derrière les SS avec leurs armes et leurs chiens pendant l'arrêt du train et le temps d'attente qui suivait. Personne ne faisait mine de déverrouiller les portes pour faire sortir les « passagers ». Les SS vaquaient à leurs occupations, s'assurant que tout était prêt. Calme, ordre, et même une sorte de paix régnaient à ces instants-là. Le calme soudain qui était descendu sur nous, le ghetto de Bedzin, à notre arrivée et je comprenais à présent son usage. L'ordre et le calme *devaient* régner. Les passagers du train étaient aux abois, terrorisés, souffrant de la faim et de la soif. Dieu seul sait combien de temps avait duré leur voyage. Une émeute était la dernière chose qu'auraient souhaitée les SS.

Il y eut un silence inquiétant, ponctué de temps à autre par un ronflement de locomotive ou l'aboiement d'un chien. Les wagons à bestiaux eux-mêmes étaient tranquilles, tandis qu'on apercevait çà et là un visage décomposé par la peur qui regardait à travers le barbelé obstruant les fentes entre les planches. Au fil des semaines, j'appris que ce que je prenais pour des fentes étaient en réalité des trous d'aération d'une importance vitale, une question de vie ou de mort pour les occupants. Je ne pouvais encore sentir l'odeur des wagons.

Aucun coup de sifflet ni aucun ordre ne retentit, mais les SS, qui avaient une longue pratique de l'exercice, se rapprochèrent des wagons, tandis que leurs chiens grondaient et montraient leurs crocs, aboyant toujours et encore. Une technique bien rodée d'intimidation, voilà de quoi il s'agissait. Dans les années qui suivirent, on me demanda souvent pourquoi les nouveaux arrivants ne se rebiffaient pas, ne tentaient pas leur chance, fût-ce d'une façon désespérée. Les wagons étaient censés contenir quatre-vingts personnes, mais ils en comptaient souvent plus que ça. Les prisonniers étaient plus nombreux que les SS de la Rampe. Je crois que c'est arrivé qu'ils se révoltent, mais jamais quand j'étais là. La plupart des occupants des trains étaient des vieillards, des malades, des femmes et des enfants. Un certain nombre d'entre eux étaient déjà à l'article de la mort. Nul n'avait la force physique et émotionnelle d'affronter une petite armée de SS avec leurs fusils, leurs gourdins, leurs chiens. Ce front-là n'avait rien à voir avec les autres.

Les cadenas s'ouvrirent, les portes coulissèrent en grinçant et en claquant violemment. La foule se répandit sur le quai, clignant des paupières dans le soleil matinal, désorientés après un long séjour dans la pénombre. Je ne pouvais détacher mon regard de leurs grands yeux exorbités tâchant de s'accoutumer, de cerveaux essayant de comprendre ce qui leur arrivait, et surtout où ils se trouvaient. Et dans mon souvenir, la cacophonie de l'enfer s'éleva brusquement, les ordres éructés dans un allemand guttural : « *Raus ! Raus !* Sortez du train, salopards, *Scheissjuden !* Magne-toi, Juif de merde ! Juif pourri ! Taisez-vous, ordures de Juifs ! Par ici et en rang ! »

Durant les semaines qui suivirent, j'assistai à l'arrivée de quantité de trains. Leurs occupants étaient principalement des Juifs, venant d'un peu partout d'Europe, et il m'apparut qu'ils ne comprenaient pas ce qu'on leur disait. Le message essentiel n'échappait toutefois à personne, parce qu'il était on ne peut plus clair. Les ordres s'accompagnaient d'un coup de trique. Quelle que soit leur origine, les nouveaux venus étaient sales, débraillés, miteux. Les hommes portaient une barbe de plusieurs jours, les femmes n'étaient pas maquillées et avaient la chevelure en désordre. Les Juifs français et hollandais étaient en général bien habillés ; les hommes en longs pardessus, et coiffés de chapeaux homburg[1], les femmes dans des robes aux épaules marquées, populaires dans les années 1940. Les Grecs étaient particulièrement chic dans leurs vêtements légers adaptés à leur climat, mais dans lesquels, camp ou pas camp, ils n'auraient pas survécu à l'hiver polonais. Les plus étranges de tous étaient les Juifs roumains des Carpates, qui portaient pour ainsi dire leurs montagnes sur leur dos – vestes de cuir, de daim, de vison ; les enfants de Dracula.

Les cris, les chiens et les moulinets des matraques avaient des effets quasi immédiats quel que soit le pays d'origine des voyageurs. Les chiens aboyaient sans arrêt et les enfants terrifiés ne pouvaient, malgré tous les efforts de leurs parents, être apaisés. Imaginez la gare de Waterloo à Londres à l'heure de pointe, mais sans le vacarme. Les prisonniers se rassemblaient au centre de la Rampe, guidés par les chiens. Lorsqu'un SS aboyait à son tour un ordre, toute la foule des déportés vacillait, comme les champs de maïs sous une rafale de vent au Jardin d'Éden, si longtemps auparavant.

Quels que soient les processus de sélection que les nouveaux venus avaient traversés pour échouer là, celui qu'ils allaient passer en cet instant était le plus important. Je ne crois pas que, en cette première journée

1. Chapeau à la mode de l'époque, également appelé : *chapeau diplomate*.

passée sur la Rampe, j'ai *su* ce qui était arrivé à ma famille, mais chaque jour confirmait leur sort probable. Un doigt pointé à droite ou à gauche, la décision fortuite d'un dément, un officier SS jouant le juge, le jury et le bourreau, le mécréant jouant le rôle de Dieu – c'était aussi simple et aussi irrévocable que ça.

À présent, je connaissais la routine : les jeunes, les forts, hommes ou femmes, étaient choisis pour survivre. Ils subiraient mon sort – la quarantaine absurde du Bloc II a, avec son équivalent pour les femmes. Certaines d'entre elles mourraient d'épuisement, de malnutrition, de maladie. D'autres mordraient la poussière sous les bottes et les matraques des *Kapos.* Le reste d'entre elles… seraient accompagnées dans leur dernière promenade par des hommes comme moi, en tenue rayée, attendant les ordres. Elles faisaient partie d'une unité spéciale qui menait un peuple entier aux portes de la mort.

Cette première matinée sur la Rampe suivit un ordre du jour auquel je finis par m'habituer. Une fois qu'ils avaient réussi à impressionner les prisonniers et à les faire taire, l'humeur des gardes changeaient. Ils travaillaient, maintenant, remplissant leur tâche avec l'efficacité teutonne qui faisait le renom des nazis. Ils utilisaient la technique des interrogatoires qu'on voit dans les romans ou les films policiers, celle du bon et du méchant flic. Une brute venait les agonir d'injures, leur taper dessus à coups de trique, laisser son chien les mordre. Ensuite, un gentleman s'avançait, s'excusant presque de ce qui venait de se dérouler.

Leur chef était l'officier aux gants de daim gris, que j'avais vu à mon arrivée, dans son uniforme immaculé, au visage agréable et à la dent de devant manquante. Il portait souvent une blouse blanche par-dessus sa tunique de capitaine SS, et cela rassurait beaucoup de gens. Tous les médecins d'Europe, même les nazis, avaient prononcé le serment d'Hippocrate – *Dans toute la mesure de mes forces et de mes connaissances, je conseillerai aux malades le régime de vie capable de les soulager et j'écarterai d'eux tout ce qui peut leur être contraire ou nuisible.* Tout irait bien maintenant, croyaient-ils, même après cet horrible voyage et l'épreuve qu'avait représentée le débarquement du train. Il y avait un médecin. Il s'agissait du *Hauptsturmführer* Josef Mengele devenu tristement célèbre dans ces années-là, qui lui valurent le surnom de l'Ange de la Mort. Passionné par la médecine, il était fasciné par les jumeaux, et sans que nous ayons soupçonné quoi que ce soit à l'époque, il se servait de son immense pouvoir, quasiment sans limites, pour faire des expériences sur eux à l'hôpital du camp. C'était également un nazi fervent et par conséquent les gens qui défilaient devant lui sur la Rampe n'étaient que des cobayes, des rats de laboratoire. En aucun cas des êtres humains.

Jamais, durant le temps où je travaillai sur la Rampe, je n'entendis Mengele élever la voix, ou se montrer sous un jour qui ne soit absolument charmant. Ses yeux vifs ne manquaient jamais rien. Les SS posaient leurs questions habituelles : « Quel âge avez-vous ? Êtes-vous en bonne santé ? Quelle est votre profession ? » Je n'ai jamais entendu Mengele dire autre chose que : « Y a-t-il des jumeaux ici ? » voire à l'occasion : « Ce sont vos enfants ? » Il ne m'adressa jamais la parole. À ma connaissance, il n'enregistra même pas ma présence, mais je peux me tromper.

Notre tâche consistait à ramasser les affaires abandonnées sur la Rampe. On ordonnait aux nouveaux venus de laisser leurs sacs sur le quai ; on leur disait qu'ils les récupéreraient plus tard et nous les empilions en tas bien nets. Nous n'étions pas censés nous mêler aux prisonniers – leur adresser la parole –, mais je finis par faire exactement ce que ce « fou » fit pour moi à mon arrivée de Kamionka. Je ciblai les jeunes, des mômes de mon âge ou plus jeunes mais toujours des adolescents : « Dis-leur que tu as dix-huit ans », « Dis-leur que tu as un métier », « Tu es fort, tu peux porter des briques ». On n'avait pas le temps d'être plus engagé que ça car les risques étaient trop élevés. La plupart du temps, ils se contentaient de me regarder sans comprendre, mes conseils murmurés n'avaient pour eux aucun sens. Une fois que la sélection avait été opérée et les rangs de prisonniers triés, je me retrouvais parfois, aux rares instants sans surveillance, à contempler la file de femmes et d'enfants au pas traînant, sur le chemin qu'avait emprunté ma famille. J'imaginais mon père main dans la main avec Chana et Hendla, ma mère entourée des garçons. Je n'avais pas assisté à la scène, mais je vis tant de familles semblables qu'il n'avait pu en être autrement.

Certains étaient entassés dans des camions comme l'avait été ma famille. D'autres, lorsqu'ils étaient trop nombreux, partaient à pied et traversaient le site de Birkenau III, encore en construction. Les plus curieux, les moins traumatisés posaient des questions : « Où va-t-on ? » « Que va-t-il nous arriver ? » Les plus naïfs demandaient : « Quand reverrons-nous nos maris, nos pères, nos frères ? » « Et nos bagages ? » Ils se dirigeaient vers un bâtiment, une grande chambre souterraine pour être épouillés avec un désinfectant.

Je ne pense pas que quiconque ait demandé de quoi il s'agissait, mais c'était du Zyklon B, dans une boîte métallique comme une boîte de café, contenant des granules cyanhydriques. On devait prendre toutes les précautions dans un camp tel que celui-ci, qui accueillait tant de gens venus des ghettos ; les maladies étaient endémiques, l'épouillage était donc essentiel, les poux étant porteurs du typhus fréquemment mortel. Le Zyklon B était pour sa part *toujours* fatal, une information que les SS s'abstenaient de fournir.

Forcément, quelques-uns comprenaient ce qui se passait. Depuis des années, il circulait déjà des rumeurs sur Auschwitz et des camps de ce genre, et le rythme de la tuerie n'avait fait que s'accroître en dix-huit mois. La plupart des êtres humains confrontés à un aller simple vers la mort ne peuvent l'accepter, ils refusent d'y croire. Les mères accompagnées de leurs enfants étaient toujours dirigées vers la colonne de gauche et elles avançaient droit devant elles, il valait mieux mourir ensemble que d'être arrachées aux siens. D'autres mères prenaient la décision instantanée de sauver leur enfant, confiant un gamin en pleurs à un parent dans le vague espoir, sans doute désespéré, que le destin les réunirait plus tard. Certaines imitaient ma mère et orientaient leurs enfants dans la colonne de droite. Le travail rend libre, les jeunes et les valides pouvaient travailler. « Dis-leur que tu as dix-huit ans. Dis-leur que tu as dix-huit ans. »

Je vis parfois la situation inverse sur la Rampe. Une famille était séparée, à droite et à gauche, et il arrivait qu'un homme ou une femme de la colonne de droite se rabatte sur celle de gauche, prenne la main d'un enfant, passe le bras autour des épaules d'un parent âgé, et se mette en marche la tête haute. Voilà qui étaient les véritables héros d'Auschwitz-Birkenau. Les SS haussaient les épaules et les laissaient à leur destin. En revanche, il était interdit de passer de gauche à droite.

En une occasion, les SS ne nous convoquèrent pas sur

la Rampe et accomplirent la tâche eux-mêmes. C'était pour la venue du *Kindertransport*. De notre Bloc, nous percevions le sifflet et les halètements des locomotives, et nous entendîmes la suite. Les SS avaient décrété un *Blocksperre* qui consignait tout le monde dans ses baraquements ; les verrous coulissèrent et furent cadenassés sur chaque bâtiment abritant des prisonniers au camp des hommes. Je n'avais que dix-sept ans, et j'étais encore un enfant, je ne comprenais pas ce que signifiait être père, cependant la plupart des hommes encore vivants à Auschwitz-Birkenau étaient plus âgés que moi et avaient des enfants. Aucune sélection n'était envisagée ce soir sur la Rampe, aux heures immobiles de la nuit. Les enfants n'étaient que des bouches inutiles à nourrir, ils étaient encombrants, un vrai fléau. *Tous* ceux descendus de ces trains sans exception furent dirigés vers la gauche et nous ne pouvions rien faire d'autre que d'écouter leurs cris déchirants tandis qu'on les menait vers la mort. Des années plus tard, j'apprendrais qu'il s'agissait d'enfants juifs de l'orphelinat d'Izieu, en France, arrachés à la protection de l'institution qui les avait recueillis par l'officier SS Klaus Barbie, responsable de la Gestapo de Lyon. Quarante-deux enfants périrent cette nuit-là, ainsi que les cinq adultes qui les accompagnaient. Je ne me souviens pas avoir entendu parler de l'autre sorte de *Kindertransport*, qui aurait éloigné les enfants du danger vers des pays neutres, ou vers l'Angleterre. Le seul que je connaisse, c'était un ticket direct vers l'anéantissement.

Le matin suivant, la routine reprit et nous sortîmes sur la Rampe, pour ramasser les vestiges laissés par les convois nocturnes. Sur le chemin, nous vîmes les corps des enfants, étalés nus et froids dans le petit jour. Activez les feux. À travers nos larmes, nous ramassâmes les petits manteaux, les chaussures, les jouets, les pantalons et les robes. Sur certains, le nom de l'enfant était cousu proprement à l'intérieur – Miriam, Isaac, Salomon, Bathsheva – par une mère aimante qui ne souhaitait que le meilleur pour ses enfants. Nous rassemblâmes les reliques du champ de bataille en petits tas bien réguliers, comme le souhaitaient les SS.

Toute la colonne de gauche était emmenée comme les enfants par la flûte de Till l'Espiègle dans une immense pièce où on leur ordonnait de se déshabiller. Huit cents d'entre eux en même temps, humiliés, effrayés. De vieilles dames qui n'avaient jamais enlevé leurs vêtements devant quiconque, même pas leurs maris. Des adolescentes, embarrassées par leur corps en pleine puberté. Aucune importance pour les SS. Ces courtes vies n'en avaient plus pour longtemps. Tout individu manifestant un désir de révolte, sur le point de se rebeller, était soustrait du cercle, hors du vestiaire, pour récolter une balle dans la tête.

Lorsque les huit cents personnes avaient été réparties dans chacune des chambres à gaz, les SS refermaient les portes et les verrouillaient. Une grille s'ouvrait alors dans les plafonds et les granules de Zyklon B étaient lâchés dans la salle. Ce qui survenait ensuite relevait de l'équation chimique : Zyklon B + Oxygène = Cyanure d'hydrogène. Cela équivaut aussi à une mort certaine. Les plus proches des trous du plafond mouraient les premiers, et j'ai prié tous les jours de ma vie pour qu'il en ait été ainsi pour les membres de ma famille. Les très jeunes ou les très vieux, ceux qui aspiraient l'atmosphère ambiante dans une tentative désespérée de rester en vie, ceux-là succombaient vite. Plus éloigné des trous, ou plus jeune, ou plus fort, on mourait lentement, mais ça ne prenait jamais plus de vingt minutes.

Dans les périodes d'affluence, lorsque les trains à bestiaux allaient et venaient sans arrêt, on ouvrait les portes au bout de dix minutes.

Je ne veux pas trop penser au spectacle qu'offrait la chambre à gaz lorsque le *Sonderkommando* – encore une unité spéciale – ouvrait les portes et commençait à sortir les corps. La plupart des cadavres s'étaient massés autour de la porte la plus proche, plantant leurs ongles dans la charpente dans leur élan désespéré pour sortir. Certains encore debout, d'autres assis ou recroquevillés, piétinés par les autres, tous couverts de sang et d'excréments, et tous étaient rose vif.

Le *Sonderkommando* rasait les femmes, et les hommes portant les mèches rituelles descendant sur les oreilles. On leur arrachait les dents en or, et tous les bijoux encore au doigt. Tout avait une valeur. Puis les restes profanés et gazés étaient traînés vers les crématoires où on les brûlait. Je sais maintenant que huit jours avant mon arrivée à Auschwitz, une lettre des autorités du camp avait été adressée au groupe administratif C du bureau économique administratif des SS à Berlin estimant les capacités de rendement de ces crématoires. Par période de vingt-quatre heures, le Crématorium I pouvait « recevoir » 340 cadavres ; le II jusqu'à 1 440 ; le III, 1 440 ; le IV, 768 ; le V, 768, pour un total vertigineux de 4 756 cadavres par jour susceptibles d'être digérés par la machine.

Je savais tout cela – ou du moins une bonne partie – quand je travaillais sur la Rampe. Parfois, cela m'accablait et me plongeait dans un désespoir indescriptible. Mais l'instinct de conservation restait toujours présent à mon esprit, avec la volonté de survivre à ce que ces salauds de nazis nous faisaient subir.

Ce qu'on m'infligeait comme spectacle sur la Rampe

était assez terrible. On peut dire que ce n'était rien par rapport aux tâches du *Sonderkommando* dont les membres étaient remplacés au bout de quelques mois et certainement après le traitement de chaque grosse « livraison », car ceux qui faisaient subir ce traitement inhumain y succombaient eux-mêmes. D'une façon perverse, il existait des postes à vie, à Auschwitz, mais celle-ci ne durait parfois que quelques jours.

Certains wagons à bestiaux avaient voyagé pendant plusieurs jours, et l'état dans lequel ils arrivaient aux quais d'Auschwitz-Birkenau était épouvantable. On entassait les gens à tel point qu'ils n'avaient pas d'espace pour soulager leurs besoins naturels. La toilette consistait en un seau dans un coin du wagon, quand ils avaient de la chance, et la plupart d'entre eux, même ceux qui étaient convenablement vêtus, arrivaient maculés de pisse et de merde, horriblement gênés. La puanteur de ces wagons après la sélection et le départ de leurs occupants était indescriptible. Je retenais ma respiration en y entrant pour récupérer des bagages abandonnés, une valise défoncée, un ours en peluche, des lunettes, un dentier.

En été, sans eau dans les trains, les gens mouraient de suffocation et de déshydratation – je savais ce que c'était, de devoir se passer d'eau. En hiver, ils succombaient de froid, malgré le nombre de corps entassés dans les wagons. Avec mes collègues du *Rampenkommando,* nous tirions les cadavres sur le quai, des têtes de morts vacillantes, des membres raidis par la *rigor mortis.* Notre tâche était de les aligner proprement à côté de leurs bagages, avant de les charger sur des chariots à bras poussés par une autre unité spéciale jusqu'au crématoire. Le ciel nocturne était illuminé par ce four, et une fumée noire s'en échappait constamment.

Je ne suis pas fier de mon travail sur la Rampe. Je me métamorphosai, comme tous les autres, en charognard humain. Le plancher d'un wagon à bestiaux brusquement vidé de ses occupants au bout de plusieurs jours prit des allures d'Île au Trésor. Des pièces, des billets, des bagues, des broches, lâchés dans la merde par des gens qui ne savaient plus ce qu'ils avaient emporté avec eux, ou qui ne s'en souciaient plus. Nous étions cependant coincés entre le marteau et l'enclume. Si on dérobait quoi que ce soit et qu'on était repéré, on nous collait sur la colonne de gauche avec le prochain arrivage, ou bien on nous accompagnait jusqu'au portail du crématoire. Mais si on s'en abstenait, on mourait de toute façon, parce que nous crevions lentement de faim.

Notre boulot consistait à mettre tout ce qu'on découvrait dans les wagons ou sur le quai dans des chariots à bras, qui étaient poussés jusqu'à un hangar de tri du genre de celui que nous appelions tous Kanada. Lorsque nous trouvions de la nourriture – fromage, pain, saucisse –, nous la dévorions sur place au creux de la main, penchés comme pour ramasser les bagages. Tant que cela ne ralentissait pas notre travail, les *Kapos* et les SS laissaient faire. Je ne me souviens plus exactement du calendrier de ces événements parce que les jours se confondaient et que les saisons n'avaient plus aucun sens ; un jour, je vis quelque chose briller sur mon chariot, illuminé par un rayon de soleil. Lorsque la vie en dépend, on finit par maîtriser de rapides tours de passe-passe, furtifs, et l'objet étincelant au soleil se retrouva dans ma poche un instant plus tard. C'était un bracelet, peut-être le cadeau d'un mari à sa femme, d'un amoureux à sa chère et tendre, d'un père à sa fille. Je ne sais pas. Je savais seulement qu'il avait une certaine valeur au marché noir.

En principe, j'aurais dû le remettre à un *Vorarbeiter*, un contremaître, qui l'aurait à son tour donné à un *Kapo*. Les prisonniers de mon rang n'avaient pas assez d'entregent pour passer des marchés – j'avais gardé en mémoire Yitzak et ses diamants – je décidai donc de garder le bracelet. Ce doit être une des décisions les plus bêtes que j'ai jamais prises. Voler sur la Rampe était passible de mort, et même si l'on s'en sortait, on avait perdu la confiance d'un *Kapo* et ça revenait au même.

À mesure que le temps passait, ce bracelet devint une épée de Damoclès au-dessus de ma tête. J'avais eu la présence d'esprit de le cacher loin de ma couchette, derrière une planche un peu branlante dans la cloison. Il ne me vint jamais à l'idée que les occupants de la couchette la plus proche seraient accusés du larcin si on découvrait le pot aux roses, et je me tourmentais encore à ce sujet lorsque les baraquements furent bouleversés par un véritable branle-bas de combat. Quelqu'un avait découvert le bracelet. Nous étions quatre cents à vivre dans ce Bloc, travaillant sur la Rampe pour la plupart, j'avais donc peu de chances de me faire pincer. Le *Kapo* était hors de lui et choisit trois ou quatre d'entre nous qu'il roua de coups. Plus courageux, je me serais dénoncé et j'aurais encaissé la correction. Je suis certain que c'est ce que mon père aurait attendu de moi, de même que le principal de mon ancien collège, monsieur Rapaport. Mais nous étions à Auschwitz-Birkenau ; les règles étaient différentes. On ne levait jamais la main, quelle que soit la question.

J'imagine que le *Kapo* échangea ce bracelet contre

de la vodka ou des cigarettes. Il ne pouvait pas se plaindre aux SS, la seule présence de l'objet dans notre Bloc le compromettait. Cependant, je pris à cœur la leçon : Szlamek, ne cherche pas à jouer au plus fin.

Dans les camps, cette *organisation*, vendre ce qu'on avait, c'était un mode de vie. Si on n'avait rien à vendre, si on n'avait pas la possibilité de piquer un vestige quelconque sur la Rampe de temps en temps, mais qu'on était jeune et beau, on pouvait vendre son corps. Certains *Kapos* et *Blockälteste* avaient été emprisonnés par les nazis pour des crimes sexuels. Nous n'avions bien entendu aucun rapport avec les camps des femmes. De nombreux *Kapos*, claquemurés dans l'environnement entièrement viril et sauvage des quartiers des hommes, soulageaient leur frustration sexuelle avec leurs *Piepel*, des gitons trop jeunes et trop faibles pour repousser leurs avances. Impossible de s'en plaindre à qui que ce soit. Dénoncer un *Kapo* aux SS équivalait à une sentence de mort. Et la plupart des gens préféraient qu'on abuse d'eux – ce n'est pas, comme disait le cliché en usage du temps de mon grand-père, un sort pire que la mort. Le plus triste était que lorsque le charme d'un garçon s'estompait ou qu'un *Kapo* s'en lassait, il disparaissait vers le portail, flottant, tel un souvenir dans la fumée des cheminées.

La survie dépendait de la nourriture. J'avais décidé d'ignorer l'aversion de mon père pour le porc depuis belle lurette et j'eus l'occasion d'y goûter très occasionnellement à Auschwitz-Birkenau, mais uniquement sous forme de peau ou de graisse incorporées dans la soupe pour lui donner un semblant de goût. Un soir nous eûmes droit à une surprise – des moules de Hollande au vinaigre. Je n'ai pas la moindre idée de la façon dont cette manne était parvenue jusqu'à nous sans être filtrée par les *Kapos* des cuisines corrompus jusqu'à la moelle. Les fruits de mer étaient un luxe en Europe centrale et orientale même avant-guerre, or manger des mollusques n'était pas casher, ce qui créait un dilemme. C'est un témoignage de la foi de mon peuple de constater que, même confronté aux privations, à l'extermination par la famine, les vieux interdits subsistaient ; l'anathème restait en vigueur.

L'un de mes camarades de Bloc grogna qu'il ne mangerait pas de ça, dès qu'il vit atterrir la nourriture dans son bol ; pas question, disait-il, de manger des vers de terre. Ça ne posait aucun problème aux Juifs occidentaux – les Français, les Belges et les Hollandais parmi nous à présent se goinfraient à qui mieux mieux. L'un d'entre eux m'expliqua que c'était bon et que je devais en manger. Si je m'y refusais, il mangerait ma part. Je posai une moule sur un morceau de pain et goûtai. Il avait absolument raison et j'engouffrai ma portion de moules, recueillant tous les sucs dans mon bol sur un morceau de pain.

C'est sûrement étrange, mais après tout ce temps, j'ai oublié dans quel Bloc je vivais lorsque je travaillais sur la Rampe. Je me rappelle qu'il fallait franchir le portail principal pour y arriver. Je me souviens aussi du *Blockschreiber*, un Juif viennois, et du *Blockältester*, un homme bienveillant nommé Maurice, parmi tant d'autres malfaisants. Les *Kapos* qui nous surveillaient sur la Rampe changeaient suivant les équipes, et j'avais affaire en général à Manfred ou Hans. Manfred, un truand de profession, portait le triangle vert distinctif des criminels de droit commun. C'était une armoire à glace et il voyait rouge si on lui mettait des bâtons dans les roues, mais il aboyait plus fort qu'il ne mordait, et il ne me battit jamais. Hans arborait un triangle noir et pour autant que je sache, c'était peut-être un assassin. Il s'efforçait à une certaine élégance, dans la mesure accessible à un prisonnier d'Auschwitz-Birkenau, portant en général des bottes d'équitation comme les officiers SS.

Puis, à ma grande horreur, *l'Unterscharführer* Kurpanik fit son apparition sur la Rampe lui aussi. Simplement parce qu'il pouvait se le permettre.

Jusqu'à ce moment dans ma vie, je n'avais guère voyagé. À l'exception des vacances familiales annuelles au Jardin d'Éden distant de quatre-vingts kilomètres, je n'avais vécu qu'à Bedzin. Même Auschwitz-Birkenau ne représentait qu'un court trajet en train. Je croisais à présent des gens venus de toute l'Europe, et j'ouvrais les yeux sur le monde. J'ai un souvenir particulier des Juifs de Grèce. Leur pays avait été envahi par les Allemands à l'été 1941 et plusieurs d'entre eux avaient été affectés avec nous au *Rampenkommando*, ayant survécu à toutes les sélections. On comprenait facilement pourquoi – certains avaient été lutteurs professionnels avant-guerre, et leurs muscles le prouvaient. Néanmoins, lorsqu'on regarde les statistiques, aujourd'hui, on s'aperçoit qu'entre mars et août 1943, on déporta quarante-huit mille six cent trente-trois Juifs de Thessalonique et que seuls onze mille sept cent quarante-sept d'entre eux survécurent à la sélection. Il existait un autre groupe qui se démarquait particulièrement parce qu'ils étaient bien vêtus. Pour la plupart des Allemands, des Autrichiens et des Tchèques. Certains de ces hommes portaient encore des médailles allemandes de la Première Guerre mondiale épinglées au revers de la veste – sinistre ironie de l'Histoire. Ces hommes avaient versé leur sang sur le front de l'Est pour l'Allemagne et les Allemands allaient maintenant les exécuter. Les SS arrachaient ces médailles et les jetaient par terre en vociférant qu'ils n'étaient pas dignes d'un tel honneur. Une forme de vie indigne. Ils venaient de Terezin en Tchécoslovaquie, d'un camp que les nazis appelaient Theresienstadt, à environ trente-cinq kilomètres de Prague. C'était un camp modèle qui avait la réputation d'être humain, conçu par l'adjoint au *Reichsführer* SS Heydrich pour les prisonniers « spéciaux » : des hommes aux états de service exceptionnels en temps de guerre, ou des Juifs mariés à des aryennes avant l'adoption des Lois de Nuremberg et l'interdiction des mariages mixtes. Mais vers la fin 1943, Theresienstadt n'était plus qu'un camp de transit, une étape avant de bourrer les wagons à bestiaux à destination d'Auschwitz.

Bien qu'on leur fasse subir un tel traitement, les Juifs de Theresienstadt ne firent pourtant l'objet d'aucune sélection. On les emmena au *Familienlager*, le camp familial. Il se situait dans la section BIIb d'Auschwitz-Birkenau, près du Bloc de quarantaine que je ne connaissais que trop bien. J'imagine que certaines personnes devaient haïr les Juifs de Theresienstadt. Parmi les membres du *Rampenkommando*, nous avions presque tous perdu nos familles – les êtres chers qui n'avaient pas passé la sélection et étaient partis à la chambre à gaz. Et pourtant, il existait des familles qui avaient non seulement survécu mais qu'on maintenait en détention ensemble. Je me demande souvent si ce n'était pas une des formes de torture les plus sophistiquées conçues par les SS. Ils installèrent même une crèche, une école maternelle pour les petits, et les plus grands imprimaient un journal, organisant des spectacles de marionnettes. Les rumeurs de meilleures rations de nourriture au camp familial et d'absence de travail de force qui nous parvenaient avaient le don de nous taper sur les nerfs. C'était de la propagande, bien entendu. Nous ne le savions pas à l'époque, mais entre 1943 et 1944, la guerre prenait un tour défavorable pour le Reich. Ils commençaient peut-être déjà à prendre leurs précautions ; ou peut-être désiraient-ils faire bonne impression auprès des envoyés de la Croix-Rouge dont les délégations débarquaient de temps à autre. Regardez, disaient sans doute les SS, voici le « terrifiant » camp de concentration d'Auschwitz-Birkenau, où les enfants chantent des chansons dans des salles de classe décorées avec des scènes de contes de fées, où tout le monde porte ses vêtements civils en étant convenablement nourri ; racontez donc *ça* au reste du monde.

Mais ce traitement particulier ne dura guère. Le camp familial appartenait à une section voisine de la nôtre, juste derrière les barbelés, et je vis les femmes du camp violées par les *Kapos* et les *Blockälteste*. Ils repéraient la plus jolie et la poussaient contre une cloison de baraquement avant de la trousser et de la forcer.

Un autre groupe reste gravé dans ma mémoire ; il se composait de plusieurs dizaines de jeunes hommes, des gentils polonais, débarqués un après-midi. L'information se répandit rapidement. Il s'agissait de partisans, combattants ennemis du Reich. Nous savions tous à quel point il s'agissait de mots creux. Les Juifs orthodoxes de Bedzin dérouillés à coups de crosse de pistolet et abattus à la mitrailleuse par les *Einsatzgruppen* avaient été eux aussi appelés « partisans » – ce n'était qu'une propagande de plus, destinée à donner au monde une sorte de justification des atrocités nazies ; nombre de ces « partisans » étaient des femmes et des enfants. Ces nouveaux venus ne subirent pas les mêmes procédures d'enregistrement – ni tonsure, ni tatouage. On se contenta de les rassembler dans un coin du secteur de quarantaine et de les faire patienter. Pour notre part, nous étions évidemment consignés dans nos baraquements, tous verrous cadenassés, mais j'eus le temps de voir ce qui se passait avant qu'on nous enferme. Une équipe de *Kapos* se groupa, sous les ordres des SS, autour des nouveaux venus, armés de pelles, de pioches et de gourdins qu'ils firent pleuvoir sur les têtes des prisonniers. Ils les jetaient contre les barbelés électrifiés, provoquant crépitements, éclairs bleus, et odeur de vêtements et de chair brûlés. Lorsqu'un homme était précipité à terre à coups de matraque, un *Kapo* lui posait un manche de pelle en travers de la gorge et montait dessus pour lui écraser la trachée. Ces partisans étaient loin d'être des Juifs de ghetto *Muselmänner,* incapables de se battre. Une échauffourée avait sans doute éclaté, raison pour laquelle nous étions consignés dans les baraquements. Les SS n'avaient aucune envie de faire face à une émeute générale. Le matin suivant, les traces des événements de la veille étaient visibles. Un grand tas de corps empilés se dressait entre les baraquements, crânes fendus et vêtements déchiquetés. Les *Kapos* ne présentaient que peu de séquelles de la bataille, ce qui n'avait rien d'étonnant puisqu'ils étaient en possession des armes. Nul doute que si la situation avait dégénéré, les armes à feu des SS les auraient secourus.

Ces rituels épouvantables avaient lieu à répétition, et le seul survivant dont j'ai connaissance est Anton Czortek, plus connu sous le surnom de Kajtek. C'était déjà une légende de la boxe en Pologne avant-guerre, un champion olympique qui avait concouru au Jeux de Berlin en 1936. Les SS le gardaient en vie pour se distraire. C'était un poids coq, mais ils lui opposèrent des adversaires plus lourds que lui au moins une quinzaine de fois. Encore une occasion de paris sportifs pour les SS qui regardaient le combat, sifflant et acclamant leur favori. Kajtek leur tenait lieu de gladiateur de la Rome antique. Pour lui, chaque combat était un combat à mort, puisque s'il perdait, les SS lui promettaient de l'abattre.

Après la torture du rituel d'initiation au Bloc de quarantaine, la vie sur la Rampe avait ses avantages. Un peu comme à l'usine de Killov à Bedzin, il nous arrivait d'avoir des temps morts, le dimanche après-midi. Les trains arrivaient régulièrement, mais il y avait des creux. Le camp était d'une tranquillité inquiétante, à ces instants-là. À certains moments, un souffle de vent nous apportait un écho des accords joués par l'orchestre du camp. Faut-il le préciser, toujours de la musique allemande. Rassembler les habitants des ghettos prenait du temps, les rompre au fonctionnement d'Auschwitz-Birkenau en prenait davantage encore. Pendant les intervalles désœuvrés, les *Kapos* organisaient des matches de football, des compétitions de boxe ou de lutte auxquels il nous était permis d'assister. Les lutteurs grecs détenaient la vedette, bien sûr, les SS et les *Kapos* entraient en pleine effervescence, dans ce genre d'occasions. Et l'argent des paris changeait de mains.

On respira un air de liberté d'avant-guerre à peine croyable, une montée d'enthousiasme, lors d'une de ces journées consacrées aux « jeux ». Un Juif de Bedzin me chuchota : « Devine ?… Nunberg est ici !… »

Je me souvenais très bien de ce héros du football. J'avais souvent assisté à des matchs où il jouait au stade de Hakoah, dans ma ville natale, et j'étais un de ses fans les plus fervents. C'était probablement le meilleur gardien de but de Silésie et de Pologne. Grand, blond, musclé, il aurait pu facilement passer pour un aryen, bien qu'il soit juif, et qu'il ait travaillé avant-guerre pour un des riches industriels de confession israélite, peut-être pour Fürstenberg à Bedzin, disposant de tout le temps nécessaire à son entraînement sportif. Dans le chaos des ghettos et de leur liquidation, je ne sais pas quel fut le parcours de Nunberg. Il n'avait pu arriver par le même train que moi, sinon j'aurais su qu'il était là au Bloc de quarantaine. Pourtant, ce dimanche, Nunberg la légende allait montrer son talent, dans un match opposant les Juifs aux gentils.

Les SS apparurent en force sur l'*Appellplatz*, transformée provisoirement en terrain de football. Des huées et des quolibets antisémites s'élevaient dans les gradins et je revins par la pensée aux jours de mon enfance quand on affrontait les gentils dans ma ville natale. Évidemment, je n'assistais là qu'à une parodie venimeuse du passé, revu en un éclair dans le sombre miroir de l'Holocauste. Je me souviens être resté debout en bordure du terrain pour apercevoir le gardien de but juif lorsqu'il ferait son entrée. Mais le grand type rieur avait disparu et Nunberg n'était plus qu'un *Muselmann* poussif au pas traînant, le regard fixe et les yeux enfoncés dans un visage gris, aux traits tirés. Il avait l'air égaré, incapable de suivre le jeu, et à peine capable de rattraper un ballon. Je ne me souviens plus du score, mais j'ai une idée assez précise de qui avait remporté le match. Quelques jours plus tard, nous apprîmes que Nunberg était passé à la chambre à gaz. Il ne signerait plus jamais d'autographes.

Je travaillais sur la Rampe depuis environ cinq semaines, lorsqu'un prisonnier politique m'approcha.

Il n'était pas de mon baraquement, ni même de mon Bloc, et il s'appelait Manfred, lui aussi. On était rarement affublé d'un surnom à Auschwitz-Birkenau, à moins d'appartenir aux SS, auquel cas le rang hiérarchique servait invariablement de préfixe. Cet homme avait-il entendu mon nom sur l'*Appellplatz*, ou bien l'avait-il vu sur un registre, quoi qu'il en soit, il me demanda si je connaissais Moyshe Pivnik, le tailleur de Szopoenice. Je me demande aujourd'hui encore pourquoi j'ai répondu par l'affirmative, mais ce Manfred avait quelque chose qui m'inspirait confiance, et ce lien avec mon oncle Moyshe représentait beaucoup pour moi.

Je mentis. Je lui déclarai que Moyshe était mon père. Il dit qu'il l'avait connu longtemps avant la guerre. Cet énigmatique point commun me resta en mémoire des jours durant, mais je ne parvenais pas à mesurer son importance. Manfred était un gentil, un *Blockältester*, et je n'avais aucune raison de lui faire confiance, pourtant c'était le cas. Sans que je puisse me vanter d'avoir des relations en haut lieu, savoir qu'un *Blockältester* était de mon côté me rassurait, étrangement.

Durant toute ma détention à Auschwitz-Birkenau, j'ai tenté – comme nous le faisions tous – de garder un semblant de dignité. Ce qui se retrouvait dans la manie de propreté des SS et des *Kapos*. Ils avaient même un assistant responsable de ces choses-là dans chaque baraquement. Les SS étaient terrorisés par le typhus et la fièvre typhoïde, ils avaient décrété que le récurage incessant, la tonsure et l'épouillage étaient les moyens de tenir ces fléaux à distance. L'image des camps de concentration répugnants avec des *Muselmänner* vautrés dans leur pisse et leur merde est due en partie au spectacle qui a traumatisé les troupes alliées lors de la libération des camps en 1945, quand les SS avaient déjà pris la poudre d'escampette et que les *Kapos* cherchaient frénétiquement à filer à l'anglaise eux aussi, ou bien à minimiser le rôle qu'ils avaient tenu au camp.

Le site d'Auschwitz-Birkenau était plat et marécageux, le terrain, l'atmosphère étaient souvent boueux et humides en automne et en hiver. Cependant, il était loin d'en aller de même dans les baraquements. Nous frottions la charpente et plions les couvertures quand on nous en donnait. Nous étions 744 par baraquement et faisions de notre mieux pour les maintenir les plus propres possible. De temps en temps, on nous accordait le luxe d'une douche chaude. Chaque fois que je me servais d'un savon dur et blanc, je me demandais de quoi il était fait. Les historiens, de nos jours, ont décidé que l'affaire du savon fabriqué avec la graisse des cadavres n'était qu'un slogan de propagande antinazie. Je souhaite qu'ils aient raison.

Parmi les tentatives pour garder un semblant de dignité, un mouvement de résistance souterrain s'était formé dans le camp. Je n'en faisais pas partie, mais des rumeurs parvenaient jusqu'à moi. Ce mouvement se composait principalement de gentils polonais détenus ici depuis le début, avant mon arrivée, mais beaucoup d'individus qui refusaient de se soumettre préféraient se révolter seuls. Vers la fin octobre 1943, nous fûmes consignés une journée parce qu'un SS avait été tué. Un convoi de Juifs avait fait son entrée en gare, en provenance du camp de concentration de Bergen-Belsen, et, pour une grande majorité, ils avaient été conduits aux crématoires II et III. Une rixe éclata dans la colonne des femmes. D'après la version des événements qu'on me donna, il se trouvait dans ce convoi un certain nombre de riches Juifs occidentaux qui avaient graissé la patte des SS grâce aux considérables ressources dont ils disposaient encore, dans le vague espoir d'être autorisés à filer discrètement vers la Suisse. Le SS en question avait bien sûr fait main basse sur l'argent, avant d'expédier ses anciens propriétaires à Auschwitz-Birkenau par voie de chemin de fer. Une femme consciente de ce qui allait se produire se lança dans un strip-tease au profit des SS. Cette femme avait été danseuse avant toute cette folie et deux hommes, l'*Unterscharführer* Josef Schillinger et le *Rottenführer* Wilhelm Emmerich, furent captivés par ses mouvements ondulatoires assez longtemps pour qu'elle s'empare du pistolet de Schillinger dans sa gaine et fasse feu plusieurs fois sur les deux Allemands. Puis elle retourna dans la foule des femmes à demi nues et une bagarre éclata, pendant laquelle la tâche ardue et sans gloire d'évacuer leurs camarades blessés et le *Sonderkommando* échut aux SS.

Ils gazèrent immédiatement celles qui étaient déjà dans la chambre, et fauchèrent les autres à la mitrailleuse. Je n'ai jamais réussi à retrouver le nom de cette femme, mais elle devint une héroïne pour nous tous, d'autant plus que la rumeur avait brièvement circulé qu'elle avait tiré sur Karel Kurpanik. Schillinger se vida de son sang et périt pendant le trajet vers l'hôpital, Emmerich boita pour le restant de ses jours.

Cet automne-là, la révolte était dans l'air. Peu de temps après l'incident Schillinger, un Juif français nommé Ulick, qui était *Kapo*, acheta un SS avec des bijoux pour qu'il le mène au-delà du dernier grillage électrifié. Nous n'entendîmes pas le moindre bruit pendant deux jours et deux nuits, consignés dans nos baraquements cadenassés de l'extérieur et il fallait chier dans un coin. Au bout de deux jours, l'évadé fut rattrapé, on le ramena au camp – je vois mal comment un Français aurait pu se fondre facilement dans la Pologne occupée – et les SS l'interrogèrent comme eux seuls savaient le faire.

Lors de l'appel suivant, Ulick fut le centre de l'attention. Je ne me souviens plus du discours menaçant qu'on nous tint, pendant que nous attendions alignés, frissonnants. Je ne me souviens que du visage marbré de coups et gonflé lorsqu'on le força à s'agenouiller devant nos rangs. Un SS lui tira une balle dans la nuque et il s'effondra en avant, le sang jaillissant de son crâne. Mais nous revîmes Ulick. Les SS le pendirent au-dessus de l'*Appellplatz* et le laissèrent s'y balancer pendant des jours en guise d'avertissement.

Pendant longtemps, j'ai cru qu'il existait une trace photographique à peine croyable de mon passage sur la Rampe. Parmi les photographies montrant l'arrivée des prisonniers à Auschwitz-Birkenau, il en est une avec au premier plan des SS et les wagons à bestiaux immobiles derrière une foule de nouveaux arrivants en émoi. On voit quelques hommes en tenue rayée – le *Rampenkommando.* Et, à l'extrême gauche, apparaît un garçon de profil, attendant de se mettre au boulot après la fin des sélections. Certains de mes amis m'ont contacté voilà quelques années pour me dire qu'ils pensaient m'avoir reconnu. Ce garçon semble un peu trop blond, peut-être – j'ai toujours eu les cheveux foncés –, bien que ce ne soit pas évident à cause de la tonsure. Mais ce gamin ne peut être moi. Cette photo fait partie d'un album appartenant à un SS du camp de concentration de Dora-Mittelbau, retrouvé dans un placard après la libération. Comment cette photo est-elle arrivée là ? Je n'en ai aucune idée, parce qu'elle a été prise à Auschwitz-Birkenau et, pure coïncidence, la femme qui l'a trouvée était elle aussi une survivante d'Auschwitz. C'était une Juive hongroise nommée Lili Jacob, qui n'avait débarqué sur la Rampe qu'en mai 1944 et la photographie constitue le seul document qui témoigne de l'arrivée de sa famille à Auschwitz. J'avais déjà quitté le camp, mais je me demande souvent qui était ce garçon, ce sosie du *Rampenkommando.* J'espère qu'il s'en est sorti.

Je fus à deux doigts de ne pas m'en sortir moi-même à plusieurs reprises. Je ne fus jamais aussi près d'y passer qu'en décembre 1943. Je contractai alors le typhus, la fièvre juive, selon les SS, et je m'étonne aujourd'hui d'avoir résisté si longtemps. Le surpeuplement était effrayant. J'ai vu un inventaire daté de janvier de cette année-là, passant en revue vingt et un blocs considérés comme des quartiers d'habitation. Le Bloc 2, semblable à tous les autres, comptait deux cent trente-quatre lits et sept cent deux matelas – parfait, pouvait-on penser, mais on dénombrait mille cent quatre-vingt-treize prisonniers dans ce Bloc. Je n'eus ni l'idée, ni l'occasion de prendre des mesures, mais nous étions claquemurés dans un espace de moins de deux mètres cubes par tête. De la paille humide, des planches pourries, des rats, tout cela devait faire partie du mode de vie des *Untermenschen*.

Je m'effondrai donc un beau jour sur la Rampe, comme tant d'autres, victimes d'un état de choc, d'épuisement ou d'une crise cardiaque, ou encore du déchaînement des SS à la moindre incartade. On m'emmena vers la salle d'attente de la chambre à gaz. Je dus faire face à l'Ange de la Mort. Et vous avez lu plus haut ce qu'il advint de moi.

Allongé sur ce lit d'hôpital, le cœur battant, les joues maculées de larmes, je me mis à croire aux miracles. L'Ange de la Mort m'avait laissé vivre. Seul l'accès de rationalité froide qui suivit au cours de la nuit me poussa à me demander si le *Blockältester* Manfred n'était pas l'explication du miracle. Il n'avait aucun poids auprès des SS, surtout auprès de quelqu'un d'aussi motivé et concentré sur ses objectifs que Mengele, mais il jouissait d'une certaine influence sur les infirmiers. Il suffisait d'un hochement de tête, d'un nom rayé sur un registre, d'un peu d'*organisation*, et j'échappais à une nouvelle sélection.

Si ça ne s'est pas passé comme ça, alors il faut croire que c'était mon jour de chance ou peut-être, oserai-je y croire encore si longtemps après, une forme d'intervention divine.

J'imagine que je suis resté à l'hôpital pendant trois ou quatre jours, reprenant des forces progressivement en raison de la relative qualité de la nourriture. Puis on me transféra. Je m'attendais à retourner au *Rampenkommando*. C'était un travail accablant, tragique : « Dis-leur que tu as dix-huit ans. Dis-leur que tu peux travailler. » Au fil du temps, j'étais devenu aussi expérimenté en sélection que Mengele lui-même, dans ma tête, tout au moins. De son côté, il continuait à pratiquer cette compétence sur des prisonniers en chair et en os ; Kurpanik en faisait autant. Mais le boulot sur la Rampe avait été attribué à quelqu'un d'autre et l'on me ramena aux baraquements et aux grillages du Bloc de quarantaine qui m'étaient familiers. L'*Unterscharführer* Karel Kurpanik me charmerait une fois de plus par son hospitalité.

Mais j'avais mûri à présent, et je savais ce qu'il en était. J'étais à Auschwitz-Birkenau depuis six mois, je savais baisser la tête et éviter les ennuis. Autour des baraquements, la terre avait été aplanie, au prix de Dieu sait combien de vies humaines et, au cours de cet hiver mordant où la neige gelait, nous n'avions curieusement pas grand-chose à faire. Un jour, sans doute en janvier 1944, je traînais en regardant alentour, lorsqu'une scène étrange attira mon regard. Un groupe de femmes creusait une tranchée à l'aide de pelles et de pioches, surveillées par leur *Kapo*, comme toujours. Nous ne voyions des femmes que rarement à Auschwitz, en dehors de celles de la Rampe. Leur quartier était situé plus loin à l'ouest, derrière la voie de chemin de fer, près des chambres à gaz et des crématoires II et III. Elles avaient dû subir les mêmes épreuves que nous, me dis-je. Elles portaient des vêtements trop grands, des sabots grossiers, et des foulards sur leurs têtes tondues pour leur donner un air plus humain. Elles n'avaient jamais travaillé avec les Rampe ou *Sonderkommando*, mais sous tous les autres aspects, leur vie avait dû être aussi malheureuse que la nôtre. En les observant ce matin-là, tout en m'assurant de ne pas être repéré par les SS ou les *Kapos*, je ne cherchais ni ma mère, ni Hendla. Je savais que c'était inutile.

En réalité, ce qui me figea sur place, c'était la *Kapo* des femmes, parce que je la connaissais. Elle était originaire de Bedzin, c'était une de mes cousines éloignées et elle s'appelait Gutscha.

Elle m'aperçut quasiment à la même seconde et se dirigea vers le grillage. « C'est toi, Szlamek Pivnik ? »

Le son de sa voix, le sourire sur ses lèvres me précipitèrent vers une époque que je savais perdue à jamais. Je hochai la tête, incapable de prononcer une parole.

Elle remercia Dieu que je sois encore en vie. Elle

en savait suffisamment long sur le camp pour ne pas poser de questions sur ma famille. Elle s'approcha de la grille électrifiée autant qu'elle l'osait. Elle était peut-être *Kapo*, mais en s'adressant à un prisonnier masculin, sinon pour lui donner un ordre, elle risquait sa vie, et elle me déclara qu'il fallait que je réussisse à m'enfuir, que nous serions tous massacrés, ici. Il fallait que je saisisse la moindre occasion pour prendre la poudre d'escampette. Est-ce que je comprenais bien ce qu'elle disait ? Je n'avais toujours pas parlé, toujours pas bougé. Elle ajouta que je devais me porter volontaire pour le travail. Elle me fit promettre que je le ferai.

Je retrouvai ma voix.

— Oui, fis-je en hochant la tête, je promets.

— Bien, opina-t-elle en souriant. Vas-y, maintenant. Ne te fais pas repérer en train de me parler.

Et elle se détourna, beuglant des ordres aux femmes qui raclaient la terre gelée.

« Ils vont tous nous massacrer, ici. » Je le savais déjà, comment aurais-je pu l'ignorer ? Mais quelque chose dans la façon dont elle l'avait exprimé, et dans ce qu'elle m'avait demandé de faire, m'intriguait. Me porter volontaire au travail. Les alternatives essayées par certains, cogner à coups de pelle, foncer au galop pour passer le fil électrifié du périmètre et les miradors, loin de constituer au fond des tentatives d'évasion, équivalaient à un suicide pur et simple, garantissant une balle dans la peau, l'électrocution sur le grillage, ou bien la promenade vers la chambre à gaz…

Dans l'univers démentiel d'Auschwitz-Birkenau, ça tenait debout.

VIII

La Mine du Prince

L'occasion survint au mois de janvier, je crois. À Auschwitz, on ne se portait pas volontaire. Rien à voir avec l'école, quand on lève le bras pour répondre à une question : « Moi, monsieur ! S'il vous plaît, monsieur ! » Pour conserver son « moi » à Auschwitz, pour rester vivant, il fallait baisser la tête, se taire, ne croiser aucun regard. C'était ce qu'attendaient les SS sur leurs piédestaux aryens et c'est exactement la règle de conduite que suivaient les prisonniers. Le seul « progrès » envisageable à Auschwitz s'accomplissait par la sélection ; le choix d'un autre. Le plus cauchemardesque entretien d'embauche – aucune idée de ce que veulent les sélectionneurs. Il ne restait qu'à s'en remettre à sa bonne étoile.

Je me souviens que nous frissonnions dans la neige par une matinée glaciale de janvier pendant l'appel, le froid mordant des rafales de vent traversant nos minces vestes rayées, la vapeur de nos souffles s'échappant en volutes dans l'atmosphère. Des visages gris sous un ciel gris. J'aperçus Kurpanik de l'autre côté de la place, en grande conversation avec un autre SS, enveloppé dans un manteau gris au col relevé. J'étais toujours sur le qui-vive avec Kurpanik, l'homme qui hante mes cauchemars aujourd'hui encore. Ce matin-là, c'était rassurant de savoir qu'il se tenait à plusieurs mètres de distance, trop loin pour me frapper.

Je me surpris à observer, du coin de l'œil, sur mes gardes, le SS qui l'accompagnait. Je l'avais déjà vu, sur la Rampe et dans le camp. Il avait dans les quarante-cinq ans, j'imagine, le cheveu encore blond sous la casquette ornée de la tête de mort, droit comme un I, les épaules larges. Ne l'ayant jamais côtoyé de près, je ne m'étais pas rendu compte qu'il n'avait plus qu'un œil, celui manquant ayant été remplacé par un œil de verre fixe, souvenir de la guerre à l'Ouest contre les Britanniques en 1940. Mais je connaissais son nom et sa réputation. Il s'agissait de l'*Hauptscharführer* Otto Moll, responsable des chambres à gaz et des crématoires à Auschwitz-Birkenau.

Je fus secoué par un haut-le-cœur lorsque Kurpanik interrompit sa conversation avec lui et marcha vers nous, la glace crissant sous les semelles de ses bottes. Il marmonna quelque chose d'inaudible à notre *Kapo*. Le début d'une nouvelle sélection ? Nous pensions tous la même chose : à quoi voulaient-ils jouer au juste, aujourd'hui ? La panique montait chez nous tous, mais personne ne faisait mine de bouger. Sortir du rang signifiait se faire abattre d'une balle. Dans l'univers dévoyé d'Auschwitz, ça au moins, ça tenait debout. Quand on enfreignait les règles, on était mort. C'était aussi simple que ça. Le reste se réduisait à une sélection artificielle.

« Toi. Toi. Toi. » Le *Kapo* écuma nos rangs et désigna cinq, six, sept hommes. Quand il eut choisi le huitième, il était clair qu'il ne s'agissait pas de les expédier à la chambre à gaz ou au crématoire. Il sélectionnait les plus robustes et les plus vigoureux d'entre nous. À

Auschwitz, évidemment, c'était relatif, mais nous avions perdu depuis longtemps toute capacité de comparaison avec le monde extérieur ou avec celui de notre passé.

Le *Kapo* parvint à ma hauteur. J'avais dix-sept ans et je mesurais peut-être un mètre soixante. Dieu sait quel était mon poids. Il me regarda de bas en haut avant de passer au suivant. Pas de « toi » péremptoire. Je ne passais pas la sélection. J'avais la tête qui tournait. « Va-t'en, avait dit Gutscha, dès que tu pourras. Va-t'en, Szlamek. Ils vont tous nous massacrer. Va-t'en ! » Le groupe d'élus comptait peut-être cinquante ou soixante hommes, tous plus âgés et plus costauds que moi. « Va-t'en, Szlamek. Va-t'en ! » C'est précisément ce que je fis. Je sortis du rang et me collai au groupe des élus. Je ne regardais ni à droite, ni à gauche, je ne vis donc rien venir. Un gourdin manié par un *Kapo* de bonne taille s'abattit sans crier gare sur mon épaule. L'impact soudain et la douleur me firent vaciller. Le *Kapo* gronda : « Qui t'a dit de bouger, petit salopard ? »

« Laisse-le tranquille, entendis-je déclarer l'*Oberkapo* dans mon dos. S'il veut y aller, laisse-le. » Mon jour de chance. J'aurais pu être battu à mort. Encore du sang sur la neige. Encore un exemple pour terroriser tout le monde.

Les nazis étaient obsédés par le contrôle. Claquer des talons, saluer et faire son devoir soigneusement. Nous fûmes donc alignés une fois de plus, claquant des dents par cette froide matinée tandis que le *Blockschreiber* relevait nos matricules et les inscrivait dans le registre pour en rajouter aux tonnes de paperasse dont s'enorgueillissait encore le IIIe Reich, et qui constituait la mémoire du génocide. Puis on nous fit courir – sans doute pour prouver que la sélection par critères de robustesse était justifiée – sur la neige jusqu'au cantonnement des gardiens au nord de l'enceinte de quarantaine. J'avais mal à l'épaule, les pieds engourdis, les poumons prêts à éclater. Mais rien de tout cela n'avait la moindre importance. Nous sortions du camp. Nous quittions Auschwitz-Birkenau. Vivants.

Trois camions Opel gris étaient à l'arrêt derrière le portail de l'enceinte, le moteur en marche, les gaz d'échappement s'élevant en épaisses volutes dans l'air froid du matin. Il y avait une Jeep, aussi ; tous ces véhicules portaient des plaques d'immatriculation SS. Nous grimpâmes dans les camions, poussés ensemble, entassés comme dans un wagon de transport de bétail. Les ordres aboyés en allemand que nous connaissions si bien retentirent : « *Schnell ! Schnell !* » Les SS étaient partout, armés jusqu'aux dents. Puis l'un d'eux referma le volet blindé au fond du véhicule et poussa les verrous. Les vitesses grincèrent et les pneus patinèrent jusqu'à la route.

Nous pouvions voir le camp à travers la toile recouvrant les bords latéraux du camion, qui battait au vent. Le fil barbelé, les poteaux de béton, les rangées de baraquements et la fumée noire interminable qui s'échappait des crématoires. De quelle nouvelle folie s'agissait-il ? On nous emmenait au four directement, maintenant ? Ou bien avions-nous embarqué sur les camions de la mort dont nous avions entendu parler, qu'on emplissait de monoxyde de carbone ? Un instant de réflexion aurait chassé cette idée. On ne gaze pas les gens dans un camion dont les côtés sont bordés de toile.

Puis il s'écoula un certain laps de temps et Auschwitz-Birkenau n'était plus qu'un fantôme évanoui dans la brume. Nous étions secoués sur les routes verglacées et pleines de cahots de l'hiver polonais, et mordus par des rafales d'un vent tranchant, mais ça n'avait aucune importance. Nous étions vivants. Nous étions sortis d'Auschwitz. Et pour ma part, tout au moins, je retrouvais la beauté oubliée des forêts de bouleaux blancs.

Je ne me souviens pas de la durée du voyage. Je suppose que nous avons dû passer une heure et demie sur des routes gelées. D'une certaine façon, j'aurais souhaité que cela dure toujours. Quelqu'un a dit quelque part qu'il vaut mieux voyager dans l'espérance que de toucher au but, et cela s'appliquait certainement à ce trajet en camion.

Nous débarquâmes dans un nouveau camp, certes, mais il y régnait une ambiance différente de celle d'Auschwitz-Birkenau. Une atmosphère de travail, tendue vers un objectif. L'endroit était rectangulaire, entouré d'un haut mur de briques délimitant l'enceinte centrale. Les baraquements étaient des constructions de briques et de bois à un étage, qui semblaient neuves. Il y avait des miradors à chaque coin. Quoi qu'il en soit, ce lieu était sous l'autorité des SS. Quel sale tour avaient-ils encore en réserve ? se demandait-on. J'avais remarqué du matériel de mineur à notre arrivée, le genre de mâts de charge que j'avais vus à Bedzin. Il y avait une voie de chemin de fer et des quais, des locomotives qui grondaient et crachaient de la fumée. C'était une mine de charbon.

Les détenus étaient semblables à nous. Des spectres en tenue rayée qui allaient et venaient sous l'œil vigilant des SS en treillis de combat, fusil ou pistolet-mitrailleur sous le bras. Et puis, ça ne pouvait pas manquer, tout recommença. Ils nous avaient tous comptés au départ d'Auschwitz-Birkenau, ils recommençaient à notre arrivée ici. Nos rangs s'alignaient, figés, dans l'enceinte centrale. Puis nous eûmes droit à une douche chaude avant l'épouillage. On ne se rend pas compte à quel point l'eau chaude est un régal à moins d'en être privé. L'épouillage laissait à désirer, indice qu'ils avaient besoin de nous vivants. Petits signes d'optimisme. Petits éclairs de vie.

Je fus examiné par le médecin du camp, évitant de croiser son regard, bien que l'homme qui me faisait face ne fût pas Mengele. Nous n'étions pas à Auschwitz-Birkenau. Un infirmier me fit ouvrir la bouche et lever les bras. L'examen était plus méticuleux que le négligent « Toi. Toi. Toi » d'Auschwitz. Nous étions dans un camp de travail, ça ne faisait aucun doute. Si nous ne passions pas la sélection, ils nous enverraient directement aux fours. La question que je me pose est de savoir si j'aurais alors prêté autant d'attention aux bouleaux qu'à l'aller.

Lors de cette première journée, on nous attribua des baraquements. Je remarquai, comme tout le monde, qu'à l'intérieur les murs étaient maculés de longues traînées brunes. Du sang avait dégouliné en rigoles jusqu'au sol. Des gens avaient été tués ici, récemment et en grand nombre.

Cette nuit-là, j'appris où nous étions. Cet endroit est aujourd'hui impossible à retrouver sur une carte, bien qu'une association du mémorial de l'Holocauste ait souhaité le signaler en dressant une grande croix dans la forêt. Connu sous le nom de Fürstengrube, qui signifie la *Mine du Prince*, il était l'un des nombreux sous-camps dépendant d'Auschwitz-Birkenau et servant à l'industrie. Longtemps avant la guerre, le lieu s'appelait Harceska, une petite ville minière typique dont il avait fallu fermer les galeries où l'on extrayait de la houille parce que devenues dangereuses. C'était situé près du village de Wesola, dont la ville la plus proche était Myslowice. Je ne me rendais pas bien compte où j'étais à l'époque et tant mieux, cela aurait rendu la détention plus dure encore. Je ne me trouvais pas à plus de seize kilomètres de Bedzin. Au bon vieux temps, j'aurais pu prendre un train et être en moins d'une heure dans la rue Modzejowska avec mon père et ma mère et Hendla et Nathan peuplant mes rêves… Il valait vraiment mieux que je n'en ai rien su.

Des mines comme Fürstengrube avaient retrouvé vie lorsque les Allemands avaient envahi la Pologne. Des mines pas rentables, des scrupules concernant des galeries et tunnels dangereux, tout cela appartenait à un monde révolu, libre et en paix. Rien de tout cela n'avait d'importance en 1944. Le géant industriel I. G. Farben avait rouvert la mine trois ans auparavant. Le charbon extrait servait à la fabrication de caoutchouc pour l'effort de guerre.

Aucun d'entre nous n'appréciait notre nouvelle situation à sa juste valeur. Nous faisions désormais partie d'une force de travail, et en tant qu'esclaves nous participions à l'économie allemande. Tandis que Hermann Goering, à Berlin, réclamait des canons plutôt que du beurre, les galeries sans merci de Fürstengrube extrayaient du charbon sans relâche pour qu'il soit transporté à l'usine Morowitz où il subissait toutes les transformations chimiques nécessaires. Les SS comptaient quatre Marks par jour pour un travailleur non qualifié comme moi et six pour un travailleur qualifié. Cet argent n'a jamais été versé pour payer le moindre salaire, et fort peu servait à l'entretien de la mine. Les SS s'imaginaient disposer d'une source de main-d'œuvre corvéable à merci, inépuisable et aisément remplaçable.

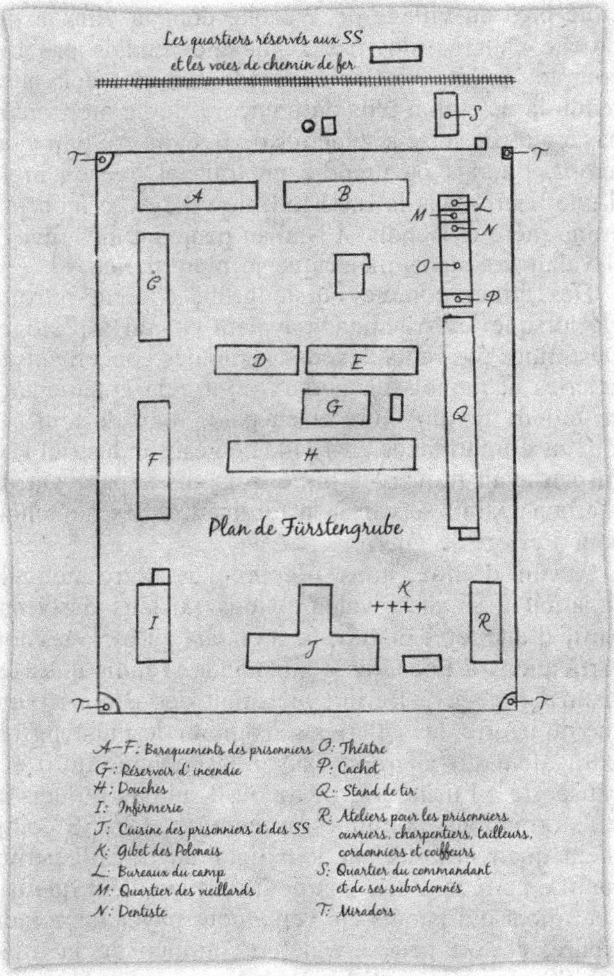

Plan de Fürstengrube.
À partir d'un dessin de Hermann Josef, 1965

Ils avaient entamé les premiers travaux sérieux à Fürstengrube à l'été 1943 et des travailleurs juifs avaient construit le camp sous la menace de leurs armes. Quelques semaines plus tard, ils avaient été expédiés ailleurs, et d'autres esclaves comme nous furent transférés d'Auschwitz I et de Birkenau. On côtoyait aussi des Russes, des prisonniers de guerre de l'Armée Rouge de Staline. Une ironie de l'Histoire qui ne nous échappait pas, à nous autres Juifs polonais. En 1939, la *Wehrmacht* avait pu envahir la Pologne à cette vitesse parce qu'ils savaient que leur avant-garde n'aurait pas à affronter les Russes, qui avaient déjà accepté de partager le pays avec les Allemands. La balle avait changé de camp, maintenant, et ces hommes étaient les prisonniers de leurs anciens alliés.

Les conditions de vie à Fürstengrube ne différaient pas beaucoup de celles d'Auschwitz-Birkenau. Si les baraquements étaient plus récents, ils étaient spartiates et rudimentaires. Nous vivions dans un bâtiment rectangulaire au centre de l'enceinte abritant spécifiquement les travailleurs qualifiés. L'école de maçonnerie voisinait avec les ateliers des bottiers et des tailleurs. Nous étions entassés comme des sardines sur des triples couchettes et les « lits » consistaient en un sac de toile rempli de paille. Les couvertures, tissées avec du fil de fer barbelé, on l'aurait juré, étaient en toile de jute. La nourriture n'avait pas changé non plus – le petit-déjeuner offrait de l'ersatz de café, à base de gland ou d'orge. On s'en servait pour faire passer une seule tranche de pain et un morceau de saucisson. On avait encore droit à du café le soir en consommant la soupe délayée de pommes de terre ou de navets.

Mon premier boulot ressemblait à celui que je venais de quitter – accueillir les nouveaux venus. La différence était qu'il n'y avait pas de wagons à bestiaux ici, pas de Rampe, et personne ne défilait en partance pour la chambre à gaz. Sous les ordres d'un gradé SS d'une vigilance sans défaut, j'étais responsable de l'ouverture et de la fermeture du portail principal au coin nord-est, au fil des allées et venues des véhicules SS. Au bout de quelques jours nous fûmes l'objet d'une nouvelle sélection. Comme toujours, nous nous tenions en rang, et toujours ce doigt pointé en avant dans l'arbitraire le plus pur. Mais il s'avéra que, pour une fois, ça n'était pas le cas.

Enfin, je retombais sur mes pieds. Si Fürstengrube était une échappatoire à l'enfer, la *Maurerschule* était une montée vers le paradis. On expédia un groupe à l'école de maçonnerie, pour y apprendre un métier. J'aurais pu finir par l'exercer à Bedzin si la guerre n'avait pas eu lieu, travailler pour les grosses industries de la ville. Il y avait des ateliers de menuiserie d'où s'élevait le bruit régulier du marteau et où flottait l'odeur du bois travaillé ; d'autres de maçonnerie où l'on découvrait les mystères de l'artisanat allemand, donné pour modèle, où s'agitait le drapeau orné du swastika ; et enfin de cimenterie où les bétonneuses malaxaient une lourde boue grise.

Dans l'atmosphère moins oppressante de la *Maurerschule*, certains d'entre nous tissèrent des liens d'amitié. Nous étions tous très méfiants, parce que les sélections étaient toujours aussi arbitraires, la violence toujours aussi présente, il ne semblait pas raisonnable de forger des amitiés durables. Nous avions tous perdu nos familles dans ces asiles de fous, nous ne tenions pas en plus à y perdre des amis. Quoi qu'il en soit, Henry Bawnik et moi nous liâmes d'amitié. On l'appelait Herzko et il avait les pieds plats. En matière de maçonnerie, nous entretînmes une rivalité cordiale dans les jours et les semaines qui suivirent.

Ainsi, Szlamek Pivnik, matricule 135913, devint maçon de première classe. J'appris à prendre des mesures exactes, à faire des croquis et des plans, à creuser les tranchées de fondation et à construire les murs qui, comme le Reich, mon employeur, allaient durer mille ans. Mon professeur faisait partie des maçons civils qui travaillaient sur le site. Après Auschwitz-Birkenau, imaginer ces hommes rentrer chez eux après leur journée de travail demandait pas mal d'imagination. Leur vie domestique n'était peut-être pas aussi normale qu'elle l'aurait dû, puisque, bien que nous n'en ayons rien su à l'époque, un étau infernal se refermait sur le IIIe Reich. L'Armée Rouge n'avait pas seulement tenu bon sous les assauts de la *Wehrmacht*, elle repoussait les Allemands et remportait victoire sur victoire. Même après tout ce temps, il me paraît étrange de ne pas me souvenir du nom de mon professeur en maçonnerie. C'était évidemment un SS, un caporal-chef *Volksdeutscher*, qui exerçait la profession de maçon en Silésie avant-guerre. Il n'était pas exactement gentil, mais il nous traitait comme des êtres humains, au moins. Il ne leva jamais la main sur un seul d'entre nous, ni n'éleva la voix, et si cette description rappelle celle de Mengele, on n'aurait pu toutefois imaginer deux hommes plus aux antipodes l'un de l'autre.

Pendant deux semaines, nous suivîmes les cours d'apprentissage à la *Maurerschule*, avant d'être envoyés sur les chantiers. Pour moi, c'était une expérience nouvelle, non seulement de travailler aux côtés d'artisans civils venus de toute l'Europe – parmi lesquels un nombre de Belges surprenant – et des Polonais autochtones, mais en jouissant d'un statut d'ouvrier qualifié. Ma valeur chez les SS aurait monté jusqu'à six Marks par jour si j'avais été au courant des cotes, mais cela se traduisit par un petit supplément de nourriture. On nous octroyait un *Prämienschein*, un ticket pour la cantine du camp qui nous donnait droit à de la soupe *épaisse*, du pain ou deux cigarettes. Celles-ci servaient bien sûr, comme dans toutes les prisons civiles du monde, de monnaie d'échange. Je ne les fumais pas – je ne pris cette mauvaise habitude que plus tard – et me retrouvai bientôt trafiquant au marché noir. Les cigarettes permettaient d'avoir accès à plus de nourriture parfois introduite en contrebande par les maçons qui franchissaient les portails quotidiennement. Ils étaient rarement fouillés, peut-être parce que les SS n'arrivaient pas à se représenter un chrétien polonais désireux de faire commerce avec un Juif.

J'imagine que j'avais dû faire impression sur quelqu'un, peut-être le maçon silésien, parce que dès qu'on commença à travailler pour de bon, je fus promu *Vorarbeiter*, contremaître. Comme dans tous les autres camps, il fallait respecter une stricte hiérarchie à Fürstengrube, c'était un souci à la fois allemand et nazi. Moll, le *Lagerführer* ou commandant du camp, trônait au sommet, une équipe de sous-fifres assumait diverses responsabilités – les ateliers professionnels, les cuisines, la sécurité et ainsi de suite. Sous leurs ordres, on trouvait les *Kapos*, tribu où se mêlaient les saints et les pécheurs – pécheurs la plupart du temps –, les fléaux de notre existence. Comme à Auschwitz-Birkenau, quand on tombait sur un bon *Kapo*, la vie était supportable. Mais quand on rencontrait un mauvais comme Rudi, par exemple… autant se jeter sur le grillage électrifié. La plupart de ces hommes venaient des classes laborieuses et avaient déjà démontré leur efficacité de travailleur au caractère impitoyable. Les *Kapos* gentils nous traitaient de salopards de Juifs matin, midi et soir. Les *Kapos* juifs étaient des criminels endurcis qui en voulaient à la société entière. Ils nous disaient des choses comme : « Tu mangeais du canard rôti chez nous et des pâtisseries pendant que je crevais de faim ! » Eh ben voyons ! J'ai arrêté de tenir le compte des canards rôtis que nous avions dévorés au ghetto de Kamionka !

Le *Vorarbeiter* n'était pas un poste très élevé dans la hiérarchie, mais je n'étais plus tout au bout de la chaîne. J'avais droit à une meilleure nourriture, une paire de chaussures à peu près convenable et quelque chose qui ressemblait à du respect de la part des nouveaux venus. D'un autre côté, vu mon âge, je ne savais que faire de ce minuscule pouvoir qui m'était accordé. C'était à double tranchant. À Fürstengrube, on était ou le problème ou la solution et je commençais à découvrir à quel point il était difficile de ménager la chèvre et le chou. J'avais des responsabilités, maintenant. Jusqu'à ce mois de février, je n'avais eu à me soucier que de Sam Pivnik. À présent, si quelqu'un tirait au flanc et que quelque chose se passait de travers dans mon équipe, un *Kapo* venait me voir : « Pivnik, mets-y bon ordre. Ce type-là. Corrige-le. » Le type en question pouvait être un ami. Peut-être qu'on avait partagé les mêmes lits superposés à Auschwitz-Birkenau, gelé côte à côte dans l'enceinte, transpiré ensemble en portant des briques jusqu'à ce que nos mains à vif se mettent à saigner. Je ne pouvais le sauver. Je n'étais pas en position d'administrer une petite réprimande. La tape sur les doigts n'existait pas à Fürstengrube, il n'y avait que le gourdin, les poings, les bottes.

Otto Breiten était l'une des huiles que Moll avait fait venir d'Auschwitz-Birkenau. Il était *Lagerältester* à l'époque de mon arrivée, et je n'eus jamais vraiment l'occasion de le connaître parce qu'il partit pour le front de l'Est en ce mois de février. Breiten était un prisonnier politique faisant partie de ceux qui jouissaient d'un statut supérieur au nôtre, pauvres Juifs et, en tant qu'ancien du camp, on lui témoignait beaucoup de respect. Ce mois-là, on envoya une circulaire dans tous les camps de concentration – tous les prisonniers politiques se portant volontaires pour le front seraient amnistiés. Il ne pouvait savoir ce que recouvrait réellement ce transfert. Comme la plupart des autres volontaires, il échoua dans la *Sturmbrigade Dirlewanger* SS, une des unités les plus abjectes et les plus sauvages de la Waffen-SS. C'était une bande de criminels lâchés sur la Biélorussie et la Pologne orientale sous le prétexte de mener la lutte antipartisans. Oskar Dirlewanger lui-même, cela devint de notoriété publique après-guerre, fut responsable de la mort de milliers d'hommes, de femmes et d'enfants à Wola, un faubourg de Varsovie, pendant le soulèvement. Breiten y participa probablement, parce que ces événements eurent lieu six mois après son départ de Fürstengrube.

La place de doyen du camp fut alors occupée par un *Oberkapo* au parcours fascinant. Il portait le triangle rouge des prisonniers politiques, mais il était en fait à moitié juif. Il s'agissait de Hermann Josef, que les Allemands appelaient toujours *Mischling*, le fruit d'un mariage mixte, et sa manie de toujours jeter un œil vigilant par-dessus son épaule était une séquelle de cet état de fait. Originaire d'Augsburg, en Bavière, où il avait exercé la profession d'architecte avant-guerre, il était né d'un père juif et d'une mère chrétienne. Dans l'obsession raciale, celle du sang qui caractérisait l'univers SS, cela faisait de Josef un citoyen de seconde classe. Et doublement, puisqu'il avait été membre actif du parti social-démocrate en Allemagne, fermement opposé (bien que libéral) aux nazis. Il approchait de la quarantaine, je crois, et il était cultivé. D'une taille au-dessus de la moyenne, il avait une prestance marquante, des manières aristocratiques, une élégance soulignée par des bottes de cuir coûteuses qu'il portait en permanence. Nous l'appelions Schwarz (le Noir), pour une raison que je n'ai jamais sue. Il comptait à nos yeux parce que c'était un lien entre nous et le *Hauptscharführer* Moll.

Mon chemin croisait peu celui de Moll et je m'en arrangeais fort bien. De près, son œil de verre faisait peur. Il consommait de la vodka à profusion et, quand il était saoul, se montrait dangereux et imprévisible.

Un jour, Moll fêta son départ vers un autre camp et il entendait bien prendre un peu de bon temps avant de quitter les lieux. Il était ivre quand un prisonnier passa un peu trop près de lui à son goût. Il poussa l'homme dans l'eau. Je ne pourrais dire s'il savait nager ou si l'eau glaciale l'aurait tué de toute façon. Je n'eus pas le temps de le découvrir parce que Moll sortit son pistolet de la gaine et l'abattit comme un poisson dans un bassin. Je restai figé sur place pendant un moment, avant de me rendre compte que je pouvais très bien servir de cible à mon tour au *Kommandant* et de filer sans perdre de temps. De nombreux SS abusaient de la boisson, surtout l'après-midi et le soir, et il n'est pas très difficile de comprendre pourquoi. Je ne ressens aucune compassion à leur égard après tout ce que j'ai vécu, mais ils étaient, je m'en rends compte à présent, piégés dans le même cauchemar que moi.

Moll avait été jardinier-paysagiste avant-guerre et je crois qu'il supervisa quelque temps les espaces verts d'Auschwitz-Birkenau avant que la tuerie ne prenne le pas sur tout le reste et qu'il ne devienne responsable des chambres à gaz. Il aimait regarder des matchs de football et, le dimanche après-midi, quand on nous accordait le seul repos de la semaine, on organisait des équipes et on jouait. Je soupçonne que les civils du site, qui mangeaient mieux et avaient plus d'énergie que le reste d'entre nous, pesaient plus lourds que nous dans la balance, mais je jouais parce que shooter dans un ballon symbolisait la réalité. C'était mon loisir favori d'enfant ; c'était ainsi que les gens « normaux » passaient leurs week-ends.

Quand j'avais bien joué, l'*Hauptscharführer* Moll me tapait sur l'épaule ou bien ébouriffait mes cheveux ras. Et ce fut ainsi, appris-je par la suite, que j'avais été sélectionné pour la *Maurerschule*. Ce n'était pas simplement le choix arbitraire d'un doigt pointé. L'*Oberkapo* Hermann avait fondé cette école pendant mes premiers jours à Fürstengrube. Or, Moll et lui, favorablement impressionnés par mes compétences de footballeur, favorisèrent ma sélection. Certains SS auraient été révoltés par la conduite de Moll – compter des favoris parmi les Juifs était impensable, et hors de question de les toucher. D'un autre côté, le souvenir du contact de sa main me donne la chair de poule aujourd'hui encore.

Je rampais quotidiennement à présent. On s'habitue à la pénombre sous terre, aux rats, aux effluves toxiques du charbon. Mais on ne prend jamais l'habitude de ne pouvoir se relever, de se déplacer courbé, ou d'avancer dans les ténèbres sur les coudes. J'ai un respect immense pour les hommes qui travaillent sous terre ; personnellement, je ne voudrais à aucun prix rééditer l'expérience. Nous faisions les trois-huit, de six à quatorze heures, de quatorze à vingt-deux heures, et l'équipe de nuit, de vingt-deux à six heures. J'étais d'équipe de nuit sous l'égide de Hans, le *Kapo*, un prisonnier politique chrétien portant l'étoile rouge. Il avait été mineur avant-guerre : il traînait deux jambes poussives et une hanche grinçante pour le prouver. Inutile de dire qu'il faisait de son mieux pour dissimuler ses petites imperfections aux yeux des SS sous une personnalité joviale et bon enfant. La composition de ces équipes nous rappelait qu'il existait un monde au-dehors, parce que des mineurs de toute l'Europe travaillaient à nos côtés, et que Hans avait été syndicaliste, avant que les nazis n'interdisent les syndicats. Le risque était toujours présent – l'infiltration d'eau goutte à goutte qui devient torrent, la planche qui craque et un toit qui s'effondre. À cela s'ajoutait notre statut de main-d'œuvre esclave, chair à canon. J'étais aussi noir que les mineurs eux-mêmes, les yeux bizarrement éclatants dans le masque de suie, et bien que mon boulot soit de vérifier les planches et les solives de la charpente, je respirais la même poussière qu'eux. Le charbon s'infiltre partout – dans le nez, dans les poumons. Il bouche les oreilles et s'enracine sous la peau. En revenant du travail, les SS nous obligeaient à chanter. Si on s'abstenait d'ouvrir la bouche ou loupait une mesure, on prenait un coup de crosse.

Dans une atmosphère confinée et surpeuplée comme celle-là, les accidents étaient fatals. Un soir – en mars ou en avril, j'ai oublié –, je réparais des solives. Un craquement retentit, presque un grondement dans la profondeur de la galerie. Quand on entend un bruit semblable, on se met à courir. C'est instinctif. On n'arrivera jamais à réparer ça, on ne peut pas supporter le poids du monde sur ses épaules, on déguerpit. Sauf que rien n'aurait pu me préparer à la vitesse terrifiante de ce qui suivit. J'avais à peine parcouru deux mètres que le toit s'effondra, la roche grise s'écrasa au sol dans un bruit sourd et des nuages de poussière noire. Je fus précipité sur le dos par l'impact, et mes jambes étaient plaquées au sol par les gravats. Je fermai les yeux, m'attendant à ce que le reste de la galerie s'écroule et m'enterre vivant. Mais le déluge prit fin. Les pierres roulèrent encore un peu, la poussière retomba au sol. J'avais perdu ma lampe et me retrouvais dans le noir absolu. Je n'osais bouger sous peine d'ébranler encore le tunnel.

Puis j'entendis les cris, le cliquetis des pelles et les coups de pioche répétés. « Par ici ! » cria quelqu'un, et les faisceaux des torches électriques balayèrent toute la galerie tandis qu'ils m'extirpaient du tas de gravats. J'avais le dos en miettes – je le sens encore de temps à autre – et je m'étais cassé une côte, ce qui me valut deux nuits à l'infirmerie. Le seul anesthésique dont ils disposaient était de l'aspirine, et je n'y eus droit que grâce à mon « rang » de *Vorarbeiter.* Ça n'atténuait pas beaucoup la douleur mais au moins, je savais que je m'en sortirais. Il n'y aurait pas d'Ange de la Mort planant à mon chevet en vue d'une nouvelle sélection.

Lorsque je frôlai la mort une nouvelle fois, c'était entièrement de ma faute, et cela me mena à un changement de statut que je n'eus pas à regretter tant que ça. Nous travaillions à l'air libre, à élever des échafaudages pour un nouveau bâtiment situé près de l'entrée principale. Les ingénieurs civils participant à l'aménagement d'une nouvelle mine étaient avec nous. J'entendis un branle-bas de combat et je partis m'enquérir de ce qui se passait. L'un des ingénieurs s'était cogné la tête à une barre d'échafaudage qui dépassait. Il dirigeait l'équipe des prisonniers de guerre russes, son crâne saignait, il n'était pas à prendre avec des pincettes. Il beugla dans ma direction et me traita d'abruti de sale youpin.

« Tu ne vois pas que c'est dangereux ? cria-t-il. J'aurais pu écoper d'une sérieuse blessure. »

J'aurais dû m'aplatir devant lui, bien sûr, baisser la tête, enlever ma casquette et marmonner des excuses. J'aurais dû alpaguer le type qui avait posé cette barre d'échafaudage par le col pour le traîner devant l'ingénieur et le dénoncer au *Kapo*. Mais il y avait deux mois que j'étais *Vorarbeiter* et ça m'était monté à la tête. J'envoyai paître l'ingénieur, sans réfléchir. « Vous auriez dû regarder devant vous ! » dis-je, prouvant du même coup qu'un youpin aussi pouvait hurler.

Il s'ensuivit un silence à couper au couteau. Personne n'avait le droit de parler à un ingénieur sur ce ton-là, un Juif moins encore que les autres, et il alla directement voir les SS, rapporter l'incident au *Rottenführer* Berger. Au ghetto ou dans les camps, les châtiments étaient la plupart du temps instantanés – une gifle, un coup de trique dans le dos, une balle dans la tête. Il ne m'arriva rien de tel. Je l'avais attendu toute la journée, et il eut lieu ce soir-là après l'appel. On m'escorta sur l'*Appellplatz* devant tout le monde. On m'attacha les poignets à un poteau en bois et on baissa mon pantalon. Impact maximum, humiliation maximum. Ils me traitaient comme un écolier indiscipliné, pas comme le *Vorarbeiter* d'une équipe de chantier. Le *Kapo* Wilhelm vint se placer derrière moi. Je voyais la canne dépasser de sa main et après le premier coup je ne pouvais plus regarder. J'avais encaissé quelques coups de règle de mes professeurs, quelques coups de ceinture de mon père, mais jamais rien de ce genre. Je serrais les dents, et des larmes de douleur coulaient le long de mes joues. J'étais condamné à vingt coups de canne, mais je perdis le compte au bout de cinq ou six. Je n'ai pas honte de dire que je perdis le contrôle de mes entrailles à un certain moment et que la merde me dégoulinait sur les jambes. Je n'y pouvais absolument rien, et je repensais à l'homme affligé de dysenterie au Bloc de quarantaine à mon premier jour à Auschwitz-Birkenau. Il avait été battu à mort. J'avais l'impression d'être sorti de mon corps et de regarder cet imbécile de youpin de Szlamek, incapable de la boucler. La leçon me fut profitable.

Je ne me souviens pas des gars de mon équipe qui m'ont ramené. Je pouvais à peine marcher et passai la nuit allongé sur le ventre, mon cul devait ressembler à un patchwork et mon dos me faisait souffrir le martyre. Il me fut presque impossible de me lever le lendemain matin, et j'eus besoin de tout le secours qu'on voulut bien m'accorder. Je me traînai jusqu'au Bloc des sanitaires qui n'était pas bien loin, mais qui me semblait à des kilomètres, et me laver se révéla un enfer. Se tourner à moitié pour essuyer le sang séché représentait une épreuve et j'aurais dû rester au lit. Bien entendu cela équivalait à un suicide et signifiait une nouvelle sélection. Les hommes incapables de travailler étaient quotidiennement renvoyés en camion à Auschwitz-Birkenau.

Je me tins aussi droit que possible pendant l'appel pour apprendre que j'avais perdu mon poste de *Vorarbeiter*. Je connaissais bien l'homme qui me remplaçait, Hersh Goldberg, âgé de vingt-cinq ans. Solidement charpenté, il arborait un teint rougeaud assez rare dans les camps. Il avait un frère, Yonnie, et un cousin, Shlomo. Une distance de presque deux kilomètres séparait notre chantier de l'entrée de la mine, et toutes mes forces allaient m'être nécessaires pour y parvenir.

« Szlamek, me murmura Goldberg quand nous nous mîmes en marche, glisse-toi à l'intérieur du groupe.

— Pourquoi ? » demandai-je, d'une naïveté intacte comme au premier jour, malgré des mois entiers passés dans les camps.

« Parce que le *Rottenführer* Berger cherche n'importe quel prétexte pour t'abattre, voilà pourquoi. »

Je ne me hasardai même pas à jeter un coup d'œil dans la direction du SS, un regard tenant lieu de prétexte suffisant pour être abattu. Berger était un officier SS de Silésie, et il me haïssait. L'incident de l'échafaudage avait achevé de le mettre à cran. Fürstengrube était différent d'Auschwitz-Birkenau. Aussi dures et déconcertantes qu'elles puissent sembler, il y existait des règles qui correspondaient à celles du monde extérieur. À Auschwitz, Berger se serait contenté de me coller une arme sur le crâne et d'appuyer sur la détente. Un pauvre diable quelconque des unités spéciales se serait chargé de me ramasser. Ici, il fallait une raison à Berger pour me tuer – traîner derrière l'équipe, ne pas marcher au pas pouvait suffire –, mais si j'étais en partie dissimulé par les autres, il lui serait plus difficile de me tirer des rangs pour me tirer dessus. Après tout, ne cessions-nous de nous répéter les uns aux autres, nous étions les travailleurs qualifiés du Reich. Tuer un ou plusieurs d'entre nous risquait d'affecter la productivité. Le *Hauptscharführer* Moll et Herr I.G. Farben n'auraient sûrement pas apprécié. La stratégie fonctionna et, après cet incident, je prêtai toujours une oreille attentive à ce que disait Hersch Goldberg.

La perte de mon poste de contremaître avait ses contreparties. En tant qu'ouvrier qualifié, j'avais encore droit au *Prämienschein*, et donc à la nourriture et aux cigarettes, avec leurs vertigineuses potentialités au marché noir. N'ayant plus à me soucier de l'équipe – c'était à Goldberg qu'incombait cette tâche, à présent –, je pouvais prendre du métier. Je me spécialisais dans les entrées, les coins et les fenêtres, je faisais profil bas. Et j'avais un assistant. Il était plus vieux que moi, un intellectuel, ancien professeur à l'université de Cracovie. C'était un prisonnier politique ou une sorte d'otage – on n'évoquait pas beaucoup ce genre de choses, on ne creusait pas trop profondément les histoires de chacun, à Fürstengrube. Son statut particulier lui permettait de recevoir du courrier de l'extérieur, y compris un colis de nourriture de temps en temps qu'il partageait parfois avec moi. Je pense que ça relevait de la conception SS de l'humour : un adolescent sans éducation de la classe laborieuse donnant des ordres à un universitaire. Il préparait le mélange du mortier, creusait et servait de portefaix sans se plaindre, et je ne sus jamais comment il s'appelait. Il est curieux de constater comme certaines petites civilités peuvent perdurer dans la barbarie absolue. Dans le monde extérieur, celui que nous avions connu en Pologne avant 1939, on se serait adressé à lui en employant la formule « *Panie* [1] ». Et c'est ainsi que je l'appelais à Fürstengrube, même lorsqu'il vacillait sous le poids des briques, couvert de poussière et de ciment. C'était un homme bienveillant. Et pour moi, ce fut toujours « *Panie* ».

Quelque bénéfice que je puisse tirer de mon statut

1. *Panie*, monsieur en polonais (vocatif), terme de respect.

d'ouvrier qualifié, il était impossible d'oublier où nous étions et ce qui se passait. Nous faisions toujours partie intégrante du complexe d'Auschwitz, et les ouvriers non qualifiés tombaient autour de nous ce printemps-là comme des mouches. Je les observais jour après jour, je les voyais se métamorphoser en *Muselmänner* sous nos yeux, les os saillants à travers leur veste et leur pantalon, le visage aux traits tirés, émaciés. On ne leur fournissait pas assez de nourriture, de repos, ni de soins médicaux, ils étaient pourtant censés porter de lourds sacs de ciment, ou des tas de briques. Ils creusaient les tranchées et posaient les tuyaux, un travail de force qui aurait éprouvé des hommes en bonne santé, vigoureux et bien nourris même avant-guerre. Un par un, les plus mal en point succombaient aux sélections.

Je peux à peine, après tout ce temps, me remémorer la plupart des hommes de la *Maurerschule*, ou ceux de mon Bloc, à l'exception de Herzko Bawnik. Yankl était le coiffeur du camp et Sol dormait sur la couchette suivante. Pendant mes heures de travail, je fis la connaissance de Josek Zoller, dont le *Vorarbeiter* n'était autre que Peter Abramovitch, aux cheveux clairs. Je me souviens aussi d'un certain Velvell et d'un électricien nommé Srulek Lipshitz, dont le frère était également parmi nous. Srulek avait environ vingt-cinq ans, un type très costaud, dont les cheveux étaient plus foncés que ceux de son frère qui ne devait pas être beaucoup plus âgé que moi. Le *Kapo* Shlomo Barran était un touche-à-tout. La plupart des *Kapos* avaient un rôle spécifique, mais Shlomo semblait s'occuper de tout, partout. Il était colossal. Mendeler Davidovitch était pour sa part cordonnier, avec un sourire ironique ineffaçable dans un visage carré. Il avait réussi à conserver ses lunettes. La plupart de ces hommes venaient directement du ghetto de Lodz à Fürstengrube, sans être passés par Auschwitz-Birkenau, la Rampe, ou les crématoires. Pour autant qu'ils sachent, ou qu'ils souhaitent, leurs familles se débrouillaient toujours, d'une façon ou d'une autre, dans leur ville natale. Je savais que ce n'était pas le cas de la mienne, donc j'évitais d'aborder ce sujet. De quoi parlions-nous, enfouis profondément dans les galeries de la mine, ou entassés sur nos couchettes ? Dieu seul le sait. Ce qui m'apparaît comme une blague aujourd'hui ne l'était pas le moins du monde, à l'époque.

Et personne ne parlait de religion, non plus. Le culte israélite était bien sûr tabou chez les SS et l'idée d'une cérémonie religieuse, même restreinte, risible dans un tel contexte. Certains survivants dont j'ai lu les récits depuis lors rapportent la sensation d'être accompagnés par Dieu en dépit de tout. Je ne peux pas en dire autant, je ne l'ai pas ressenti. Auschwitz-Birkenau et Fürstengrube n'ont pas fait de moi un athée. Ces camps m'ont simplement permis de comprendre que Dieu n'avait pas son mot à dire derrière la barrière électrifiée.

Quand on tombait malade – comme ça m'était arrivé sur la Rampe – on avait deux semaines, dans le meilleur des cas, pour s'en remettre. Il me fallut aller à l'infirmerie à l'extrémité est du camp. Elle était dirigée par le docteur König, un homme véritablement bon, comme les médecins doivent l'être. Je souffrais de ganglions dans le cou et mesurais le risque que je prenais. Je savais confusément que je survivrais à cette épreuve et j'étais face à mon tas de briques le jour suivant. Si la santé ne s'améliorait pas, on était embarqués sur le prochain camion pour Auschwitz-Birkenau. La plupart des passagers étaient raflés à l'infirmerie, certains lorsqu'ils sortaient des rangs pendant l'appel, ou bien durant les épuisants allers-retours entre la mine et les baraquements. La réaction des condamnés était toujours la même. Ils rentraient en eux-mêmes, silencieux. Quelques-uns fondaient en larmes. D'autres, en qui étaient gravées les immémoriales traditions de mon peuple, priaient un Dieu qui n'écoutait rien, cela ne faisait aucun doute à mon esprit. Je n'ai jamais vu personne tenter de s'évader ou de résister. Ils étaient trop éprouvés, à bout de forces physiquement, déjà morts mentalement. Leur volonté de s'accrocher à la vie avait été rongée par l'effort débilitant que représentait chaque journée de travail. Les gardiens les ramenaient aux baraquements pour le restant de la journée. Personne ne leur adressait la parole. Personne n'aurait su trouver les mots appropriés, même *Panie* aurait eu du mal, malgré toute sa science. En fin d'après-midi ou en début de soirée, un camion arrivait, laissant le moteur tourner devant le portail principal. Sur les côtés du véhicule, on avait peint une croix rouge comme sur une ambulance, censée dissiper les craintes et étayer le mensonge selon lequel ces hommes étaient emmenés en convalescence. La mélancolique petite colonne sortait d'un pas traînant, sans dire un mot, ni chercher quelqu'un du regard. Puis ils s'éloignaient, au-delà des bois de bouleaux, vers les portails lointains menant aux crématoires.

Au mois de mars 1944, le *Hauptscharführer* Moll transmit le commandement du camp à son numéro deux et retourna, comme nous l'apprîmes par le bouche à oreille, à Auschwitz-Birkenau pour s'occuper de gros convois de Juifs hongrois déjà en route. Je savais que la Rampe serait plus bourdonnante d'activité que jamais.

Le numéro deux de Moll était Max Schmidt, pas

beaucoup plus âgé que moi, une vingtaine d'années. Il avait un frais visage de garçon de la campagne avec des cheveux coiffés en arrière. Il s'était trouvé en compagnie de Moll le jour où celui-ci avait abattu l'homme dans le réservoir d'eau et il aimait arpenter Fürstengrube avec un berger allemand et une cravache, prêt à se servir de l'un ou l'autre si l'occasion se présentait. Originaire d'une famille de fermiers du nord de l'Allemagne, il avait le nazisme dans le sang. Son père était membre du parti depuis des années, il avait servi dans les *Sturmabteilung*, les chemises brunes, bien avant qu'ils ne soient subordonnés aux SS. Schmidt lui-même avait combattu dans la Waffen-SS, ainsi que ses deux frères, dont l'un avait disparu. Il partageait avec plusieurs SS des camps que j'ai connus, la particularité d'avoir été blessé, réformé et muté au régiment de garde d'Auschwitz. Peu après mon arrivée à Fürstengrube, Schmidt s'était marié avec Gerda Bergman, une jolie blonde, fille d'un des ingénieurs civils du camp travaillant à la mine. Les Schmidt vivaient dans la bourgade voisine de Wesola.

Même si je n'étais plus *Vorarbeiter*, je devenais assez avisé pour comprendre comment fonctionnait la politique du camp. Moll était un homme violent, sujet à l'ivrognerie et dangereux en état d'ébriété. Schmidt était plus équilibré et se plaça de plus en plus sous la coupe d'Hermann Josef, qui, devenu doyen du camp, exerça une influence presque paternelle sur l'*Oberscharführer*. Comme tous les *Kapos*, Josef marchait sur la corde raide, dans un numéro de funambule, mais il savait tirer toutes les ficelles avec Schmidt. C'est grâce à l'*Oberkapo* Hermann, à qui j'adresse mes remerciements, que la situation ne s'est pas révélée pire qu'elle ne l'était au printemps 1944. Longtemps après la guerre, Hermann devait déclarer aux enquêteurs que Schmidt n'était pas un sadique prédestiné comme Moll, mais que, totalement immergé dans la culture nazie et très ambitieux, il faisait tout ce qu'il pouvait pour impressionner ses supérieurs.

Mais parfois, tout allait de travers. Un jour, au mois d'avril, je crois, une activité fiévreuse s'empara du camp. Les prisonniers furent évacués de la mine et des ateliers en hâte. On posa les outils et on les abandonna. Les travailleurs civils – à qui l'on avait déjà ordonné d'enlever leur casque de chantier pour éviter que les déportés tondus ne puissent, profitant de la confusion, se faufiler en leur compagnie au-delà des portails – furent renvoyés chez eux. Nous fûmes raccompagnés à nos baraquements deux fois plus vite que d'habitude, les *Muselmänner* s'efforçant de tenir le rythme de cette marche effrénée de leur mieux. Nous étions consignés, le faisceau des projecteurs sondait les bois au loin, les chiens aboyaient dans l'obscurité. Nous étions groupés autour de nos fenêtres à claire-voie pour assister aux événements, mais les fenêtres faisaient face à l'*Appellplatz* et nous ne pouvions distinguer ni la muraille d'enceinte, ni le grillage électrifié.

Évidemment, les rumeurs se propageaient comme un incendie de forêt. Quelqu'un avait entendu quelque chose et l'avait transmis à quelqu'un d'autre. Qui savait où était la vérité ? Mais on n'était pas consigné dans les baraquements par hasard. On parlait d'une tentative d'évasion. L'un des doyens du Bloc avait dirigé une équipe pour le forage d'un tunnel, orienté au nord sous le périmètre du camp entre les Blocs A et B. L'un des membres de cette équipe s'était fait pincer à l'intérieur. Était-ce un hasard si les SS avaient pris les coupables en flagrant délit ? Ou bien quelqu'un avait-il donné l'alerte ? La morale de l'histoire était que si l'on formait des hommes à être mineurs de fond, il fallait s'attendre à ce qu'ils utilisent leur savoir-faire à bon escient.

Les prisonniers furent emmenés et personne ne s'attendait à les revoir. Mais c'était compter sans le sens de la mise en scène macabre des SS et leur besoin de lancer un message fort. Aucun d'entre nous n'avait eu vent des évasions romantiques des prisonniers de guerre français et britanniques dans les *Stalags*, à l'ouest. En théorie tout au moins, ces hommes étaient couverts par la Convention de Genève, même si elle était parfois ignorée. Mais aucune convention ne s'appliquait ni à Fürstengrube, ni aux Juifs. Un jour, ce devait être un vendredi, nous vîmes arriver sur l'*Appellplatz* un camion rempli de planches neuves et une équipe munie de marteaux et de scies. Ils allaient construire des potences.

Dimanche. Le *Shabbat* des chrétiens. Jour béni de repos à la mine. Mais aujourd'hui, il n'y aurait pas de match de football, rien pour détendre des membres épuisés, douloureux. On nous ordonna de sortir sur l'*Appellplatz* tôt dans l'après-midi, comme pour l'appel. Les potences se détachaient sur la grisaille du ciel, le bois était clair, presque luisant, horriblement neuf. Je vis une rangée de sièges sur une ligne qui faisait face aux poteaux. Ce cirque était organisé à l'intention des SS et nous pouvions nous considérer comme des privilégiés d'y être conviés.

Au bout d'un moment, le grondement des moteurs nous parvint du portail principal au fur et à mesure de l'arrivée d'un convoi de véhicules SS, fanions frappés du swastika claquant au vent sur les capots. Les hommes qui en sortirent portaient les galons argentés de gradés SS d'Auschwitz ; on assista à force saluts et claquements de talons, l'obsession militaire prussienne à laquelle s'ajoutaient le formalisme nazi et l'inévitable : « *Heil Hitler !* » Schmidt était présent, le plus accueillant des hôtes, souriant et hochant la tête comme s'il présidait à une *garden-party*. Et, d'une certaine façon, il n'avait pas tort.

Je connaissais personnellement chacun des hommes qui avaient tenté de s'évader et s'étaient fait rattraper. Trois d'entre eux étaient arrivés d'Auschwitz en même temps que moi. Et je les voyais à présent tirés d'un poste de garde et traînés vers nous, les poignets menottés et le regard vide. Il y avait un Français, Léon. Maurice, le *Blockältester* jovial, originaire de Belgique. Nathan, mon compatriote polonais, au passé de gangster à Lodz, au nord de Bedzin. Et un quatrième homme dont j'ai bien peur d'avoir oublié le nom. Il s'occupait des poulets de Max Schmidt. Je le vois encore jetant des graines aux pigeons à demi sauvages qui affluaient au camp et me rappelaient ma ville natale. Ils ressemblaient tous à des *Muselmänner*, maintenant, frêles et maladifs, le visage émacié, la démarche hésitante. Et ils venaient de subir un passage à tabac inouï pendant les quelques jours écoulés.

Quatre nœuds coulants se balançaient au bout d'une poutre en croix, le chanvre des cordes crissait au vent. Schmidt et ses visiteurs prirent place sur les sièges qui leur étaient réservés au premier rang. Puis nous fûmes l'objet d'une nouvelle sélection, comme si nous n'en subissions pas assez. L'*Unterscharführer* Anton Lukoschek en était le metteur en scène et nul doute qu'il n'ait eu à cœur d'impressionner ses supérieurs par son efficacité. Il se tenait devant nous, un bras replié dans le dos, l'autre allongé, l'index pointé. Il nous déclara qu'il avait besoin de cinq d'entre nous et balaya nos rangs d'un regard définitif. « Toi, aboya-t-il, toi. Toi. Toi. Et… »

Le doigt se tendit vers moi. Nous nous tournâmes les uns vers les autres pour échanger un regard. Nous n'étions que des adolescents. Nous nous connaissions tous. Nous ressentions les souffrances des autres déportés dans les épreuves terrifiantes de Fürstengrube. Et nous étions brusquement bombardés peloton d'exécution – un *Einsatzgruppe* dépourvu de tout zèle, de toute motivation, et de toute alternative.

« Tu vas leur glisser le nœud coulant autour du cou. Le reste d'entre vous, dit-il en regardant chacun de nous tour à tour, jettera les chaises à bas d'un coup de pied quand j'en donnerai le signal. »

Nous nous forçâmes à lever les yeux. Les SS avaient juché les condamnés sur leurs chaises. Lukoschek tendit l'escabeau au prisonnier qu'il avait désigné. « Monte et passe-leur la corde au cou. Les autres, tenez-vous devant les chaises. »

Je m'exécutai et me retrouvai devant Maurice, le Belge. Je ne parvenais pas à le regarder. J'observai plutôt Léon à sa gauche, le nœud coulant serré sur la nuque. Dans le terrifiant silence de ces quelques secondes, j'entendis s'élever son souffle haletant à intervalles irréguliers, la respiration coupée avant même qu'on ait balayé la chaise sous ses pieds. Lorsque vint le tour de Maurice, j'entendis un petit sanglot, mais mon regard était maintenant rivé au sol, à la chaise, *n'importe où*, sauf dans les yeux de l'homme que j'allais assassiner. L'un des condamnés émit un cri de guerre polonais, résistant jusqu'au bout.

Je savais que Lukoschek jetait un œil vers Max Schmidt, dans l'attente d'un signal. Il n'y eut aucun discours, aucune réaction du public assemblé pour le spectacle. « Parfait, aboya Lukoschek au garçon qui faisait face à Léon, vas-y le premier. » Je vis le garçon lancer un coup de pied dans la chaise, mais elle bougea à peine.

« Tu dois taper plus fort que ça », persifla l'*Unterscharführer*. Le gamin rua de nouveau dans la chaise, mais pas assez violemment, car les pieds de Léon reposaient toujours sur le siège. Je l'entendis pousser un grognement de terreur, et le gamin se plia en deux pour tirer la chaise de toutes ses forces. La corde grinça et se tendit tandis que la chaise tombait dans la poussière. Les jambes de Léon battirent l'air, tentant désespérément de trouver un appui, d'apaiser un peu la douleur féroce qui lui broyait le cou et la trachée. Puis sa mâchoire se raidit et dans ses yeux exorbités le regard se figea. Tout cela ne prit que quelques secondes, mais nous parut durer une éternité.

« Toi, maintenant », gronda Lukoschek à mon oreille. J'entendis un soupir et je levai les yeux. Dieu sait que je n'en avais aucune envie, mais je vis le visage de Maurice. Des larmes coulaient sur ses joues et il avait un air profondément triste. Je l'entendis prononcer : « Longue vie. » Les autres le comprirent comme un cri de ralliement, le dernier geste de fierté farouche d'un homme brave. Mais je le reçus comme un murmure destiné à moi personnellement, au gamin stupide et naïf à qui on avait ordonné de s'assurer que *sa* vie serait écourtée très rapidement. Je me détournai, m'emparai des pieds de la chaise et tirai. Les pieds de Maurice dansèrent la gigue tandis qu'il se tordait dans les affres de l'agonie, me frappant le bras d'un coup de pied dans les convulsions qui précédèrent sa mort.

Nathan et l'homme aux poulets étaient les suivants,

et les choses prirent une mauvaise tournure. Quand on pend un homme sur une chaise, sa nuque ne se brise pas. La chute n'est pas assez longue, le poids pas assez important. Les bourreaux blanchis sous le harnais vous diront qu'il s'agit d'une science exacte, que la nuque se brise à la troisième vertèbre et que la mort est instantanée. Cela ne se passa pas ainsi, ce dimanche-là à Fürstengrube. Ces hommes étaient étranglés, et Nathan et l'homme aux poulets mirent plusieurs minutes à mourir.

On nous ordonna de nous aligner en rang, tandis que les visiteurs se levaient, prêtant très peu d'attention aux pendus. Ils marchèrent jusqu'au bâtiment administratif, en bavardant négligemment de choses et d'autres, nul doute qu'ils attendaient leur coup de schnaps avec impatience. La route était longue depuis le camp d'Auschwitz. Ils l'avaient bien mérité.

Nous nous éloignâmes des hommes que nous avions tués, retournâmes vers nos baraquements, vers la routine monotone de Fürstengrube où des hommes mouraient quotidiennement parce que leur décès ne prêtait pas à conséquence.

Sauf que j'avais regardé Maurice dans les yeux. Aujourd'hui encore, je revois son visage en rêve.

« Longue vie. »

IX

La Marche de la mort

Les pendaisons de Maurice et des autres ne mirent pas un terme aux évasions. Quelqu'un dont j'avais gardé le visage en mémoire depuis Bedzin, mais dont je n'ai jamais su le nom, eut l'idée de se cacher dans une galerie abandonnée. Son plan n'avait aucune chance de marcher ; il savait aussi bien que nous que son absence serait remarquée à l'appel du soir ; les SS seraient forcés d'en déduire qu'il était resté quelque part dans la mine. Je me demande souvent quel était son projet, comment il comptait passer le portail ou franchir le grillage électrifié. Quoi qu'il en soit, il ne put jamais le mettre à exécution. Soit les SS avaient compris ses intentions, soit quelqu'un avait donné des renseignements à son sujet, en échange d'une portion de soupe supplémentaire, ou d'une demi-saucisse. Lorsque les SS le découvrirent recroquevillé dans le noir, c'est à l'*Oberkapo* Michael Eschmann qu'échut « l'honneur » de l'abattre sur place d'une balle, et ils abandonnèrent son cadavre aux rats de la mine.

Les Russes n'avaient pas beaucoup plus de sollicitude que les nazis pour nous autres Juifs ; l'arrivée d'un officier juif de l'Armée Rouge à la fin juin nous parut donc étrange. C'était un homme taciturne, déterminé, âgé de vingt-cinq ans environ, qui portait un triangle rouge sur sa veste pour montrer son statut de prisonnier politique. Le nom officiel de ces hommes était *Schutzhäftlinge*, prisonniers spéciaux, et si, pour la plupart, ce n'étaient que des victimes sans défense de l'État nazi, certains d'entre eux se révélaient des partisans féroces et dangereux. Cet homme faisait partie de cette catégorie et nos gardiens posaient sur lui un œil vigilant.

Il prit un gros risque, mais sa tentative aurait pu fonctionner. Il s'était rendu compte que, sur les quatre miradors disposés aux coins du camp, il n'y avait des sentinelles que dans deux d'entre eux, durant la journée. S'il pouvait s'en approcher suffisamment, il pourrait entrer dans un des miradors déserts – il choisit celui qui était situé à l'est du camp – et sortir par une fenêtre directement à l'extérieur du grillage électrifié. Il lui fallait courir comme un dératé avant que l'alarme ne soit donnée, mais une fois parvenu à la lisière des arbres, il avait une chance de s'en sortir. Il ne s'attendait pas à ce que l'*Oberscharführer* Schmidt se trouve en embuscade à l'extérieur avec une escouade. Nous entendîmes les détonations à nos divers postes de travail et continuâmes à trimer. On ne levait pas les yeux, on n'exprimait pas la moindre inquiétude, on faisait comme si rien ne sortait de l'ordinaire. Ils ramenèrent le Russe au camp sur une planche portée par deux prisonniers, ses bras et ses jambes pendaient à l'extérieur d'une façon grotesque.

Ce fut la dernière tentative d'évasion dont je me souvienne, peut-être à cause de la façon dont elle se termina. Schmidt et ses tueurs n'attendaient pas l'évadé par hasard. Ils savaient exactement quand et où le Russe se lancerait. Et cela ne pouvait signifier qu'une seule chose : quelqu'un l'avait dénoncé. Les suspects ne manquaient pas, et les rumeurs, comme toujours, se propagèrent comme un feu de paille. Dans un endroit tel que Fürstengrube, il n'y avait pas de place pour la « solidarité ». La *Maurerschule* et notre travail à la mine nous donnaient un objectif et un certain orgueil du métier ; la pendaison de Maurice et des autres aurait dû nous rapprocher. Mais ça n'est pas comme ça que ça marche. Dans le camp, pour chaque bonne action, on comptait des dizaines de bassesses. À l'extérieur, les hommes peuvent être des héros ; ils vont et viennent à leur guise, ils ont leur libre arbitre. Nous ne pouvions rien entreprendre à moins qu'un SS ou un *Kapo* ne nous le permette. Et nombre d'entre nous ne possédaient plus la moindre parcelle de volonté.

Qui donc avait dénoncé l'officier russe ? Ce pouvait être le Russe de la cuisine qui avait détourné de la nourriture pour l'évasion ? Ce pouvait être Hermann Josef ou n'importe lequel des *Kapos* avec un peu d'ancienneté, désireux de se faire bien voir de Max Schmidt. Mais une autre théorie voulait qu'il s'agisse de Bronek Jakubowicz. Déjà là lors de mon arrivée, il avait été déporté avec son père et son frère. Originaire de Dobra, près de Lodz, il avait exercé le métier de dentiste avant-guerre. À la surprise de tout le monde, Otto Moll avait installé un laboratoire de stomatologie dans le camp, équipé du matériel dernier cri – cela se déroulait à une époque où il n'existait rien d'aussi impressionnant à Auschwitz-Birkenau. Et il nomma Jakubowicz chef-dentiste. Celui-ci ne soignait jamais ses coreligionnaires juifs, cela va sans dire – les soins dentaires étaient réservés aux SS et éventuellement aux prisonniers politiques. Nous n'eûmes jamais de preuve indéniable qu'il ait été l'indicateur, mais il passait beaucoup trop de temps à lécher le cul de Max Schmidt et Hermann Josef au goût de la plupart d'entre nous.

Il était rare d'entendre des coups de feu, à Fürstengrube. Ce n'était pas un camp d'extermination comme Auschwitz-Birkenau, et on ne tirait que lorsque Otto Moll avait trop bu, ou qu'une transgression quelconque avait eu lieu, et que les SS jugeaient une exécution nécessaire. Mais nous entendîmes des déflagrations un jour, vers la fin de ma période de travail.

Couverts de poussière de charbon et maculés d'une boue poisseuse, nous jouissions d'un luxe ineffable, la possibilité de prendre une douche. Cependant, ce jour-là, il n'y avait pas d'eau chaude. La chaudière était en panne et l'homme de service, un prisonnier appelé Chaskele, n'avait pas eu le temps de la réparer avant la fin de notre roulement.

Nous rentrâmes d'un pas lourd aux baraquements, gelés et sales, sous l'œil de l'*Oberscharführer* Schmidt. Celui-ci fut saisi d'une rage folle et, jusqu'à aujourd'hui, je me demande pourquoi. Pensait-il que cet incident rejaillirait sur lui, parce que son camp n'était pas à cent pour cent efficace ? Était-il déjà de mauvaise humeur au départ et cela l'avait-il plongé dans une fureur noire ? Il se rua à la recherche de Chaskele, hurlant contre celui-ci d'une voix tonitruante qui retentit dans toute l'enceinte et lui prédisant un avenir qui n'en était pas un. Schmidt dégaina son pistolet et tira deux fois à bout portant sur Chaskele. Cette fois encore, personne ne « remarqua » quoi que ce soit. Nous continuâmes à avancer en rangs vers nos baraquements, sans regarder ni à gauche, ni à droite.

Le meurtre de Chaskele s'était déroulé légèrement en dehors de mon champ de vision. Je ne vis que Schmidt, le visage encore contracté par la colère, retourner à grands pas vers son bureau et rengainer son arme. Il claqua la porte. J'imagine que c'était l'effet souhaité. Lorsqu'une chaudière avait des ratés à Fürstengrube, on vous flinguait. Une nouvelle leçon prodiguée par les SS.

La pendaison suivante eut lieu au mois d'août 1944. Le IIIe Reich approchait de sa fin. Les Anglais, les Français Libres et les Américains libéraient la France à partir des têtes de pont du débarquement vieux de deux mois, et une armée de l'intérieur commençait à mener des opérations à Varsovie pour préparer l'arrivée des Russes. Ces bribes d'informations nous parvenaient, rapportées par quelqu'un qui avait parlé à quelqu'un qui avait écouté la BBC. Nous n'avions aucun moyen de démêler le vrai du faux dans ces murmures insensés et, d'autre part, la BBC elle aussi diffusait sa propagande.

Ce que nous savions, c'est que cinq Polonais, des gentils, avaient été emmenés au camp principal d'Auschwitz sous une escorte lourdement armée. D'après la rumeur – qui vint de Hermann Josef lui-même dans un instant de spontanéité –, ils avaient été en contact avec l'armée intérieure qui causait des désordres à Varsovie. Comment cela leur aurait-il été possible et dans quel but ? Ces questions ne furent jamais envisagées. Nous étions à nouveau alignés sur l'*Appellplatz*, à la fin de ce mois-là, lorsque les cinq Polonais revinrent, tuméfiés et en sang, pour être pendus, en guise de distraction pour les SS et d'avertissement pour nous. Cette fois, Dieu merci, je n'avais pas été désigné comme bourreau, et je n'avais pas à tirer un tabouret sous les pieds d'un homme condamné à mourir par strangulation, dans l'accablante chaleur d'août. Mais la rumeur selon laquelle Hermann Josef était l'homme qui les avait signalés aux SS se répandait à la vitesse d'un feu de brousse. Chacun des cinq hommes rugit dans sa direction sur l'*Appellplatz*, hurlant qu'il était aussi coupable qu'eux, exigeant de savoir pourquoi il ne se trouvait pas sur la potence lui aussi. Ce cri fut repris par beaucoup dans nos rangs, et il fallut presque une heure aux SS pour rétablir l'ordre et mener à bien les exécutions.

Cet été-là, les Hongrois firent leur apparition à Fürstengrube. Ils apportaient de sombres nouvelles d'Auschwitz-Birkenau. La vitesse de l'extermination augmentait. Environ un demi-million de gens furent exterminés durant cette période. En lisant les statistiques, de nos jours, on constate qu'en deux nuits et deux jours au mois de juillet de cette année-là, sept mille Juifs du camp familial de Theresienstadt furent gazés. Le 2 août, le camp tsigane d'Auschwitz-Birkenau fut liquidé de la même manière – au prix de trois mille victimes.

Je fêtais mes dix-huit ans ce mois de septembre-là et passerais une nouvelle Hanoukka derrière les barbelés.

Lorsque arriva novembre, le monde avait encore changé. Nous ne remarquions rien, au départ. Les appels, les accidents et la brutalité étaient toujours quotidiens. Mais les sélections s'interrompirent. Plus personne n'était renvoyé à Auschwitz-Birkenau, même pas les *Muselmänner*, ni les accidentés ou les malades. Certains gentils étaient transférés, c'est vrai, mais ils étaient relativement robustes et en bonne santé, nous supposions donc qu'on les envoyait dans d'autres camps annexes. Nous étions de moins en moins nombreux, et cela aurait dû être de bon augure pour nous, mais le ravitaillement était de plus en plus aléatoire à mesure que le Reich subissait des revers et que même nous, « travailleurs privilégiés », en subissions les conséquences.

Début janvier 1945 éclata un bruit que je n'avais jamais entendu auparavant – en tout cas pas avec cette ampleur. C'était une vibration, le genre de phénomène qui inquiétait toujours les hommes gagnant leur vie sous terre. Sous la surveillance des SS et des *Kapos*, nous échangeâmes des coups d'œil. Nous en parlions à voix basse dans les galeries et sur nos couchettes. Je ne me souviens plus qui l'évoqua le premier, mais quelqu'un comprit que ce tremblement était le pilonnage d'artillerie des Russes encore à des kilomètres de nous, et qui se rapprochait.

Éprouvions-nous un sentiment de bonheur ? D'espoir ? Un bouillonnement proche de l'hystérie à l'idée d'une libération prochaine ? Peut-être, mais si ces idées ont traversé l'esprit de certains, elles furent bientôt écartées devant notre sombre réalité. Le grillage électrifié était toujours là, les miradors, les gardiens. Ils pouvaient encore nous pendre sur l'*Appellplatz* ou nous abattre sur les lits superposés ; placer des explosifs et faire sauter les galeries en dynamitant les toits sur nos têtes à la mine. Quel allait être le comportement des SS ? Sourire et dire que tout ça n'avait été qu'un mauvais rêve ? Une plaisanterie ?

Le 19 janvier 1945. Ce jour-là, le général russe Ivan Konev prit Cracovie et Tarnov, tandis que le maréchal Joukov libérait Lodz. Nous entendions probablement les canons de Konev. Je ne mesurais pas encore la distance qui me séparait de la liberté, mais à Fürstengrube les événements eurent un effet immédiat. En rangs sur la neige et la glace de l'*Appellplatz*, nous entendîmes soudain une déflagration et un souffle puissant. Le Bloc administratif du camp venait de s'envoler en une colonne de fumée noire s'élevant dans le ciel. Les SS étaient aux alentours, jerricans d'essence à la main, admirant leur propre travail. Brûlant les archives, les noms, les matricules et les détails sur des hommes morts depuis longtemps ou survivant à grand-peine, ils tentaient désespérément de dissimuler les preuves du plus grand massacre de l'Histoire. Dans tous les camps d'Europe les mêmes bûchers faisaient rage, les mêmes tragédies partaient en fumée.

Ce fut l'*Oberkapo* Hermann Josef qui nous mit au courant. Sur le ton qu'il aurait employé pour parler de projet de vacances tous ensemble, il nous informa qu'on nous déplaçait vers un camp en Autriche, et que nous devions d'abord marcher jusqu'à la gare, en emportant la nourriture et les vêtements chauds que nous possédions.

Je me souviens avoir été frappé par la profonde ironie des paroles de l'*Oberkapo.* Les SS avaient de chaudes capotes et encore beaucoup de réserves de nourriture ; les *Kapos* possédaient de quoi se débrouiller. Le reste d'entre nous ne bénéficiait que d'un mince uniforme. J'avais de la chance, d'une certaine façon, d'avoir échangé des cigarettes la veille contre de robustes godillots d'ouvrier. Ils étaient anciens et le cuir en était craquelé mais en comparaison des sabots que j'avais apportés d'Auschwitz-Birkenau, c'était le paradis. Tout ce que j'avais comme ravitaillement, c'était la ration de pain que j'avais gardée par habitude du petit-déjeuner. Cependant, on nous en donna une supplémentaire ainsi qu'une petite portion de beurre et de marmelade.

Ils nous alignèrent en colonne. Et nous firent attendre tout l'après-midi. C'était différent du trajet habituel jusqu'à la mine. Nous devions être environ 700 enveloppés de nos hardes et chiffons, le pas traînant, glissant sur la glace, raclant le verglas. 300 hommes restèrent en arrière, trop malades et trop faibles pour marcher. Au Bloc de quarantaine d'Auschwitz-Birkenau ces « oisifs » auraient été battus et tués d'une balle, mais ici, ça ne se pratiquait plus, à présent. En nous éloignant par cette soirée de janvier dans un froid mordant, nous les vîmes sur l'*Appellplatz*, les épaules basses, les yeux enfoncés profondément dans leurs orbites. Les SS marchaient avec nous, en tête et queue de colonne, et sur les côtés. Ils avaient une allure aussi lugubre et lamentable que la nôtre, le col relevé, les fusils et havresacs sur le dos. Personne ne regardait en arrière, personne ne reviendrait.

C'est par cette soirée glaciale de janvier que commença ce qu'on appela dans l'Histoire la *Marche de la mort.* Cet épisode se reproduisit des dizaines de fois dans toute l'Europe pendant l'hiver et le printemps 1945, et les historiens leur ont consacré de gros travaux de recherche et d'analyse. Je ne suis pas historien. Je ne suis pas non plus psychologue, ni sociologue. J'ignore ce qui incita l'*Oberscharführer* Schmidt à nous ramener à l'Ouest si l'on excepte une impulsion, bien naturelle, à mettre le plus de distance possible entre lui et les Russes. Je ne peux expliquer pour quelle raison il lui sembla nécessaire de nous emmener tous avec lui, ni où il comptait aller. Tout ce que je peux raconter c'est ce qui m'est arrivé, à moi.

Ma « Marche de la mort »
JANVIER – AVRIL 1945
0 km 300
SKAGERRAK
SUÈDE
MER BALTIQUE
DANEMARK
RUSSIE
NEUSTADT
AHRENSBÖK
BAIE DE LÜBECK
LÜBECK
HAMBOURG
ALLEMAGNE
Vistule
VARSOVIE
POLOGNE
Oder
MAGDEBURG
LODZ
TOURMALINE
DORA-MITTELBAU
BUCHENWALD
GLEIWITZ
FÜRSTENGRUBE
BEDZIN
CRACOVIE
KATOWICE
TCHÉCOSLOVAQUIE
Danube
MAUTHAUSEN
Danube
AUTRICHE
HONGRIE

Les conditions météorologiques étaient épouvantables. Les hivers polonais sont toujours sinistres, mais pour des hommes affaiblis par un labeur d'esclave et la famine, c'était mortel. Et je ne pouvais m'empêcher de penser que tel était bien l'objectif. Les SS, la *Wehrmacht*, le Reich tout entier pliait bagage et la fin de la guerre était proche. Mais ce n'était pas une déroute, du moins pas encore. Les SS étaient toujours maîtres du jeu, au sens littéral. Ils avaient encore droit de vie et de mort sur nous et décideraient de l'endroit, de la raison, de la façon et du moment de notre trépas. Quiconque sortait du rang, chancelait, tombait sur le bas-côté de la route, était supprimé par une balle SS. On pissait en marchant, le liquide chaud imprégnait le pantalon très vite, avant de refroidir et de geler. Si on avait envie de chier… non, on n'avait pas envie. Personne ne parlait, le silence n'était rompu que par les claquements des sabots et des bottes sur la neige qui crissait. Ce rythme monotone était ponctué de temps à autre par une détonation de fusil, une nouvelle balle de gros calibre, tirée à bout portant, venait de percuter un corps fragile. Les balles ne manquèrent jamais leur cible.

Soirée du 20 janvier, fin de notre deuxième jour de marche. L'*Oberkapo* Hermann Josef nous avait dit qu'on avançait vers la gare, mais où était-elle ? Encore un mensonge nazi ? Une nouvelle ruse des SS pour varier les tortures ? On nous entassa dans des baraquements ayant appartenu autrefois à l'armée polonaise avant de servir, dans un passé plus récent, à la *Wehrmacht.* Des milliers d'entre nous les uns sur les autres, vêtus de toutes sortes d'uniformes et de tenues improvisés imaginables, avec une nette dominance des rayures signalant le camp de concentration. De nombreux hommes ne purent entrer dans le bâtiment bondé et durent dormir dehors par des températures au-dessous de zéro. Des hommes d'Auschwitz I, de Birkenau, de Monowitz. Beaucoup d'entre eux – peut-être la majorité – étaient juifs. Une nation était à nouveau en exode, comme le flot de réfugiés que nous avions vu déferler à travers Bedzin il y avait si longtemps, tels les Pivnik lorsqu'on nous déporta de Kamionka vers Auschwitz. Nous n'eûmes droit à aucune nourriture, cette nuit-là, et à peu de sommeil malgré notre fatigue. L'endroit où nous étions, me dit quelqu'un, s'appelait Gleiwitz, et c'était là que toute cette folie avait commencé, lorsque la Pologne avait soi-disant attaqué, sans avertissement ni provocation, une station de radio allemande.

Mais maintenant, Gleiwitz n'était plus qu'un camp de concentration comme tant d'autres, lié à l'industrie du Reich, qui s'effondrait. Les femmes fabriquaient du noir de fumée ; les hommes, des armes de guerre.

L'aube du jour suivant était froide et sans merci. Je n'avais presque rien mangé depuis deux jours et notre petit-déjeuner constitué d'une croûte de pain et d'ersatz de café n'avait pas changé grand-chose à mon état. On nous aligna en colonne, cette fois encore, et nous marchâmes le long de routes gelées jusqu'au quai de gare promis. Hermann Josef ne nous avait pas dit qu'elle serait à deux jours d'une marche épuisante. Les wagons de fret étaient dépourvus de toit, on s'en servait d'habitude pour transporter du charbon et du coke. Nous allions littéralement nous congeler, mais cela valait mieux que d'avancer car, dans ce sens, nous eûmes moins à souffrir que dans les autres marches de la mort. Ils nous poussèrent dans le train et la surpopulation était la bienvenue, grâce à la chaleur des corps.

Mais nous n'allions nulle part. Le train restait le long du quai et la vapeur se cristallisait dans l'air matinal. Au milieu de la journée, le grondement de l'artillerie retentit à nouveau, suivi parfois de détonations sèches et du claquement des fusils. La 17e armée soviétique avançait vers l'ouest après avoir conquis Cracovie et Katowice, terrorisant les SS, qui prenaient la fuite.

Nous ignorions ce qui se passait, mais nous nous recroquevillâmes tous instinctivement à l'intérieur des cloisons gelées des wagons ; je ne vis pas les SS s'en aller. Certains les aperçurent qui s'évanouissaient dans les bois. Un train en station était une cible tentante pour l'aviation ou l'artillerie à longue portée et, d'après ce que nous savions de l'Armée Rouge, ils ne s'embarrasseraient pas de questions, et ne se soucieraient pas non plus de ce qu'on appelle aujourd'hui des « tirs fratricides ». Le train portait les insignes du IIIe Reich, c'était donc une cible légitime.

Certains prisonniers, trop épuisés ou trop aux abois pour supporter la tension croissante, grimpèrent aux cloisons des wagons et se laissèrent tomber sur les rails ou sur le quai. Ils coururent vers les bois où les SS, me disais-je, devaient se trouver en embuscade, et, personnellement, je n'avais pas le cran d'y aller. Je ne sais pas combien de temps dura cet accès de panique, mais des balles se mirent à siffler au-dessus de nos têtes, ricocher sur l'armature métallique des wagons, et traverser les planches latérales. Un ou deux hommes furent touchés, chutant comme des pierres sur le plancher du wagon ou sur les vivants, leur sang chaud et foncé éclaboussant notre crasse gelée et grise. Les SS étaient de retour et s'étaient annoncés ainsi. Nous nous recroquevillâmes sous la salve, puis la locomotive ronfla et se mit en marche. Nous roulions.

Je me dis souvent que mon arrivée à Auschwitz dans un wagon de passagers qui présentait encore, en dépit de toutes les horreurs à venir, les traces du civisme d'avant-guerre, est une ironie de l'Histoire. Ce train qui avait convoyé des hommes, des femmes et des enfants vers leur mort avait un parfum de sophistication. Les wagons de charbon n'avaient rien, eux, sinon un nombre croissant de cadavres à bord. Nous voyageâmes sept jours durant. Cette horrible semaine-là, les hommes mouraient de froid, d'épuisement et de malnutrition, d'anciennes et de nouvelles blessures infligées par les SS et les *Kapos*. Nous en passâmes certains par-dessus les cloisons et les vîmes heurter les bas-côtés gelés avant de rouler dans les broussailles. Certains servirent de siège. On oubliait qu'ils avaient été des humains en chair et en os : ils ne représentaient plus que quelque chose de relativement moelleux sur lequel on pouvait frotter ses pieds gelés.

Notre train brinquebala sur les voies ferrées de la campagne tchèque pendant sept jours, les wagons roulant et tanguant de manière imprévisible ; nous étions précipités contre les cloisons, ou les uns contre les autres. Nous n'avions pas de nourriture, pas d'eau si ce n'est la glace que nous recueillions aux angles du wagon, ou la neige qui tombait dans une boîte en fer-blanc, et nous ne connûmes pas d'abri. Nous traversions les gares à toute allure sans nous arrêter, sans même ralentir. Des policiers, des officiels de la *Wehrmacht* en uniforme nous regardaient passer, postés sur les quais. Encore une cargaison de Juifs. Nous avions déclenché la guerre, n'est-ce pas ? Le Führer l'avait dit. Depuis le premier jour du conflit, notre sort n'intéressait personne, et maintenant, les rats quittaient le navire.

Et, à bord de ce train, les hommes se mangeaient les uns les autres. Brian Marriner, le criminologue, devait écrire : « … Dans des situations qui comportent un danger de mort, les humains perdent leurs inhibitions… nous redevenons ce que nous sommes censés être : des animaux. Et il n'y a aucune raison d'en avoir honte. » On disait que les paysans russes pratiquaient le cannibalisme quand j'étais enfant à Bedzin et que des cas survinrent au camp de concentration de Bergen-Belsen, quelques semaines après notre passage en train. Les médecins militaires qui examinèrent les cadavres découvrirent qu'un sur dix portait des traces de morsures à la jambe. L'un d'entre eux vit un ex-prisonnier, après la libération et vivant dans le confort relatif d'un hôpital de campagne américain, se servir d'un couteau pour découper un lambeau de chair sur la jambe d'un cadavre à la morgue et le glisser subrepticement dans sa bouche. « Aucune honte à ça » ? Je n'en suis pas si sûr. Des hommes sans espoir, aux prises avec des températures glaciaires, venus d'Europe de l'Est – et de je ne sais où –, se servaient d'objets tranchants pour éventrer des cadavres gelés et en extraire le foie pour le manger cru tout en recueillant sa chaleur au creux de leurs mains.

La nourriture, rien d'autre ne comptait. Des civils tchécoslovaques se rassemblaient sur des ponts sous lesquels notre train s'annonçait par un sifflement pour nous jeter du pain. Les SS braquaient leurs mitrailleuses vers le ciel et dispersaient ces bons Samaritains d'une rafale ; ils abattaient des gens qui tentaient de nous donner à manger. Ils retournaient aussi leurs armes contre nous, arrosant quiconque s'était emparé d'un morceau de pain. Nous étions victimes d'un processus de surextermination, car déjà en train de nous entretuer dans ces wagons. La loi de la jungle qui régnait à Auschwitz-Birkenau et Fürstengrube s'était établie dans ce train. Nous nous battions, nous bousculions, nous balancions des coups de poing, nous arrachions les yeux, envoyions des ruades avec l'énergie du désespoir, celle des affamés. C'était la lutte pour la vie. Les plus costauds, les plus forts, les plus méchants, arrachaient leur ration de pain. Les plus faibles et les plus petits se repliaient en eux-mêmes, soulignant leur impuissance.

Nous entrâmes à Mauthausen le septième ou le huitième jour. Nous n'en savions rien, mais nous étions proches de la ville de Linz que Hitler, dans sa folie, enterré dans son bunker à Berlin, projetait de reconstruire sous le nom de Germania, la plus colossale cité du monde. Mauthausen était situé sur la rive nord du Danube, une région magnifique, dont la beauté nous échappa, à nous les affamés ; nous avions pénétré au cœur de l'Autriche. Ce n'était pas un camp d'extermination à proprement parler, ce qui, évidemment, semblerait étrange à quiconque ayant jeté un seul coup d'œil au *Totenbuch* du camp, le registre des morts archivant les trente-six mille trois cent dix-huit exécutions qui avaient eu lieu pendant ses six ans et demi d'existence – une goutte d'eau dans l'océan, comparé à Auschwitz-Birkenau.

Nous avions entendu dire qu'il existait des chambres à gaz et des crématoires, à Mauthausen, et de l'intérieur des wagons, nous pouvions voir les grands portails avec l'aigle géant et le swastika au-dessus. On parlait d'escaliers de la mort, de cent quatre-vingt-six marches de différentes hauteurs que devaient gravir les *Muselmänner* forcés de porter des pierres jusqu'au sommet comme je l'avais fait au Bloc de quarantaine d'Auschwitz-Birkenau. Les hommes mouraient par dizaines chaque jour, le premier rang s'effondrait en arrière sur les marches les plus hautes, renversant les suivants par un effet domino. La plupart de ces prisonniers étaient des membres de l'intelligentsia polonaise qu'on tuait à force de travail en les obligeant à trimer comme des esclaves.

L'année passée, de grosses cargaisons de Juifs hollandais et hongrois avaient été livrées à Mauthausen, nombreux d'entre eux trouvant la mort sur ce qu'on appelait « Le Mur des parachutistes », leur corps rebondissant sur les roches jusqu'au fond de la carrière. Le docteur Antoni Goscinski, survivant de Mauthausen, raconta des années plus tard dans ses mémoires qu'il avait relevé chez les SS soixante techniques différentes pour tuer leurs prisonniers. Au quartier général nazi, à Berlin, on appelait Mauthausen *Knochenmühle*, le broyeur d'os.

Toujours pas de nourriture. Toujours pas de chaleur, ni d'abri. Quelles que soient les négociations en cours entre nos SS et le commandant de Mauthausen, le camp était complet et il n'y avait pas de place pour nous. On nous expédia à Buchenwald. C'était un des premiers et un des plus importants camps de concentration établis avant-guerre pour détenir les prisonniers politiques. Il se dressait sur une colline à quelques kilomètres de Weimar, une ville associée dans la culture allemande aux noms des poètes Goethe et Schiller. Il ne fait pas de doute dans mon esprit que ni l'un ni l'autre n'aurait compris Buchenwald. L'usine du camp travaillait vingt-quatre heures sur vingt-quatre, fabriquant des armes automatiques et des munitions pour la *Wehrmacht*, qui battait maintenant en retraite – avions-nous appris à bord du train – sur tous les fronts. À Buchenwald, comme à Auschwitz-Birkenau, on tuait des gens par milliers pour réaliser les rêves d'un dément.

Je ne l'ai jamais vue, mais sur l'enseigne en fer forgé au-dessus du portail principal était inscrite la devise *Jeden das Seine*, « À chacun son dû ». Les prisonniers avaient apparemment leur façon à eux de l'interpréter – tout le monde aura ce qu'il mérite. Plusieurs d'entre eux eurent droit à bien pire que ce qu'ils méritaient dans « La forêt enchantée », nom macabre décerné aux bois situés au-delà du camp, où l'on pendait les hommes aux branches d'arbre par les pieds. D'après le témoignage des survivants, Walter Sonner, « le bourreau de Buchenwald », s'inspira un jour de la mort de l'apôtre Pierre dans la Bible et crucifia deux prêtres la tête en bas.

Je ne peux décrire les douleurs de mon estomac et les crampes qui me paralysaient les jambes, au moment où Buchenwald, à son tour, refusa de nous accueillir. Le train avait été séparé en deux, à présent, la moitié des wagons tournés dans un sens, la moitié dans l'autre. Je suppose que c'était symbolique. Plus nous y réfléchissions, plus il apparaissait que le Reich s'effondrait. Le sommet ne prenait plus aucune décision ; on n'était plus garant d'aucune cohésion, on ne suivait plus aucun plan. On se fiait à des commérages, des mouvements de troupes signalés ici où là, et le mot « libération » était sur toutes les lèvres. Pourquoi les SS nous gardaient-ils ? Comme otages, comme monnaie d'échange dans un marché de la dernière chance qui leur permettrait de sauver leur peau ? Ou bien cela se référait-il encore, même maintenant, à la politique suivie par les nazis à l'égard des Juifs ces six dernières années ?

Notre train nous brinquebala à Dora-Mittelbau près de Nordhausen dans les monts Harz. L'envoûtante beauté de cette chaîne montagneuse m'échappait complètement ; j'étais recroquevillé, gelé, affamé, dans un wagon de charbon avec des cadavres comme compagnons de voyage. Nous descendîmes enfin du train. Le trajet avait duré neuf jours, et j'étais à peine capable de marcher. Dora-Mittelbau était un grand complexe construit dans des grottes naturelles creusées dans la roche, et relié grâce à un réseau de tunnels aux ateliers qui fabriquaient les fusées V-2 ultrasecrètes qui pleuvaient toujours sur l'Angleterre, semant la mort et la destruction sur une échelle que je n'avais jamais vue à Bedzin. Tous les secteurs étaient classés sécurité maximum, hérissés de crânes et de têtes de mort peints sur des pancartes signalant « Défense d'entrer ». Nous dormions dans une galerie abandonnée et nous eûmes droit à de la nourriture pour la première fois de la semaine, la même maigre soupe que d'habitude, avec deux feuilles de chou qui surnageaient dans le bol, mais c'était mieux que rien. Il n'y avait pas de chauffage et pas de lits, mais nous étions protégés sous un toit et après tant de temps passé dans les wagons à ciel ouvert, c'était un petit coin de paradis.

Nous y passâmes deux jours, puis l'*Oberscharführer* Schmidt fit son apparition. Nous ne l'avions vu ni au cours de la marche ni au cours du trajet ferroviaire, mais nous n'avions pas vu grand-chose en dehors de ce qui se passait dans notre wagon. Être enfermé dans cette boîte rectangulaire de bois et de métal, univers en soi où les hommes mouraient de faim et de froid, était une expérience surréelle, et rien n'existait d'autre, si ce n'est la neige et le rythme des essieux sur les rails.

Schmidt rassembla plusieurs centaines d'entre nous,

les rescapés du camp, et nous fûmes emmenés à pied vers un sous-camp appelé Tourmaline. Je ne découvris son véritable nom, Regenstein, hérité d'un château médiéval voisin en ruine, que beaucoup plus tard. Pour une raison quelconque – probablement pour égarer les Alliés qui les cherchaient –, on donna à un certain nombre de camps des noms de minéraux. Regenstein devint Tourmaline. Il s'agissait en fait d'un endroit semblable à Fürstengrube, comme si toute notre odyssée entre les deux n'avait eu aucun sens – un nouveau moyen pour les SS de nous exterminer, rien de plus. L'endroit possédait son *Appellplatz*, ses rangées de baraquements, des blocs, un grillage électrifié, et quatre miradors. Les dortoirs étaient neufs et semblaient provisoires, comme si les SS nous casaient simplement là avant que l'artillerie ne nous en déloge. Il n'y avait pas de cuisine, une source d'eau bricolée, et une nourriture toujours aussi chiche – du pain noir et dur, une soupe délayée, du « café » – et, grâce à ce régime, nous étions censés travailler à un nouveau tunnel qui menait à l'usine de fusées souterraine. Bien que personne ne nous en ait parlé à l'époque, nous étions en réalité les employés de la compagnie Hitzbleck de Duisberg, de la compagnie Brandt de Magdebourg, et de l'Organisation Scheffer de Blankenbourg. Derrière elles se profilait l'ombre des géants industriels du complexe de Dora-Mittelbau, tels que Junkers, Heinkel, Siemens et BMW. Nous installions les solives qui soutenaient les toits du tunnel – le métier que nous avions appris à la *Maurerschule* d'Auschwitz-Birkenau, et les cadences étaient infernales. La puanteur chimique des tunnels était pénible à supporter, le genre d'odeur de soufre qu'on associe à l'enfer. Des troubles éclatèrent à Tourmaline avant notre arrivée, la rumeur du camp nous confia que certains prisonniers russes s'étaient essayés à divers actes de sabotage. Tous les participants avaient été fusillés.

Je contemplai l'une des visions les plus cauchemardesques que je garde des camps. Des détenus ayant tenté de s'évader étaient suspendus aux murailles des tunnels, crochet de boucher enfoncé dans la chair, en guise d'avertissement au reste d'entre nous, jusqu'à noircir de putréfaction.

Et c'est là que je commençai à me métamorphoser en *Muselmann*. Sur la Rampe et à Fürstengrube, j'avais réussi à *m'organiser*, à grappiller ici ou là assez de nourriture pour survivre. À Tourmaline, c'était impossible. Nous étions tous égaux, ici, remplissant la même tâche. Ils nous tuaient au travail, et l'épouvantable régime alimentaire leur facilitait souvent le boulot.

Ici aussi, on comptait des civils, évidemment, étant donné la nature technique du travail. Et nous vivions la même brutalité imprévisible, sporadique, qu'à Fürstengrube. La plupart du temps, ça se passait convenablement mais, en certaines occasions, les SS se déchaînaient, lorsqu'ils avaient à se plaindre de la lenteur et de la mauvaise qualité du travail, et les cravaches entraient en action, sifflaient dans l'air pour s'abattre sur des omoplates douloureusement saillantes.

Durant l'un de ces épisodes, le *Kapo* Hans et Shlomo Barran furent exécutés, avec quatre ou cinq autres sur les ordres de l'*Oberscharführer* Schmidt. Je ne me souviens plus de quel crime on les accusait, mais dans la mesure où Hans était chrétien, on ne les tuait pas seulement par antisémitisme.

Tout changea à nouveau début avril 1945. Le 6, bien que nous ne disposions pas de nouvelles dignes de foi à ce moment-là, l'Armée Rouge était aux portes de Vienne. Loin à l'Est, la Pologne se trouvait une fois de plus aux mains des Russes et ce qui aurait dû être une libération n'en était pas une. Debout avant l'aube, comme d'habitude, sous une rafale d'ordres à exécuter sans délai, nous avalâmes notre petit-déjeuner, si l'on peut l'appeler ainsi, et je gardai comme toujours une croûte de pain grise dans ma vareuse pour plus tard. Mais ce matin-là, l'appel n'avait pas la même fonction. Aucun *Kapo* ni *Vorarbeiter* de Tourmaline n'était présent, on ne voyait que des SS. Et sous les casquettes à tête de mort et les casques en acier, j'apercevais des visages connus ; la vieille garde de Fürstengrube, l'*Oberscharführer* Max Schmidt à leur tête. Était-ce mon imagination ou bien l'appel, cette interminable torture qui pouvait durer des heures, fut-il plus rapidement expédié ce matin-là ? Schmidt avait quelque chose à dire et, dès la fin du compte, il nous avertit que nous allions partir et qu'il fallait être prêts à sept heures. Je n'y voyais aucune difficulté. Je possédais les vêtements que je portais, un bol en métal et un quart en fer-blanc que j'avais raflé quelque part. Pendant le rassemblement, un bourdonnement s'éleva. Depuis des jours, nous entendions les avions alliés très haut dans le ciel, piquant parfois plus bas en reconnaissance, cherchant les vestiges de la *Wehrmacht* qui résistaient encore ici et là, ou se cachaient. Nous ne vîmes jamais, aux instants furtifs où nous regardions le ciel, le moindre signe de la *Luftwaffe*. Le Reich se vidait de son sang.

Les bêtes blessées sont les plus dangereuses, et des bribes de conversations chuchotées autour de moi ce matin-là, sur l'*Appellplatz*, éclairaient la situation. Schmidt nous avait prévenus que les traînards seraient abattus. Nous emmenait-il une fois de plus vers un nouveau camp ? De combien en disposaient-ils ? Si nous retournions sur la route, allions-nous croiser une section de Russes, ou une unité de chars britannique ? La peur qui nous agitait tous restait le sort que nous réservaient les SS. Ils s'étaient montrés très fiers de leur méticuleuse paperasse, de leur élimination rapide et efficace d'une race entière. Nous ne représentions plus qu'un fardeau dans leur retraite, une preuve ambulante de leur inhumanité. Était-il possible qu'ils nous conservent en vie ?

Une fois que nous eûmes rassemblé nos maigres affaires, on procéda à un nouvel appel et on nous recompta. Nous étions à peu près deux cents et, armés jusqu'aux dents, les Waffen-SS nous escortèrent hors du camp par groupes de cinq. Il n'était plus question de train, à présent. L'homme qui en avait parlé à Fürstengrube n'était autre que l'*Oberkapo* Hermann et il disparaissait au loin, assis à l'arrière de la moto Zundapp de Max Schmidt.

Une nouvelle marche de la mort. Une nouvelle randonnée sur des routes pleines d'ornières, où l'arrivée soudaine du printemps n'amoindrissait pas nos difficultés. Les ornières n'étaient plus durcies par le verglas et la neige ne tombait plus ; mais la boue collait aux semelles et rendait la progression difficile. Je ne savais pas combien de temps dureraient mes godillots de Fürstengrube. Dans la situation présente, ils ne valaient guère mieux que les sabots du Bloc de quarantaine et ils m'écorchaient les pieds, provoquant des ampoules qui éclataient et me brûlaient à chaque pas. Les hommes chancelaient et tombaient sur le bas-côté et personne ne se retournait en entendant la détonation sourde d'un coup de pistolet quand les SS les achevaient.

La seule pause de cette journée à crapahuter dans les contreforts des monts Harz survint lorsque les SS décidèrent de boire un coup et de fumer une cigarette. Nous n'avions pas d'eau, pas de nourriture, et aucune idée de l'endroit où nous allions. En réalité, nous nous dirigions vers Magdebourg et nous y parvînmes à la tombée de la nuit. Cette ville médiévale ne se trouvait qu'à dix kilomètres de Berlin, la capitale du Reich hitlérien qui subissait à présent la fureur de l'Armée Rouge. Je n'avais jamais vraiment vu de ville bombardée. Les avions qui avaient ciblé Bedzin lors de mon treizième anniversaire n'avaient frappé que des zones industrielles et je me rendis compte alors du peu de dommages qu'ils avaient causés. Il ne restait que des vestiges de Magdebourg. Le cours de l'Elbe était d'une couleur brunâtre et boueux dans l'obscurité croissante. Aucune lumière n'éclairait les hautes tours de la cathédrale qui se découpaient, sinistres et déchiquetées, sur la nuit noire.

Les rues que nous arpentions étaient jonchées de gravats et de verre brisé. Cette ville, détruite pendant la Guerre de Trente ans au XVIIe siècle, venait de payer un lourd tribut à cette guerre-ci. Une forteresse s'élevait ici, c'était également un carrefour ferroviaire d'une importance clé et un centre de communications, mais les grosses usines d'armement Krupp à la lisière de la ville constituaient la véritable raison du bombardement des Alliés. Les habitants que nous croisâmes avaient un aspect misérable et crasseux, ils avaient l'air d'avoir aussi faim que nous. En Tchécoslovaquie, les gens avaient jeté du pain sur nos wagons à ciel ouvert. À

Magdebourg, ils n'en avaient pas et se contentèrent de nous ignorer.

À la tombée de la nuit, les SS nous avaient rassemblés sur un des quais près du bord de l'eau. On nous conduisit dans un hangar ouvert sur un côté pour nous reposer. Mon dos et mes pieds me faisaient souffrir le martyre et je me recroquevillai pour la nuit, écoutant le bruissement de la rivière et priant pour qu'on ait de la nourriture. Nous n'avions même pas d'eau alors que le formidable fleuve Elbe clapotait à quelques mètres de nous. Nous remarquâmes que les rangs des SS s'étaient creusés pendant la nuit, mais nous ne savions pas si on les reverrait à l'aube ou non. Ceux qui montaient encore la garde nous surveillaient avec attention, l'œil vigilant, le fusil prêt à l'emploi. Juste au cas où nous nous serions fait des illusions : c'étaient toujours eux les maîtres.

Au point du jour, on nous ordonna de nous mettre debout et je n'étais pas certain de pouvoir marcher avec cette douleur infernale. Le grondement du moteur de la moto de Max Schmidt signala son arrivée. Il avait déniché une cuve métallique pleine d'eau, pour nous. Il n'y avait toujours aucune nourriture, mais nous fîmes patiemment la queue, selon notre habitude depuis cinq ans pour la plupart d'entre nous, pour plonger nos quarts en fer-blanc dans cette eau. Puis après un nouvel appel, nous avançâmes jusqu'aux berges du fleuve.

À l'ancre devant nous flottaient deux barges fluviales. Elles étaient crasseuses et d'aspect vermoulu, des bateaux plats avec une soute à ciel ouvert et un abri pour l'hélice à la poupe. Les SS nous divisèrent en deux groupes et nous fûmes entassés dans les soutes, rudimentaires et couvertes de poussière de charbon. J'étais habitué à tout cela, depuis Fürstengrube et les wagons de charbon à ciel ouvert qui nous avaient transportés jusqu'à Mauthausen. C'est drôle comme ce genre d'habitudes peut réconforter, la familiarité devient une raison d'espérer. Il n'y avait aucune façon de s'abriter des intempéries, bien sûr, et aucune cabine d'aisance, mais, au moins, nous n'étions pas obligés de marcher, et mon cœur débordait de gratitude envers le destin. J'aperçus Schmidt, penché sur sa moto, en conversation avec le commandant du port, mais je ne les entendais pas. Le cours de l'Elbe se dirigeait vers le nord, me disais-je, mais je ne savais même pas sur les berges de quelle rivière nous étions, et encore moins dans quel sens allait le courant.

Le nord. Il ne faisait aucun doute que nous allions vers le nord, descendant le courant, crachant une fumée noire dans le ciel d'avril. On ne parlait pas beaucoup dans les soutes. Nous étions soit pliés soit assis de la façon la moins inconfortable possible, une centaine d'hommes regardant le monde défiler devant eux. Nous voyions des villages sur les berges du fleuve, avec la fumée qui s'élevait paresseusement des cheminées. Nous voyions des enfants jouer dans les jardins. De temps en temps, le fumet d'un plat quelconque parvenait même jusqu'à nous. Nous entrions dans un monde différent. Un monde sans guerre, ni camps ; un monde de paix qui s'offrait à nos yeux, dont nous pouvions respirer l'odeur, que nous pouvions presque toucher. Évidemment, j'avais réfléchi à ça, c'était un monde sans Juifs. Je me demandais comment ces enfants joyeux, rieurs, nous percevaient, avec nos têtes tondues et nos tenues infestées de poux : un camp de concentration ambulant.

Le bateau fonça à pleine vapeur pendant trois jours entiers. Les spéculations sur notre destination allaient bon train. Si le *Kapo* Wilhelm ou Hersh Goldberg, avec nous sur la barge, avaient quelque idée de notre destination, ils ne nous en dirent rien. Le regard fixé sur les berges, j'apercevais des flots de réfugiés portant des éléments de leur cuisine sur les épaules, sur des chariots ou dans des landaus. Un peuple en mouvement. Mais, cette fois, on était loin d'Exodus. Il s'agissait de gentils, des aryens chassés de chez eux et fuyant, soit les Russes, soit les Anglo-Américains, nous n'en savions rien. De temps en temps, on entrevoyait Max Schmidt en train de se faufiler en moto avec Hermann Josef à l'arrière, au milieu de cette cohorte de déshérités.

Le soir, nous nous amarrions quelque part le long du fleuve et, le deuxième matin, une camionnette surgit. Quatre civils en sortirent pour nous apporter du pain et de l'ersatz de café, la première ration de nourriture à laquelle nous ayons eu droit depuis Tourmaline, et ce fut un instant relativement paradisiaque. Le troisième jour fut la dernière matinée de notre odyssée, et nous jetâmes l'ancre dans un canal situé à la lisière d'un port. Au bout de quelques heures, nous apprîmes que nous étions à Lübeck. Il semble que le nom de la ville signifie « la belle », mais elle n'avait pas grand-chose de beau quand nous y parvînmes. L'église médiévale n'était plus qu'une carcasse dans la cité en proie au chaos, où se mêlaient foules affolées et embouteillages d'ambulances, de camions, partout où se posait le regard. Les installations portuaires et les chantiers navals qui produisaient les U-Boat étaient la cible de la RAF depuis trois ans, et ça se voyait.

Mais il s'avéra que nous n'étions que de passage. Une fois débarqués des barges, nous marchâmes vers le nord, traversant une riche plaine fertile. À quelque distance de la ville pilonnée, on pouvait à nouveau croire qu'il n'y avait pas de guerre. Nous fîmes halte devant une grange imposante sur le bas-côté d'une route, dans un hameau appelé Neuglasau. Nous étions alignés en rangs de cinq, épuisés, désorientés. Certains des hommes les plus âgés savaient à peu près où nous nous trouvions. Il s'agissait de la province du Schleswig-Holstein, plus spécifiquement Ostholstein, sur la côte nord de l'Allemagne, où nous avions progressé à partir de la baie de Lübeck sur notre droite. Ce fut le théâtre du dernier meurtre de cette marche de la mort. Le long d'un rang de vieux chênes sur une route qui menait à Neuglasau, un prisonnier fut abattu d'un coup de pistolet.

Nous passâmes trois ou quatre jours dans cette grange ou dans la cour qui s'étendait devant, deux cents d'entre nous, terrorisés. Schmidt était absent la plupart du temps et nous ne savions pas pourquoi. Peut-être parti en reconnaissance comme il l'avait été durant toute la marche de la mort ou bien il rendait visite au quartier général SS, qui, disait-on, s'était déplacé ici, à l'écart d'un Berlin en flammes. Pendant son absence, la police locale amena quatre prisonniers supplémentaires dans la grange. Il s'agissait probablement de partisans ou d'évadés d'une autre marche de la mort. Le second de Schmidt, un sergent aux cheveux roux dont je ne sus jamais le nom, emmena ces hommes un par un à une heure d'intervalle derrière la grange et je le vis dégainer. Puis l'invariable détonation, la fumée et les corps qui s'écroulent dans l'herbe.

Le jour suivant, l'*Oberscharführer* revint et joua encore les autorités divines, se livrant à une nouvelle sélection. On choisit une vingtaine d'entre nous, pour nous conduire dans une nouvelle grange, plus petite que la précédente. L'homme qui nous éclaira sur notre nouvelle situation fut l'*Oberkapo* Hermann Josef. Nous nous trouvions dans la ferme des parents de Max Schmidt. Et, désormais, nous allions y travailler.

Aujourd'hui encore, je me demande ce qu'il avait à l'esprit. Avait-il reçu l'ordre de nous amener jusque-là de la hiérarchie SS ? À ce moment-là, nous ne savions pas que les SS, qui avaient droit de vie et de mort sur nous depuis six ans, appartenaient à une institution au bord de l'effondrement, où les rats quittaient le navire. Schmidt était-il l'objet de quelque illumination le poussant à nous garder prisonniers jusqu'à la fin, quelle qu'elle soit, à remplir sa tâche, selon les principes de son Führer, pour purger l'Europe des Juifs ? Ou bien comptait-il sur notre valeur d'otages pour sauver sa peau ?

Nous étions au moins sûrs qu'il ne s'agissait pas d'un geste charitable. L'*Oberscharführer* Max Schmidt n'avait pas la moindre fibre humanitaire.

X

La ferme de la maigre consolation

Nous avions été réveillés et emmenés hors de la grange par des SS vociférants, mais rien de comparable avec Auschwitz ou Fürstengrube. Et nous eûmes droit à du pain frais et du vrai café, à la place de l'ersatz infâme que nous avions consommé depuis le 7 août 1943 pour ma part. Je ne peux décrire le goût de ce pain. Les gens qui vivaient dans cette ferme en avaient mangé tous les jours ; quant à moi, je pouvais à peine me souvenir de sa saveur. Si mon esprit retournait au Jardin d'Éden et aux délices de mon enfance, il fut ramené à la réalité très vite. J'étais entouré de prisonniers de l'État nazi épuisés, à demi morts de faim, la tête tondue, dans une grange humide, dans nos tenues rayées en lambeaux, les pieds ensanglantés. Et les SS étaient toujours les maîtres du jeu, ne serait-ce que parce qu'ils avaient des armes.

Schmidt choisit ce moment pour opérer une nouvelle sélection. Allaient-ils nous séparer en petites unités contrôlables pour nous fusiller au bord de fosses qu'ils nous auraient forcé à creuser au préalable ? Finalement, ce fut la sélection la moins douloureuse que j'aie jamais affrontée. Nous fûmes scindés en petits détachements qui s'éloignèrent un par un sur les champs de la plaine Ostholstein. Mon groupe resta sur place, les gars de la *Maurerschule*, et, s'il n'y avait pas exactement de quoi plastronner, du moins étais-je avec des amis.

Au cours des quelques jours qui suivirent, nous nous installâmes, en quelque sorte, comme chez nous dans la ferme des Schmidt. Nous vivions dans un grenier à foin au-dessus d'une porcherie, ce qui en disait long sur la façon dont nous considéraient les Schmidt. Et ils nous mirent au travail. Quinze jours de labeur éreintant à construire des murs et réparer des routes, fouettés par la pluie battante ou gelés jusqu'aux os par les vents déchaînés soufflant sur la plaine. Mais comparé à ce que nous avions tous connu, c'était une sorte de paradis. À la ferme Schmidt, les nazis ne procédaient plus à aucune sélection. Nous travaillions dur car nous reprenions des forces. Je n'obtenais pas une plus grosse ration de nourriture qu'à Fürstengrube ou sur la Rampe, mais ce qui comptait, c'était la *qualité*. La nourriture était composée de produits authentiques et frais. Notre ration de pain du matin était préparée avec une véritable farine et elle était beurrée. Il y avait des légumes entiers et non des parures dans notre soupe et parfois même des morceaux de viande. Si cela semble infantile, c'est involontaire ; aucun d'entre nous n'avait eu droit à de telles friandises depuis très longtemps.

Il arriva pendant ces quinze jours, que nous soyons emmenés dans d'autres fermes, où le régime était encore meilleur. Nous travaillâmes pour un certain Herr Miller. Malade, il ne pouvait s'acquitter du travail quotidien. Sa femme nous fut si reconnaissante qu'elle nous prépara des pommes de terre cuites dans le saindoux et nous eûmes tous droit de nous resservir. Deux Ukrainiennes œuvraient à la ferme Schmidt, comme femme de ménage et cuisinière. Leurs pommes de terre sautées étaient divines. Je n'avais pas vu une telle nourriture depuis Bedzin, avant notre première déportation à Kamionka.

Chez les Schmidt régnait une situation surréaliste. Après toutes ces années dans la rude compagnie masculine des camps, dans les terreurs quotidiennes de la sélection de l'*Appellplatz*, nous vivions ici dans une atmosphère totalement différente. Je me souvenais avoir vu la femme de Schmidt, Gerda, à Fürstengrube. Elle était très jolie, pas beaucoup plus âgée que moi, avec ses tresses de cheveux dorés, portées aux nues par les canons de la féminité germanique – une Walkyrie de la tête aux pieds. Son père était là, lui aussi, Herr Bergman, ingénieur civil à Fürstengrube. À l'époque où nous étions cantonnés dans ce camp, les Bergman habitaient la bourgade voisine de Myslowice. Je supposai que cette partie de la Pologne était aux mains de l'Armée Rouge et que les Bergman s'étaient enfuis vers des enclaves, où le Reich de Mille Ans régnait encore. Les parents des Schmidt devaient avoir la cinquantaine, j'imagine. Mon expérience des camps me rendait la mesure des âges difficile, sur toute cette affaire planait l'écho du mantra désespéré de la Rampe « Dis-leur que tu as dix-huit ans ». Les parents des Schmidt étaient de « bons Allemands » à l'air prospère, et physiquement bien bâtis. Le père portait les cheveux ras, coupe habituelle des hommes aux origines prussiennes. La mère correspondait au modèle allemand du Nord, celui de la ménagère ou *Hausfrau*. Je me demandais s'ils avaient une connaissance précise des activités professionnelles de leur fils et s'ils en étaient fiers. Il y avait parmi nous des ouvriers agricoles locaux, mais ils ne nous adressaient pas la parole et nous les laissions tranquilles.

Nous approchions de la fin avril, maintenant, et le temps était devenu printanier, feuillage aux arbres et ciel bleu entre les nuages. Nous entendions de temps en temps le bourdonnement des avions et nous apercevions la masse sombre des bombardiers volant à haute altitude. Nous ne pouvions distinguer leur origine, s'il s'agissait d'avions anglais – Wellington, Halifax et Lancaster – ou de B-52 américains, mais le ciel leur appartenait. Pas le moindre signe de la Luftwaffe. Toutes les nuits, le ciel rougeoyait dans la direction de Hambourg au sud. L'artillerie aussi tonnait à nos oreilles, mais le grondement ne venait pas de l'est où l'Armée Rouge se frayait un chemin sur une terre anéantie. Le grondement venait de l'ouest, et je me remémorais mon treizième anniversaire, le jour où nous attendions pour souhaiter la bienvenue à ce que nous pensions être des tanks français ou britanniques. Vite, très vite, incessamment peut-être, ils feraient leur apparition, tandis que nous trimions dans ces prés allemands. Le général Miles Dempsey et la Seconde Armée britannique étaient en chemin, avec six ans de retard.

Un soir, Schmidt et son père passèrent à proximité de la porcherie où nous mangions la soupe, plongés dans une conversation sérieuse. Ses hommes étaient de plus en plus nerveux au fil des jours, le doigt sur la gâchette, les nerfs en pelote, scrutant anxieusement les cieux et surveillant les routes. Au crépuscule, nous entendions le grondement sourd et régulier du pilonnage quotidien qui coûtait – c'est aujourd'hui de notoriété publique – deux millions de livres par jour au Royaume-Uni et sonnait le glas du IIIe Reich. J'entendis Schmidt dire à son père : « Ça tourne mal. » Il se dirigea vers la porcherie et s'appuya sur une barrière métallique en nous contemplant. Notre dernière heure était-elle arrivée ? Allait-il dégainer comme à Fürstengrube quand les chaudières étaient en panne ? Avait-il pris la décision de se débarrasser du fardeau gênant une fois pour toutes ? Il ne prononça plus aucune parole. Son visage restait impassible. Il fit demi-tour et rentra dans la maison.

Pourquoi ne nous sommes-nous pas enfuis, cette nuit-là, après la soupe dans la porcherie ? Le jour suivant sous le soleil de l'Ostholstein, dans les champs printaniers – pourquoi ne nous sommes-nous pas échappés ? Schmidt était là, ainsi que ses hommes et leurs armes. Mais nous n'étions plus sous surveillance constante, sinon celle de fermiers sans armes, d'aspect inoffensif. Nous aurions *pu* nous enfuir, nous aurions *pu* réussir, rejoindre les bras accueillants des Anglais, qui n'auraient sûrement pas tiré sur des épouvantails portant les rayures des camps de concentration. Mais nous n'en fîmes rien. Aucun d'entre nous. À cause de quelque chose que révèlent les mémoires d'autres survivants de l'Holocauste. Les années de terreur, de barbelés, de grillages électrifiés, ne quittent plus jamais celui qui les a subies. On se replie en soi-même, on se cache dans le seul enfer qui soit familier. Pourquoi ? Parce que au-dehors, dans les prés et forêts, à travers les champs labourés de l'Allemagne du Nord, s'étendait un monde qui m'était complètement inconnu. Je n'avais que treize ans, lorsque la *Wehrmacht* avait envahi ma patrie, et ma vie s'était déroulée entre parenthèses, depuis lors. En un mot, j'avais trop peur pour m'enfuir.

Mais un jour, tout changea. Le 1er mai, lorsque la

radio de Hambourg, au sud-ouest par rapport à nous, annonça la mort d'Adolf Hitler. Le dément désireux de construire son propre Jardin d'Éden dans mon pays avait disparu. Son successeur était l'amiral Dönitz, dont je n'avais jamais entendu parler, qui déclara à ses auditeurs dans la détresse : « Il est de mon devoir de sauver le peuple allemand de la destruction par les bolcheviques. » Lorsque l'Armée Rouge parvint à la chancellerie du Reich, les soldats retrouvèrent les restes calcinés de Hitler et de sa femme. Justice était rendue par cette macabre découverte, bien que le monde n'en ait connu tous les détails que des années plus tard.

Nous prîmes le petit-déjeuner comme d'habitude, puis on nous ordonna de former une colonne. Nous n'allions plus travailler à la ferme. Nous retraversâmes Ahrensbök, le petit village avec son église chrétienne et ses habitants se comportant comme si de rien n'était, même lorsque des hommes tondus en tenue rayée passaient parmi eux le jour du marché hebdomadaire. Les autres prisonniers des fermes environnantes se joignirent à nous et nous repartîmes vers le nord, en direction de la mer.

Je ne me souviens pas qui l'entendit le premier, des prisonniers ou des SS maniaques de la gâchette qui nous entouraient. Le bourdonnement inimitable d'un avion volant à haute altitude un peu en avant de la colonne et à gauche, redressant son cap à mesure qu'il rugissait dans notre direction presque au niveau du sommet des arbres. Ce devait être un chasseur britannique, mais personne n'avait de temps à perdre à vérifier ses couleurs. Avant même l'ordre de dispersion des SS, la colonne s'était égaillée et nous courions tous nous mettre à couvert. J'ai dû parcourir trente ou quarante mètres au galop avant de me jeter dans une fosse sur le bas-côté et d'attendre. Des têtes curieuses surgissaient de toutes parts, mais le danger n'était pas passé. L'avion piqua une seconde fois sur nous pour jeter un nouveau coup d'œil. Une colonne sur la route pouvait signifier des troupes ou des réfugiés civils. La dernière chose à laquelle se serait attendue la RAF était un groupe de rescapés d'une marche de la mort. L'avion nous survola une nouvelle fois à pleine vitesse et j'aperçus ses cocardes bleu, blanc, rouge. Aucun coup de feu ne retentit. La Luftwaffe aurait reconnu nos tenues rayées et nous aurait arrosés pour s'amuser un peu.

Je restai immobile, courbé dans un coin de la fosse, mouillé et mal à l'aise dans ce trou boueux. J'imagine que le chasseur passa trois ou quatre fois avant de n'être plus qu'un point dans le ciel bleu et de disparaître entièrement. Lorsque je relevai la tête, il n'y avait plus personne. Aujourd'hui encore, je ne sais pas ce qui s'est produit. Pourquoi n'ai-je pas entendu l'ordre des SS nous enjoignant de reformer la colonne et le raclement des sabots sur la route caillouteuse ? Le fait est que je ne remarquai rien et fus soudain en proie à une terrifiante panique. Je ne pouvais me souvenir de la dernière fois où j'avais été livré à moi-même, mais ce devait être avant mon treizième anniversaire. Même à l'époque où je vivais au 77, rue Modzejowska et que j'allais à l'école, j'avais nécessairement dû connaître des instants de solitude. Après l'invasion allemande, ça n'était plus jamais arrivé.

Les champs et les bois d'un début mai magnifique s'étendaient à perte de vue dans les campagnes du Ostholstein et tout paraissait tellement normal. Pourquoi la colonne s'était-elle mise en marche sans moi ? Les expériences des diverses *Appellplatz* m'avaient appris que les vivants – et les morts – étaient comptés et recomptés. Mais on n'avait plus affaire aux anciens SS de cette institution létale qui maîtrisait tant de façons de torturer les gens. Nos gardes étaient aussi effrayés et sur le qui-vive que nous, peut-être même plus encore parce qu'ils savaient qu'ils allaient devoir répondre de leurs crimes. Personne ne revint me chercher et je n'avais personne vers qui me tourner. Mon père et ma mère, mes frères et mes sœurs avaient été gazés à Auschwitz-Birkenau. Nathan nous avait été enlevé, lorsqu'on avait été relogés à Kamionka. Nous avions laissé ma grand-mère à Hakoah des mois auparavant. Je supposais qu'ils étaient morts, eux aussi.

Et je ne savais pas exactement où j'étais. À l'heure où j'écris, c'est facile. Si on tape Ahrensbök sur Google, on découvre une vue aérienne de la route sur le bas-côté de laquelle j'étais accroupi par cette journée de début mai. Tout ce que je savais, pour ma part, était que je me trouvais au cœur du IIIe Reich, dans un pays où les gens haïssaient les Juifs. Combien de temps pourrais-je survivre, livré à moi-même ? Je décidai donc de rentrer à la ferme des Schmidt et ses maigres consolations, le dernier endroit où je m'étais senti en quelque sorte chez moi. J'attendis dans le fossé jusqu'à la tombée du jour, et je commençai à revenir sur mes pas.

J'évitai soigneusement, dans les feux du crépuscule, d'emprunter la route principale qui traversait Ahrensbök. Je craignais les cantonnements SS voisins, et j'imaginais que chaque maisonnée abritait un nazi enragé. Je restai dans les champs, tout courbé, courant le long des haies, de grange en grange et de dépendance en dépendance. Dans l'une d'entre elles, je trouvai une betterave à sucre crue que je mangeai, c'était la première chose que j'avalais depuis le petit-déjeuner. Puis je reconnus la porcherie et son grenier et je m'y faufilai, écartant les habitants du lieu qui grognaient et m'étalant sur la paille.

J'entendis un branle-bas de combat tout proche, sans doute à l'aube du matin suivant. Me réveillant, parce qu'une planche grinça, je fis brusquement face au visage sévère et buriné du père de Max Schmidt. Il jura en allemand, plus par surprise que sous l'effet de la colère, et exigea de savoir ce que je faisais là. Je lui expliquai que je m'étais égaré. Ça ne lui parut pas très convaincant, mais lorsque j'ajoutai m'être senti obligé de revenir, il sembla satisfait. Il savait que je n'allais pas lui causer d'ennuis. Il m'ordonna de ne pas bouger, et c'est exactement ce que je fis, allongé sur la paille.

Un certain laps de temps s'écoula – j'en ignore la durée au juste – avant l'apparition de Max Schmidt. J'entendis le grondement de sa moto et des bribes de conversation avec son père. Presque immédiatement après, l'*Oberscharführer* Schmidt se posta devant la porcherie à m'interroger. Il voulait savoir pourquoi je n'étais pas avec les autres, je lui répondis que je m'étais perdu quand nous avions entendu un avion qui passait au-dessus de nous. Il secoua la tête, plus navré qu'en colère, et pendant un instant, j'eus à nouveau l'impression d'être le garnement qui jetait des boules de neige sur la dame avec le drôle de chapeau à Bedzin. La différence était qu'à présent, je ne risquais plus des remontrances de monsieur Rapaport ou des coups de ceinture de mon père, mais de prendre une balle dans la tête.

Il se contenta de dire : « Viens avec moi », et je le suivis sur sa moto. Il l'enfourcha, mit le moteur en marche et m'enjoignit de m'installer à l'arrière. La dernière personne que j'avais vue dans cette position était l'*Oberkapo* Hermann Josef, lors de la marche de la mort, et cela me terrifiait. Je n'étais jamais monté sur un tel engin, et je mis un certain temps à comprendre qu'il fallait que je suive les mouvements de Schmidt et de la moto. Je ne savais pas où poser les mains. M'agripper à un SS, le *Kommandant* de Fürstengrube, antisémite et assassin, m'était impossible. Je saisis donc la barre du siège arrière et remis mon sort entre les mains du ciel.

Ça ne tenait pas debout. Quelques semaines auparavant, Schmidt m'aurait tué à moitié pour « m'être perdu ». Il m'aurait abattu, plutôt que de tolérer un Juif si près de lui. Mais à présent… bien que je n'en sache rien, le Führer était mort et le Reich n'en avait plus que pour quatre jours. L'*Oberscharführer* Schmidt se refaisait une virginité à toute allure, pour présenter au monde un visage plus humain. Et cela commençait par s'assurer qu'aucun déporté survivant des camps de concentration ne serait retrouvé dans la ferme de ses parents.

Nous quittâmes Ahrensbök sur les chapeaux de roues et au bout d'un kilomètre environ nous vîmes une colonne en marche. Ceux qui la composaient portaient les rayures et les sabots que je connaissais si bien, mais il ne s'agissait pas des gars de la *Maurerschule* ni même de Fürstengrube. Schmidt parla à l'officier SS responsable de l'escorte et me fit signe de me joindre aux autres. Je regardai Schmidt remonter sur sa moto et repartir vers le sud en espérant ne jamais le revoir.

Nous avancions en direction du nord tandis que le soleil entamait son ascension, mais au milieu de la matinée, nous étions environnés d'une épaisse brume marine grisâtre, et on pouvait à peine discerner l'homme qui marchait devant soi. Dans le brouillard, je réussis à entrevoir des bâtiments signalant qu'on entrait dans une ville. Il s'agissait de Neustadt et nous étions revenus sur la mer Baltique.

Il existe en Allemagne vingt-deux Neustadt. Celui-ci était une base navale, et nous distinguions à peine les spectres de ce qui avait l'air de bateaux de guerre ancrés dans la baie. L'endroit regorgeait de prisonniers comme nous, assis en rond dans leurs tenues rayées, avec des SS écumant le périmètre. La différence, c'était la présence d'autocars avec des civils bien habillés à proximité. De grandes croix rouges étaient peintes sur les flancs des véhicules.

J'étais encore en train de les regarder lorsqu'une voix connue me fit tourner la tête. « Szlamek, où diable étais-tu ? Amène ton cul par ici ! » C'était l'*Oberkapo* Hermann Josef qui me faisait signe de rejoindre le groupe installé à terre. Un par un, les visages m'apparurent. C'était le contingent de Fürstengrube, aperçu pour la dernière fois dans les fossés d'Ahrensbök. Herzko Bawnik, Peter Abramovitch, Hersh Goldberg ; j'avais retrouvé les gars de la *Maurerschule.*

Ce groupe bruissait de chuchotements pleins d'excitation. La Croix-Rouge avait une réputation qui franchissait les frontières. Ils avaient même réussi, bien que je n'en aie jamais été témoin, à se frayer un chemin au cœur d'Auschwitz. Tout le monde disait que la guerre était finie. La Croix-Rouge allait tous nous emmener en Suède. Une fois passée l'hystérie des premiers instants sur le quai, la froide réalité nous assaillit de nouveau. Si la guerre était finie, pourquoi les SS étaient-ils toujours là, avec des armes et des véhicules ? Et pourquoi allions-nous en Suède, un pays neutre, au lieu d'être autorisés à rentrer chez nous, en Pologne ? Et il existait une réalité plus glaçante encore. Comment ces quelque mille prisonniers entassés sur ce terre-plein de béton allaient-ils pouvoir monter dans ces trois autocars ?

La réponse ne tarda pas. Un groupe d'officiels de la Croix-Rouge et d'officiers SS se trouvait en grande conversation près des cars. Un SS s'en détacha et se mit à tourner autour de nous. « Les prisonniers de l'Ouest ! cria-t-il. Tous les prisonniers de l'Ouest doivent monter dans les autocars immédiatement. »

Gauche. Gauche. Droite. Gauche. Encore une sélection, comme si le docteur Mengele se dressait de nouveau en face de moi, orientant un doigt recouvert de ses gants gris vers la gauche ou la droite. Mais presque toujours vers la gauche. Il ne s'agissait plus maintenant de savoir si on avait dix-huit ans, si on était en forme et aptes au travail, ou bien vieux et invalides, ou encore avec une famille à charge. À présent, le critère devenait le lieu de naissance. J'étais entouré d'accents étrangers. En dehors du yiddish et du polonais de la *Maurerschule*, j'entendais des bribes de français, de wallon, et une langue complètement inconnue, du danois, me dit quelqu'un. Ces hommes se levèrent, s'alignèrent en rang spontanément, un automatisme à présent, puis ils avancèrent d'un pas traînant. J'entendis ma mère : « Szlamek, sauve ta vie » et sa main, aimante mais ferme, au creux de mes reins. Je me souvins des rangs d'hommes valides sur l'*Appellplatz* à Auschwitz-Birkenau, ceux en partance vers Fürstengrube, vers la possibilité de rester en vie. Et je savais, qu'à nouveau, c'était à moi de jouer. Tandis que le groupe me dépassait, je me levai à mon tour et rejoignis la colonne. Je n'osais regarder en arrière, vers les visages tournés dans ma direction. Je savais que personne ne donnerait l'alarme, que personne ne me dénoncerait, et je soupçonnais que nombre d'entre eux avaient la même idée que moi.

Des kilomètres semblaient nous séparer de ces cars avec leurs portes ouvertes sur la sécurité de leurs sièges en cuir. Je respirais l'odeur de l'essence ; je sentais presque les embardées du car, bien que n'étant pas monté à bord d'un de ces véhicules depuis presque six ans. J'étais maintenant parvenu à la porte. Et la bureaucratie me barrait la route. Un civil en pardessus marron avec un stylo et un carnet, près d'un *Hauptsturmführer* SS, à l'uniforme encore immaculé sous la tête de mort, jouissant encore du droit de vie et de mort sur nous bien que la guerre soit censée être finie.

Il me demanda d'où je venais, avec un accent allemand que je n'avais jamais entendu auparavant, et je lui répondis que j'étais Français. Il fronça le sourcil et parla à nouveau. Cette fois, il s'exprimait dans une langue incompréhensible. Ce devait être du français et il essayait de me démasquer. Il y parvint. Pendant une fraction de seconde, je repensai à mon école à Bedzin, et à cet instant, j'aurais souhaité avoir moins aimé le jardinage et plus les langues. J'essayai de me faire passer pour sourd, sans succès. S'exprimant à nouveau en allemand, l'officier SS dit à l'officiel de la Croix-Rouge que je n'étais pas français. Le fonctionnaire me regarda de bas en haut, encore un gosse en tenue rayée, mes cheveux qui repoussaient et les larmes aux yeux. Il se pencha vers moi.

« D'où êtes-vous, jeune homme ? » demanda-t-il.

Aucun individu ne m'avait parlé d'une voix aussi

douce depuis des années et j'avouai aussitôt. « De Pologne », lui dis-je.

Il sourit. Il dit qu'il était désolé, mais qu'il ne pouvait prendre que des prisonniers occidentaux pour l'instant. Il y avait peu de place dans ces cars. Puis il redressa la taille et murmura d'une voix plus sonore qu'elle n'aurait dû l'être : « La guerre sera finie dans quelques jours. Vous serez hors de danger. »

Je me tournai vers mes copains de Fürstengrube et remarquai que je n'étais pas le seul à ne pas être admis dans l'autocar. Je n'étais pas préparé à l'accueil qu'on me réserva, mais j'aurais dû. J'encaissai une gifle cinglante sur le crâne, et l'*Oberkapo* Hermann Josef, dressé au-dessus de moi, me traita de salopard et d'imbécile, les dents serrées, et me demandant si je voulais être fusillé.

« Si tu me poses encore le moindre problème, Szlamek, je te battrai comme plâtre. Assis ! »

Je m'exécutai et vis les veinards nés en Europe de l'Ouest monter dans les cars et disparaître dans la brume marine, vers la liberté, un pays lointain, inaccessible et qui m'était interdit.

Je ne sais pas combien de temps nous attendîmes. Ils avaient peut-être l'intention de nous garder là, recroquevillés sur le quai jusqu'à la fin de la guerre. Peut-être allaient-ils nous jeter à la mer. Je n'avais jamais vu la mer, auparavant. Bedzin, Wodislaw, Auschwitz-Birkenau, Fürstengrube : tous les endroits où j'avais vécu étaient loin des côtes. Et ce qui rendait tout cela encore plus mystérieux était l'impossibilité de la distinguer, une masse sombre dont le ressac se fondait avec la brume.

De celle-ci surgit un chalutier, le moteur pétaradant, les filets et les poids suspendus à la coque. Il s'arrima au quai et les SS firent grimper une cinquantaine de prisonniers à bord. Tandis qu'il s'éloignait dans la grisaille, il en vint un deuxième, puis un troisième. Le quatrième était pour moi, et les gars de Fürstengrube montèrent à bord, conduits par un *Rottenführer* en armes. Nous étions à quai, mais le roulis et le tangage me donnaient mal au cœur. Il n'y avait sur ce bateau nul endroit où s'asseoir et nous étions trop nombreux. Les moteurs rugirent et nous fûmes engloutis par la brume, à notre tour.

Je ne sais pas où nous étions dans la baie de Lübeck lorsque je pris conscience que le brouillard se dissipait. En regardant en arrière, on ne voyait aucune trace de la jetée ou de la petite ville qui l'entourait. Un grand bateau gris apparut à l'avant de notre proue, surgi du néant. Il était gigantesque, il avait trois cheminées. Je n'avais jamais vu un bateau pareil, même en photo. De grands sillons de rouille striaient la coque et il avait manifestement connu des jours meilleurs. À mi-hauteur de la coque s'ouvrait une porte dans le métal gris et une échelle de corde à l'air meurtrier en descendait presque jusqu'au niveau de la mer.

Un officier de marine apparut sur le seuil de cette porte, vêtu de l'uniforme de la *Kriegsmarine*, la marine de guerre allemande. Il hurla au *Rottenführer* que le bateau était déjà bourré de prisonniers et ne pouvait en accueillir de nouveaux.

« J'ai des ordres », hurla le *Rottenführer* en réponse. J'avais entendu cette formule auparavant et devait l'entendre par la suite dans la bouche d'ex-nazis cherchant à se racheter, pour leur participation à cette folie.

L'officier lui dit d'essayer un autre bateau. Nous pouvions distinguer tous les autres, trois navires à l'ancre à proximité, mais tous plus petits que celui-là.

Si *ce bateau-là* était plein à craquer, on n'avait aucune chance d'être admis à bord des autres. Le pilote du bateau l'avait laissé dériver pendant cette conversation. Il saisit le gouvernail et nous retournâmes vers l'échelle et la porte au milieu de la coque. Tandis qu'il exécutait sa manœuvre, je lus le nom du navire.

Le SS *Cap Arcona*.

XI

Le Cap Arcona

Les rapports de la RAF confirment mes souvenirs du 3 mai 1945. C'était un jeudi, et un ciel bas pesait sur toute la côte sud-ouest de la mer Baltique, surtout le long de la bande côtière de Neustadt et de la baie de Lübeck. Un par un, nous agrippâmes l'échelle de corde qui se balançait le long de la coque et grimpâmes. J'eus à peine le temps d'avoir peur avant de chanceler à l'intérieur du trou, face, tout d'abord, à une obscurité impénétrable.

La première chose qui me frappa fut l'odeur de la cale. Tandis que mes yeux s'accommodaient à la chiche lumière électrique, je voyais les têtes et les épaules de prisonniers semblables à moi, assis, peuplant chaque espace disponible, entassés tous ensemble comme des sardines en boîte. L'odeur me révélait que ces hommes étaient détenus ici, dans ce camp de concentration flottant depuis des jours, et que nous étions parmi les derniers arrivés. C'était un enfer sur l'eau et, dans cet espace congestionné, il n'y avait pas la moindre place. Les morts, apprîmes-nous alors, avaient déjà été jetés par-dessus bord, abandonnés aux eaux noires de la baie de Lübeck, à la dérive. Nos gardiens SS eux-mêmes étaient choqués et ils demandèrent aux marins où ils pouvaient nous caser.

La tension électrisait l'atmosphère. Il était clair que nous étions montés à bord contre la volonté de l'équipage, qui n'appréciait pas de recevoir ses ordres des SS. Ce que nous ne savions pas – et le monde ne l'apprendrait que bien plus tard – était que le capitaine de l'*Arcona*, Heinrich Bertram, avait résisté un jour entier aux SS, avançant, assez justement, que les conditions sanitaires de son bateau ne lui permettaient pas d'abriter plus de sept cents prisonniers. Nous ne pouvions pas nous compter, mais par cette matinée en baie de Lübeck, nous étions près de quatre mille cinq cents. Le SS avait montré un ordre écrit au capitaine, et celui-ci avait abdiqué à contrecœur. Il savait parfaitement que s'il s'y refusait les SS l'abattraient et nous embarqueraient sur l'*Arcona* quoi qu'il en soit.

On nous ordonna de monter, et nous suivîmes notre *Rottenführer* à travers cette masse d'humanité puante. La plupart des hommes détenus à bord, apprîmes-nous plus tard, venaient du camp de concentration de Stutthoff et, contrairement à nous, ils n'avaient pas joui du répit de la ferme des Schmidt. Je perdis le compte des marches à gravir, jusqu'à ce que nous soyons parvenus à ce qui autrefois avait manifestement été un salon pour passagers. Il y avait des centaines de prisonniers ici aussi, bien sûr, assis dans leur crasse et marmonnant à voix basse. Le spectacle ressemblait à ces vieux tableaux représentant l'enfer, parce que les hublots avaient été recouverts d'une couche de peinture, et seul un filet de lumière grise filtrait jusqu'aux « passagers ». Il y avait au moins un peu de place pour s'asseoir, et j'étais en train de me frayer un chemin lorsque l'enfer se déchaîna. Le bateau subit une ter-

Le frère de mon père, mon oncle Moyshe, tailleur originaire de Szopoenice. Il ne sut jamais que son influence me sauva la vie.

Mon père avec sa mère, Ruchla-Lea.

Bedzin, ma ville natale, avec la grande synagogue (au centre) et l'ancien château de Kazimerz, toujours debout.

Ma ravissante sœur Chana, qui fut directement envoyée aux chambres à gaz à Auschwitz-Birkenau le 6 août 1943.

Le groupe de jeunesse Gordonia en 1938, devenu par la suite une organisation de la Résistance. Ma grande sœur Hendla est assise au second rang, la deuxième en partant de la gauche.

L'usine de confection d'Alfred Rossner. Mon père et Hendla travaillèrent pour Rossner après l'invasion des Allemands en 1942.

Ma grand-mère, Ruchla-Lea,
telle que je l'ai vue pour la dernière fois,
le jour où sa vie a sombré définitivement
dans la nuit au stade de Hakoah.

Juifs arrivant à Bedzin en 1941,
en provenance d'Oswiecim
où les nazis construisaient
le camp d'Auschwitz-Birkenau.

Juifs quittant leurs maisons de Bedzin pour le ghetto de Kamionka.

Juifs arrivant à Auschwitz-Birkenau, après plusieurs jours de voyage dans des wagons à bestiaux.

Aperçu de l'équipe du *Rampe Kommando* dont je faisais partie. On a souvent pris le garçon situé à l'extrême gauche de la photo pour moi, mais j'avais déjà quitté Auschwitz-Birkenau au moment où cette photo a été prise.

Sélection à Auschwitz-Birkenau. Les femmes, les enfants et les personnes âgées qui seront exécutés sont à gauche, les autres, sélectionnés pour travailler au camp, et qui auront peut-être la chance de survivre, sont à droite.

« Une vie indigne de la vie. » Femmes, enfants et personnes âgées se dirigeant vers la mort dans les chambres à gaz. Ils n'ont aucune idée de ce qui les attend.

Bloc II a, la section de quarantaine d'Auschwitz-Birkenau, ma maison pendant dix jours.

Les commodités rudimentaires du bloc de quarantaine. C'est ici qu'Yitzak chia ses diamants.

Les lits à Auschwitz-Birkenau – cinq hommes par couchette avec un sac de paille en guise de matelas.

Les restes du génocide – un peuple entier porta un jour ces chaussures, des hommes et des femmes qui marchèrent devant moi le long de la Rampe.

En compagnie de Caïn – les officiers SS de Birkenau appréciant leur moment de repos et de récupération. Au premier rang, de gauche à droite : Karl Höcker, Otto Moll, Rudolf Höss, Richard Baer, Josef Kramer, Franz Hössler et Josef Mengele.

Moi, peu après la libération à Neustadt en mai 1945.
Il n'existe plus aucune photo de moi avant cet événement.

Luxueux bateau de croisière, le paquebot allemand *Cap Arcona* à son heure de gloire.

Le *Cap Arcona* lors de son bombardement par la RAF, le 3 mai 1945.

rible secousse à la suite d'une puissante déflagration et je partis en vol plané, comme tous ceux debout à ce moment-là.

J'étais à présent à quatre pattes, le cœur battant la chamade, envahi, en dépit de tout, par une sensation de confusion totale. Que se passait-il ? Il y eut une autre embardée et un second choc et, cette fois, les hublots volèrent en éclats et le verre brisé se mit à pleuvoir sur nous. Nous subissions un raid aérien.

Quand on lit le récit sans émotion du torpillage du *Cap Arcona* aujourd'hui, écrit par des historiens militaires, tout semble si normal, si quotidien. Il existait trois bateaux-prisons dans la baie de Lübeck – j'avais brièvement aperçu les deux autres en montant dans le *Cap Arcona.* Il s'agissait du *Thielbek* et du *Athènes* et il y en avait un troisième, baptisé *Deutschland.* D'après l'unité de renseignements de la RAF, les deux premiers transportaient des SS et probablement des soldats de la *Wehrmacht*, qui tentaient de s'échapper vers la Norvège et poursuivre la guerre à partir de là. Ils devenaient donc des cibles légitimes pour les bombardiers alliés, et seul le mauvais temps, en cette matinée du 3 mai, les avait empêchés d'attaquer avant midi.

La première attaque survint à douze heures précises, menée par quatre Typhoon IB, des chasseurs-bombardiers de l'escadrille 184 de la RAF, qui frappèrent ce qu'ils décrivirent dans leurs rapports de mission comme : « Un cargo à vapeur à deux cheminées de dix mille tonnes dans la baie de Lübeck ». Il s'agissait du *Deutschland*, transformé à peine quelques jours auparavant en navire-hôpital. Seules ses cheminées étaient peintes en blanc, et non le navire entier à cause d'un manque de peinture blanche, et la croix rouge n'apparaissait que sur une seule des cheminées, du côté *opposé* à celui des assaillants. Les Typhoon expédièrent un total de trente-deux roquettes, dont quatre touchèrent la cible et l'incendièrent.

Je ne savais rien de tout cela, et ce n'est que par la suite que j'ai lu tous ces détails. Le *Deutschland* devait être trop loin de nous dans la brume pour que nous puissions le voir. J'eus toutefois connaissance de la deuxième attaque parce qu'elle m'avait jeté au sol. Elle était menée par l'escadrille 198 sous le commandement de « Johnny » Johnson, l'un des as de l'aviation, parmi les plus célèbres d'Angleterre, qui s'attaqua à l'*Arcona* peu après quinze heures.

Neuf Typhoon grondaient au-dessus de la baie et expédièrent quarante roquettes sur le bâtiment. J'entendis et sentis l'onde de choc des deux premières. D'après les comptes rendus de mission, elles touchèrent l'*Arcona* au milieu du navire. Elles contenaient trente kilos d'un explosif puissant et les impacts suivants mêlèrent leurs échos dans un fracas assourdissant.

Le pire bruit jamais entendu de ma vie entière était encore à venir. Il tonnait et enflait au fur et à mesure, venu des entrailles du bateau, et je mis un certain temps, commotionné, à genoux, à me rendre compte de ce que c'était. Les hurlements de terreur de centaines d'hommes qui résonnaient dans les couloirs et les escaliers du bateau. L'*Arcona* fut ébranlé et une odeur de brûlé assaillit mes narines. Comme sur un coup de sifflet, nous nous levâmes tous d'un coup, et partîmes dans une ruée désespérée vers la lumière du jour. Quelque part au-dessus de moi, on ouvrit une trappe sur le ciel gris. Je tentai d'y parvenir de toutes les forces qui me restaient – et quand la vie en dépend, on découvre des ressources qu'on ne soupçonnait pas.

Je ne pouvais agripper le rebord, mes doigts se refermant sur le vide dans l'atmosphère saturée de fumée. Mais Peter Abramovitch, mon ami de Fürstengrube, vint à ma rescousse, criant des instructions, me juchant sur ses épaules. Je saisis le métal froid et me hissai, soulevant mon poids à la force des bras, et je parvins à poser les pieds sur le pont.

Les secousses et les chocs qui ébranlaient le bateau se répercutaient sous nos pas et je distinguais les avions qui rugissaient dans le ciel, leur peinture de camouflage gris-vert. Ils ne cessaient de tourner sur eux-mêmes et de piquer sur nous, des flammes jaillissaient de leurs ailes tandis qu'ils passaient dans un hurlement de moteur. Je me croyais revenu à Bedzin, le jour de mes treize ans, quand la guerre avait fait irruption dans mon univers alors que je jouais au football. J'avais dix-huit ans, à présent, et j'avais vu plus d'horreurs que la plupart des gens au cours d'une vie entière. Aujourd'hui, c'était la RAF qui me prenait pour cible, alors qu'ils étaient censés être du même bord que nous !

Les gens couraient dans tous les sens sur ce bateau et une épaisse fumée montait de la cale. Quelqu'un hurla que nous étions en train de couler ; je pivotai alors pour attraper les mains de Peter dans la trappe ouverte et l'aider à se hisser. Mais il n'était plus là.

« Peter ! criai-je dans l'ouverture noire. Le navire est en feu ! Il faut foutre le camp ! » Je n'obtins aucune réponse. Peter avait disparu dans la panique qui se généralisait dans la cale, tandis que les hommes cherchaient désespérément à sortir.

Selon une des nombreuses rumeurs qui circulèrent ce jour-là, les SS auraient délibérément enlevé les canots de sauvetage et transformé l'*Arcona* en cercueil flottant. Mais c'eût été commettre un suicide, tant pour les SS que pour l'équipage. Sans compter que je vis de mes propres yeux les canots de sauvetage, et les hommes tenter de s'en emparer avec l'énergie du désespoir. L'équipage était là aussi, tirant des filins déjà en feu, bondissant dans des volutes de fumée noire. Nous autres prisonniers n'avions aucune idée de comment libérer les canots de sauvetage, et les supports de manille cédaient déjà, rongés par les flammes et plus d'un canot tomba à l'eau, vide et irrattrapable.

Je n'avais pas une seule pensée pour les hommes encore à fond de cale, bien qu'il s'agisse de Herzko, Peter, Joe et les autres gars de la *Maurerschule*. Les marins de l'*Arcona*, qui témoignèrent par la suite, dirent tous que le feu s'était propagé si vite sur le pont supérieur qu'ils n'avaient pas eu le temps d'atteindre les pompes et d'actionner les lances à incendie.

Par-dessus bord, auquel je m'accrochais dans une confusion et une indécision terrifiantes, je vis que les bateaux de pêche qui nous avaient transportés jusqu'à cet enfer avaient fait demi-tour et revenaient vers nous. Et leurs instructions étaient claires. Ils recueillaient quiconque portait un uniforme allemand, *Kriegsmarine* ou SS. Les rescapés en tenue rayée qui tentaient de grimper dans les chalutiers étaient abattus par les SS encore sur le pont ou ceux qui se trouvaient sur le bateau. Si l'on compte les hommes repêchés dans une mer écumante, les archives montrent que seize des dix-huit membres de l'équipage furent secourus et quatre cents des cinq cents SS. Pas un seul prisonnier.

Le navire entier était en proie à la panique. Le *Cap Arcona* était en flammes des cheminés jusqu'à la soute, et je savais qu'il fallait s'en échapper. Je n'avais jamais été très bon nageur et j'étais face à une épreuve nettement plus dure que de barboter dans la rivière Lesnica au Jardin d'Éden. Je regardai par-dessus bord. Je devais être à vingt mètres de hauteur, la hauteur d'un immeuble, et tout en bas, la mer était jonchée de débris que les roquettes des Typhoon avaient arrachés au bateau et çà et là je distinguais les têtes de ceux qui essayaient de les atteindre à la nage pour s'y accrocher.

Je les rejoignis sans tarder. Je retins mon souffle et sautai. L'air envahit ma bouche et mes narines, souleva ma veste et emplit mes yeux de larmes. Je heurtai la surface de l'eau avant d'avoir le temps de voir ma vie défiler devant moi. Le choc me sembla aussi violent qu'une collision avec un mur. Je n'entendis pas le bruit provoqué par ma chute. L'eau était glaciale. Je m'enfonçai dans l'obscurité, la lumière du jour à la surface n'était plus qu'un éclair de lampe torche au fond de ma tête. Je ne sais combien de temps je restai sous l'eau, mais cela me parut une éternité, jusqu'à ce que je remonte à la surface et que je prenne une grosse bouffée d'air avide et douloureuse, tandis que je tentais de me souvenir de mes rudiments de natation. Je n'avais pas nagé depuis le réservoir de Fürstengrube, mais ça ne s'oublie pas, et je mis le cap sur un gros débris de charpente à proximité en brassant frénétiquement comme un petit chien.

Lorsque j'y parvins, mes mains gelées saisirent celles de quelqu'un d'autre : un prisonnier à demi mort était venu, lui aussi, s'accrocher à cette planche de salut. Nous pensions probablement tous à la même chose, oublier toute humanité et chasser l'autre type à coups de pied. Autour de nous, les hommes se battaient en criant, dans une tentative de survie désespérée. Finalement, comme nous nous y accrochions tous les deux, la planche se stabilisa, à notre soulagement.

Nous nous hissâmes tous deux sur les coudes, en laissant nos jambes traîner dans l'eau.

Le bruit était indescriptible. L'*Arcona* nous dominait de toute sa masse, en flammes, et le métal du bateau en se tordant et en s'effondrant, provoquait un fracas assourdissant. Les bateaux de pêche grondaient autour de nous, le moteur fumant en train de tourner, tandis que leurs équipages essayaient de sortir les SS de l'eau. Des détonations de pistolets et de mitraillettes s'élevaient de temps en temps, lorsque ceux qui se trouvaient déjà à bord dispersaient les prisonniers qui cherchaient à y grimper. À un certain moment, une vedette rapide allemande surgit de la fumée et arrosa à l'arme automatique les eaux environnantes. Je voyais les geysers bien alignés des rafales à la surface de l'eau, et les hommes terrifiés se débattre dans la mer quand ils étaient touchés, retomber en arrière et s'enfoncer à jamais.

J'ignore depuis combien de temps j'étais dans l'eau lorsque je vis revenir les avions. Le journal de bord des pilotes rapporte que neuf Typhoon attaquèrent le *Deutschland* à seize heures. Ils revinrent à la charge quelques minutes après pour une quatrième attaque du même bateau, déjà en flammes. L'escadrille 197 lâcha huit bombes de 250 kilos sur le pont. J'avais autrefois fabriqué des emballages en bois pour des bombes de ce calibre à l'usine de Herr Killov dans ma ville natale, mais je ne savais bien entendu rien des charges dont étaient équipés les avions bourdonnant une nouvelle fois autour du *Cap Arcona.* L'un d'entre eux piqua sur nous, nous arrosant au canon.

Rien de cela n'aurait sans doute dû arriver. On dit aujourd'hui que les renseignements de la RAF étaient erronés, qu'ils auraient dû savoir que les bateaux qu'ils détruisaient transportaient des prisonniers des camps de concentration. Dans cette situation, à grande vitesse, dans une fumée dense au-dessus d'une mer en feu, j'imagine que tous les nageurs se ressemblent. Je pense que l'homme qui appuyait sur la commande du canon dans son cockpit s'imaginait tuer des Allemands. C'était son boulot. C'était son devoir. Il continua à survoler la baie de Lübeck à basse altitude, probablement pour sa dernière mission.

Le pilonnage finit par cesser, les avions disparurent. Un troisième prisonnier nous avait rejoints et nous conçûmes une sorte de plan. Nous ne savions pas que l'engloutissement d'un bateau dans la mer peut entraîner dans son sillage mortel tout ce qui traîne à des centaines de mètres autour de lui. La dernière chose ou presque qui se produisit sur le *Cap Arcona* fut une explosion énorme. Selon une des théories admises aujourd'hui, les SS auraient transformé le navire entier en bombe flottante, les réservoirs bourrés de gaz et de bombes incendiaires. Si c'est exact, ce nouveau projet sophistiqué d'exécution de masse était une idée diabolique qui correspondait bien aux SS. Il me paraît plus probable que l'*Arcona* ait sauté à cause de vapeurs de carburant dans les réservoirs. Quelle qu'ait été la cause de l'explosion, le navire se coucha sur le flanc comme une baleine à l'agonie, à moitié submergé par les eaux et toujours en proie aux flammes. Personne ne pouvait se tenir sur la coque brûlante – je voyais le métal fondre et se déformer. Il n'y avait plus à bord que des cadavres.

En début de soirée, le vent et la marée nous poussèrent vers la côte et les bateaux de pêche, bourrés de SS, de *Kriegsmarine* et de policiers, écumaient encore la mer, à la recherche de survivants. Nous savions tous parfaitement que quiconque portait une tenue rayée avait toutes les chances d'être abattu. Il devait être environ six heures, et ça faisait deux heures que nous étions dans l'eau. J'étais épuisé et je ne sentais plus mes jambes, engourdies par le froid. Pourtant, parvenus à une centaine de mètres des côtes, nous décidâmes de finir à la nage.

Notre progression fut interrompue par des coups de feu. Je vis des policiers tirer sur les vagues, à mesure que nous nous rapprochions. Nous ne pouvions apercevoir leurs cibles, mais nous savions qu'il s'agissait d'hommes à moitié morts, comme nous. Nous décidâmes d'attendre la nuit, et j'avais pied, maintenant. Mais la marée n'attend pas, et elle nous poussa sur le sable avant la tombée de la nuit, nous n'avions plus la force de résister. Si les SS nous avaient trouvés à ce moment-là, notre sort aurait été scellé. Je n'arrivais pas à marcher, je rampai donc jusqu'à la plage, échoué comme un phoque sur la grève. Des cadavres flottaient à la surface des eaux peu profondes, roulés par les vagues. Trop épuisé pour bouger et incapable de me lever, j'ai dû m'endormir.

J'entendais des voix dans le lointain ; d'autres gens, plus loin sur la plage, ou bien les fantômes du *Cap Arcona.* Le bruit augmenta et je me rendis compte qu'on me secouait.

« Réveille-toi, disait la voix, si tu restes là comme ça, tu vas mourir de froid. »

J'essayais de retrouver mes esprits, de me concentrer. J'étais revenu sur la Rampe lorsque la « fièvre juive » m'avait terrassé. Mais maintenant, un homme bienveillant, vêtu d'une tenue rayée de déporté, m'aidait à me redresser.

D'autres hommes m'entouraient, formes noires dans

le soir tombant qui m'aidèrent à grimper en claudiquant une pente de galets, me semblait-il. Mes vêtements étaient gorgés d'eau, collés à mon corps, et j'avais perdu mes chaussures. Je me souviens de l'éclat d'un feu de camp dans un bois, et de deux hommes qui me portèrent à moitié pour que je m'allonge à côté. Tandis que le sang recommençait à circuler dans mes veines, je me mis à frissonner ; j'étais frigorifié dans mes vêtements mouillés, et en état de choc. Nous n'avions ni nourriture, ni eau, ni couvertures, mais je dormis par à-coups jusqu'à l'aube.

La première chose dont je me souvienne, le lendemain, ce fut un chant d'oiseau. Au bout d'un moment, je m'aperçus que depuis ma déportation à Auschwitz-Birkenau, s'ouvrait le premier jour sans l'appel du matin. Sans ordres, sans aboiements, sans coups de poing, de pied, de matraque. En réalité, et c'est ce qui rendait cette matinée si étrange, il n'y avait pas d'autre bruit. Cinq hommes se tenaient assis autour des cendres du feu de camp de la nuit précédente. L'un d'entre eux avait dérivé en ma compagnie sur un débris de planche de l'*Arcona* qui nous avait sauvé la vie. Les autres, qui nous avaient trouvés sur la plage, étaient des inconnus. Personne ne parlait. Nous étions tous épuisés et sous le choc.

Peut-être qu'en tant que cadet du groupe, j'avais aussi l'ouïe plus fine ; j'entendis un bruit de moteur. Je m'attendais à un camion ou, peut-être, à une moto avec des plaques d'immatriculation SS, mais sur la route derrière le bosquet d'arbres apparut un vieux camion Ford à plateau, conduit par un civil assez âgé. Ses freins crissèrent quand il s'arrêta et passa la tête à la vitre. Il demanda avec un fort accent d'Allemagne du

Nord si nous étions des rescapés du navire. Quelqu'un lui répondit par l'affirmative.

« Montez dans le camion, dit le vieil homme en indiquant le plateau arrière avec le pouce. Je vous emmène à Neustadt, ils vous donneront de la nourriture. »

Nous roulâmes jusqu'à Neustadt, toujours silencieux, secoués par les cahots. On ne voyait pas le moindre swastika. Uniquement des hommes aux visages sinistres en uniforme kaki qui nous contemplaient. C'est ce jour-là, apprend-on en lisant les livres d'histoire, que l'amiral Dönitz, successeur de Hitler, envoya ses officiers au Timeloberg près de Lüneburg, au quartier général du maréchal Bernard Montgomery, pour évoquer les conditions de la reddition.

Nous aurions dû être couverts de fleurs et accompagnés de rires pour fêter notre retour à la maison. Mais nous n'étions que six Juifs au fond d'un camion à plateau dans une ville étrangère, trempés jusqu'aux os, assoiffés, affamés, transis de froid.

Pour certains d'entre nous, la guerre ne finirait jamais.

XII

La libération

Je possède une photo de moi, prise peu après la fin de la guerre. J'ai dix-huit ans. C'est la seule photo qui ait un vague rapport avec mon enfance. Toutes les autres – du reste, il n'en existait certainement pas beaucoup – avaient été détruites par les nazis dans leur tentative d'anéantir ma vie et, plus généralement, tout un *mode* de vie. Sur cette photo mes cheveux ont suffisamment repoussé pour que je puisse tracer une raie dans mes boucles.

« Il a l'air d'aller bien, diraient les révisionnistes d'aujourd'hui dans leur dénégation de l'Holocauste. Si l'on considère ce qu'il est censé avoir traversé. » Oui, c'est vrai. Quand la photo a été prise, j'étais nourri convenablement depuis plusieurs semaines. Je ne porte plus la tenue rayée et j'ai réussi à piquer une chemise militaire quelque part. Elle n'est pas à ma taille, pas plus que la tenue rayée, mais elle est chaude, douce et confortable, un vrai luxe. Je ne trouve pas que j'ai l'air d'avoir dix-huit ans et, bizarrement, cette photo est plus qu'un instantané. C'est un témoignage de mon adolescence. Je n'ai pas tellement changé depuis mes treize ans, le jour du raid aérien allemand sur Bedzin.

Six ans. Six ans que la vie s'est arrêtée, pour basculer dans le pire des cauchemars.

Le vieil Allemand bienveillant nous déposa près de grands baraquements navals en briques. L'endroit était plongé dans l'obscurité et nous ne réussissions pas à trouver les interrupteurs. Nous savions que la guerre était sans doute finie, mais aucune trace des soldats anglais, les *tommies.* Personne n'avait envie de mourir juste avant la conclusion d'un cessez-le-feu, tout le monde évitait les affrontements. Pendant les semaines qui suivirent, nous entendîmes de terribles histoires sur la résistance farouche des unités de Waffen-SS au moment où le Reich capitulait.

Comme toujours, notre priorité numéro un était la nourriture. Si j'avais l'air de ne pas me porter trop mal sur cette photo, j'étais néanmoins considérablement amaigri et la prise de Neustadt par les Britanniques ne nous garantissait pas la moindre nourriture. Nous étions autorisés à trouver le gîte dans les baraquements navals et avions le droit de nous emparer des vêtements en surplus qui y étaient entreposés. Pour la première fois depuis presque trois ans, je pus ôter mes hardes rayées et enfiler de « vrais » vêtements. Ironie de l'histoire, il s'agissait d'uniformes de la *Kriegsmarine*, la marine de guerre allemande. Nous en arrachions les insignes nazis avec délices, en partie parce que nous déchirions les vestiges du régime, le pire que l'Histoire ait jamais connu, et en partie parce que la dernière chose qu'on aurait souhaitée était d'être internés par les Anglais comme prisonniers de guerre.

Les baraquements étaient bondés de réfugiés, des survivants des camps comme nous autres, des gens venus de Dieu sait où qui avaient perdu leur maison et leur chemin depuis longtemps. C'était la tour de

Babel, tout le monde parlait sur un ton surexcité dans un éventail de langues stupéfiant. Mais il n'y avait rien à manger. Au bout de quelques heures, les habitants de la ville firent leur apparition avec du pain et du fromage, notre premier en-cas depuis que nous avions embarqué sur le *Cap Arcona*.

La plupart des conversations portaient sur le naufrage, les histoires tronquées sur qui avait vu quoi, qui était mort et qui avait survécu ; des inconnus qui avaient survécu à ce cauchemar pour mourir juste avant l'aube. Je me rendis compte, pendant ces quelques heures, que la plupart de mes camarades de la *Maurerschule* avaient péri – le frère et le cousin de Peter Abramovitch ; les frères Engel, Willi et Vicky ; le coiffeur-barbier du camp de Max Schmidt ; la liste était sans fin. Certains avaient été mitraillés dans l'eau, d'autres mutilés par les hélices de la vedette allemande. Beaucoup s'étaient noyés ou avaient été abattus en atteignant la côte. La plupart, sans doute, avaient été brûlés vifs dans l'enfer de la coque du *Cap Arcona* en flammes. Je me souviens tout particulièrement du récit des survivants de l'*Athènes,* un petit bateau de fret. Son capitaine avait aussi essayé de rejeter l'exigence des SS de prendre des prisonniers à son bord. Comme avec le capitaine du *Cap Arcona*, les SS avaient menacé de l'abattre et le bateau put ainsi convoyer des prisonniers vers l'*Arcona*, à l'ancre plus loin dans la baie.

Lorsque les Typhoon étaient apparus, le capitaine donna l'ordre de hisser le drapeau blanc et les avions se contentèrent de passer au-dessus d'eux. L'*Athènes* était retourné au port par ses propres moyens et avait débarqué ses passagers. Nous nous demandions combien de SS avaient réussi à s'enfuir avant l'arrivée des troupes anglaises.

Le jour suivant, on nous confirma que la guerre était finie. Les gens couraient dans tous les sens dans les baraquements, en hurlant et en riant hystériquement, s'embrassant et s'envoyant mutuellement de grandes claques dans le dos. « Nous sommes libres ! » Ce cri s'élevait en douze langues différentes. Ça sonnait bien dans toutes les langues en question. Personnellement, je n'avais pas grand rapport avec nos libérateurs. Nous commençâmes à voir un véhicule blindé de temps en temps et à entendre les godillots des tommies résonner dans la rue quand ils se mirent à occuper la ville. Aucun combat, aucune poche de résistance. Parfois régnait un peu d'agitation lorsque quelqu'un attrapait un soldat allemand et lui tapait un peu dessus, ou lui mettait son pied aux fesses.

À cette époque, je ne savais pas parler anglais, bien entendu. Je ne me souvenais plus que vaguement de l'époque où mon père, à Bedzin, nous enseignait des rudiments d'anglais, qui dataient de l'époque où il avait vécu à Stamford Hill. Les libérateurs nous donnaient de la nourriture avec la réserve qui leur était naturelle. Au fur et à mesure que le temps passa, nous eûmes des échos des Américains qui avaient libéré Buchenwald, offraient du chocolat, autorisaient des ex-prisonniers comme nous à se servir dans les magasins et les entrepôts. Ce genre de chose n'arrivait pas à Neustadt. Les Britanniques laissaient les organisations de réfugiés s'occuper de nous.

La reddition des Allemands créa un chaos terrible dans les semaines qui suivirent, avec partout des gens aux abois, en pleine confusion, affamés et sans un sou. Je le sais – j'en faisais partie. Un soldat anglais me donna une vareuse kaki pour remplacer la bleue de la *Kriegsmarine*. Ça me changeait du vert-de-gris des Waffen-SS que j'avais vu quotidiennement ces six dernières années. C'était ce que les Anglais appelaient un treillis, rêche et rudimentaire, mais après les rayures d'Auschwitz-Birkenau, j'avais la sensation d'être millionnaire. Une organisation de réfugiés nous distribuait de la nourriture ; les documents officiels étaient fournis par le *Comité des Réfugiés juifs*, une organisation américaine. Le toit qui protégeait ma tête des intempéries était offert par la marine allemande, réquisitionné par la 2e armée britannique.

C'est bizarre, mais je n'ai plus aucun souvenir des restrictions d'après-guerre. Il y avait certainement un couvre-feu, des endroits où il était interdit d'aller, tout ce qu'on pouvait attendre de la loi martiale imposée par une armée victorieuse en pays ennemi. En réalité, nous pouvions aller et venir où bon nous semblait, et je me souviens m'être beaucoup ennuyé, surtout le soir. Cela peut paraître ingrat, mais ce n'est pas volontaire. Mes journées avaient été marquées par tant de travail physique et rythmées par la terreur que me retrouver dans une situation sans contraintes me paraissait très étrange. Les Britanniques nous passaient des films dans les baraquements navals et je regardais à nouveau ces westerns en noir et blanc que j'avais tant aimés dans mon enfance à Bedzin. Je ne comprenais rien aux dialogues, mais je savais reconnaître le bon du méchant à la couleur de son chapeau. De plus, une intrigue où une bagarre à mains nues éclate dans un saloon n'est pas très difficile à suivre. Cette libération comportait une autre bizarrerie. Je dormais tout seul dans mon lit pour la première fois de ma vie. Un lit muni d'un oreiller et de draps.

De toutes les émotions qui tourbillonnaient dans nos têtes durant ces premiers jours de liberté, la plus forte était l'instinct de vengeance. Simon Wiesenthal et ses assistants ne poursuivaient pas encore les nazis, ce qui s'était passé ne portait pas encore le nom d'Holocauste ; celui-ci n'était pas encore considéré comme une entreprise d'extermination à une échelle industrielle. Tout ce que nous savions à ce moment-là était que le visage meurtrier de Fürstengrube et de la marche de la mort ressemblait beaucoup à celui d'un fermier de Neuglasau, bourreau et meurtrier de Juifs – l'*Oberscharführer* Max Schmidt. Trois ou quatre jours après la libération, un groupe composé d'une demi-douzaine d'entre nous embarqua sur un chariot tiré par un cheval. Nous avions loué le véhicule et son conducteur en échange de cigarettes et nous mîmes le cap sur la ferme de Neuglasau.

Moins d'une semaine avant nous avions quitté cet endroit, pour marcher vers notre rendez-vous avec la mort sur le *Cap Arcona* et je me souviens être repassé à l'endroit où je m'étais jeté dans le fossé quand l'avion anglais nous avait survolés. Bien sûr, la ferme n'avait pas changé – la maison, les granges et dépendances, les pavés que nous avions posés dans la cour, la porcherie où nous avions dormi. Mais tout le reste était différent. Nous avions quitté la ferme comme *Untermenschen*, ou sous-hommes, une vie indigne de la vie. Nous revenions maintenant, pas exactement en conquérants, mais la roue avait tourné sans le moindre doute.

Frau et Herr Schmidt se montrèrent d'une politesse extrême et s'excusèrent presque de l'absence de leur fils. Comme si on était venu avec un ballon de football pour voir si Max jouerait avec nous, et que sa mère nous disait que non. Nous étions huit, tous juifs, tous des survivants, mais il s'avéra que nous n'avions pas les mêmes motivations, à ce stade. Herzko avait survécu au bombardement du *Cap Arcona*, et j'avais été tellement heureux de le retrouver vivant à Neustadt, ses pieds plats arpentant les trottoirs d'une ville qui n'avait jamais connu de ghetto. Le dentiste Bronek Jakubowicz était là aussi, avec son frère Josek et les frères électriciens, les Lipshitz. Nous comptions également parmi nous le *Kapo* Janek, un colosse aux cheveux bruns, Peter Abramovitch qui m'avait aidé à monter sur le pont de l'*Arcona*, le *Mischling*[1] et architecte Hermann Josef, que j'avais vu pour la dernière fois au port et qui m'avait donné un coup sur l'oreille pour avoir tenté de m'échapper et de partir avec la Croix-Rouge. Le cordonnier Mendeler Davidovitch n'était pas là au moment de notre arrivée à la ferme. Il s'était caché dans la ferme Miller, sans doute grâce à la complicité de Max Schmidt, et avait donc échappé aux horreurs du *Cap Arcona*.

Les Schmidt insistèrent pour que nous restions manger chez eux, et nous proposèrent du rôti de porc. Ils nous dirent de choisir un cochon et de le tuer nous-mêmes. Je n'avais jamais tué un animal de ma vie et ne savais pas par où commencer. Personne dans notre groupe n'était plus doué que moi, et nous passâmes plusieurs minutes dans la porcherie à essayer d'attraper l'animal qui poussait des cris d'orfraie. Herr Schmidt finit par sortir tout le monde de l'embarras en jetant une corde sur une poutre, la passant adroitement autour des pattes arrière du cochon, pour le hisser et lui trancher la gorge. L'animal poussa un dernier cri suivi d'un ultime frémissement et mourut. Après les horreurs

1. Terme péjoratif, utilisé sous le IIIe Reich pour désigner des citoyens comptant un ou plusieurs Juifs dans leur ascendance, et signifiant « métis ».

du régime alimentaire qu'on nous avait fait subir ces trois dernières années, nous n'allions pas nous indigner sous prétexte que c'était une viande interdite aux Juifs. Nous mangeâmes de bon appétit. Je me demandais ce que mon père en aurait pensé. Au cours de ce dîner étrange, nous parlions tous allemand, buvant du schnaps et bavardant de choses et d'autres. Était-ce mon imagination ou bien Herzko lançait-il des œillades à Gerda Schmidt ? Et, plus incroyable encore, avait-elle l'air d'apprécier l'attention qui lui était portée ?

Sans doute parce que j'étais le plus jeune, la sœur de Gerda semblait montrer un faible pour moi. Elle avait seize ans, et elle était jolie, mais au bout de tout ce temps, j'ai oublié son nom. En dépit du spectacle qui m'avait été offert à leur insu par les femmes de Theresienstadt, j'étais ignorant en matière de sexualité. Comme toutes les autres choses qu'un garçon aurait dû en principe découvrir au cours de son adolescence, je n'en avais pas eu d'expérience directe. Je rougissais probablement en l'écoutant, riant et souriant, tentant sans en avoir l'air de copier mon comportement sur celui de Herzko, beaucoup plus mûr que moi.

Lorsque vint le soir et que l'obscurité descendit sur la campagne, tout le monde était d'accord pour dormir sur place. Pour la plupart, nous nous casâmes dans le grenier du grand bâtiment principal de la ferme, si différent de l'étage supérieur de la porcherie, autrefois notre gîte. Je remarquai que Herzko se faufilait dans une pièce plus proche de la chambre de Gerda Schmidt.

Pendant les quelques jours qui suivirent, tandis que Mendeler sortait de sa cachette et nous rejoignait, que nous flânions sous le soleil printanier de Neuglasau, je me liais d'une amitié plus étroite avec la sœur de Gerda. Aujourd'hui, homme d'un âge avancé, beaucoup plus contemplatif, en y repensant, j'éprouverais toutes sortes de difficultés à coucher avec une nazie, la belle-sœur d'un *Oberscharführer* SS. Mais alors, nous étions dans l'état d'esprit que les Juifs appellent *hefker*, nous avions mis de côté tout sens des responsabilités et nous nous contentions de jouir de notre liberté. Je ne crois pas que quiconque puisse nous en blâmer, et la fille de seize ans qui se promenait avec moi dans les jeunes pousses de maïs de l'Ostholstein semblait ressentir la même tension dans l'air que moi. Si les choses avaient tourné différemment, j'aurais peut-être envisagé mon avenir avec cette jolie blonde dont j'ai maintenant oublié le nom.

Je ne me souviens plus de la durée de notre séjour dans cette ferme, ou de la façon dont les Schmidt s'accommodaient de notre présence, mais je me souviens du soir où leur fils est revenu. C'était une des métamorphoses les plus frappantes que j'aie jamais vues, et si étrange que chacun d'entre nous en garda un souvenir différent. L'uniforme SS avait été jeté aux orties, et sa démarche élégante et hautaine avait suivi le même chemin. Il n'y avait plus d'*Oberscharführer*, mais en lieu et place, ce vieux Max Schmidt, fils de fermier, qui s'asseyait parmi nous. Il avait la tête rasée, de façon plus nette que nous à Auschwitz-Birkenau et Fürstengrube. Il nous rejoignit à table et bavarda avec nous de choses anodines comme si nous étions tous de vieux copains en pleines retrouvailles d'après-guerre. Et dire que Max Schmidt avait peut-être en poche les papiers du *Kapo* Hans le mineur, dont il avait abandonné le cadavre à Tourmaline. Nous avions un projet en tête ; lui aussi, mais complètement différent du nôtre. Son comportement me glaçait le sang. La guerre avait-elle eu lieu ? Auschwitz avait-il jamais existé ? Ces trois dernières années avaient-elles fait des victimes ? C'était invraisemblable.

Après le dîner, hors de portée d'oreille des Schmidt, une dispute à pleins poumons éclata entre nous. Hermann Josef avançait que Max Schmidt avait fait de son mieux pour nous venir en aide ces dernières semaines ; il nous avait conduits chez ses parents et s'était assuré que nous ayons droit à une nourriture convenable. Il avait permis à Mendeler de se cacher dans la ferme des Miller – bien qu'aucun d'entre nous ne comprenne *ça* – et l'avait laissé (lui, Hermann) se balader partout sur sa moto. Jakubowicz parlait de pardon, de la nécessité pour nous tous d'aller de l'avant et de nous reconstruire comme nous le pouvions. Schmidt lui était venu en aide, disait-il, au moins trois fois. Lors de la marche de la mort, lorsqu'il était sur le point de s'effondrer, l'*Oberscharführer* était arrivé sur sa moto et avait ordonné qu'on lui donne de la vodka pour le ranimer. Schmidt avait autorisé Jakubowicz à s'établir comme dentiste à Ahrensbök, et, grâce à ça, il avait pu rendre visite à divers amis. Juste avant qu'on nous conduise à Neustadt au pas de gymnastique, Schmidt avait pris Jakubowicz à l'écart et lui avait parlé de la visite prochaine de la Croix-Rouge et de la possibilité de prétendre qu'il était originaire d'Europe de l'Ouest pour partir en Suède. En ce qui concernait Schmidt, la meilleure façon de le protéger était de lui fournir le meilleur alibi possible. Si un soldat anglais l'arrêtait, il lui suffirait de retrousser ses manches et d'exhiber un matricule tatoué sur la peau, le stigmate de la honte, la marque d'Auschwitz.

Tandis que nous discutions, je m'aperçus qu'au bout du compte, j'étais la seule voix à plaider pour l'arrestation de Schmidt. Herzko était absent. Mendeler

Davidovitch aussi. Hermann Josef n'était plus *Oberkapo*, mais il avait une grande force de persuasion, et le *Kapo* Janek finit par me gifler en m'ordonnant de me taire. J'étais sonné, ma tête était emplie d'un bourdonnement sinistre, mais, si je me souviens bien, c'est à Bronek Jakubowicz qu'échut la tâche de retrousser les manches de Schmidt et de lui tatouer un faux matricule sur l'avant-bras. C'était d'autant plus bizarre que, pour autant que je me souvienne, Schmidt devait se faire passer pour Hans le mineur, qui, en tant que déporté chrétien, n'était pas tatoué. Le reste serait du ressort de Schmidt lui-même. Si on lui cherchait noise dans les jours, semaines et mois qui suivraient, il en savait assez long sur Auschwitz-Birkenau, Fürstengrube et même sur la marche de la mort pour donner une version convaincante de sa vie de prisonnier. Le tatouage servirait à confirmer ses dires et serait la preuve « ultime » de sa version des faits.

Pourquoi n'ai-je rien fait, dans cette situation consternante ? Pourquoi n'ai-je pas été chercher le fusil sur son râtelier dans le salon de Herr Schmidt pour abattre l'*Oberscharführer* ? J'avais peut-être assisté à trop de meurtres. Ou peut-être n'étais-je pas du bois dont on fait les assassins. Je n'arrivais même pas à tuer un cochon. Je désirais que Max Schmidt soit jugé en bonne et due forme, pas par un tribunal d'exception et certainement pas qu'il soit victime d'une exécution sommaire. Et je ratais l'occasion que justice passe. La gifle reçue me cuisait encore, lorsque Max Schmidt, Hermann Josef, les Lipshitz et le beau-père de Schmidt, Bergman, ingénieur de I.G. Farben à Fürstengrube, quittèrent les lieux. Aujourd'hui encore, j'ai du mal à comprendre pourquoi les Lipshitz s'en allèrent avec eux. Jakubowicz léchait le cul des SS depuis longtemps et, ça tombait sous le sens, son frère partit avec lui. Hermann Josef était cul et chemise avec Schmidt, quasiment depuis que celui-ci avait pris le commandement de Fürstengrube, après le départ de Moll. Mais la conduite des Lipshitz n'avait aucun sens alors, et elle n'en a pas plus aujourd'hui. Schmidt venait de perdre la guerre. Que pouvait-il offrir ?

Le jour suivant, ou peut-être le surlendemain, les Britanniques se présentèrent à la ferme. Un camion kaki arriva dans la cour, et il en sortit des tommies. Il semble que le pasteur luthérien local s'était plaint que les ex-prisonniers de la ferme Schmidt perturbaient la tranquillité du village. L'ironie de cette affaire me stupéfia à l'époque, et j'en suis encore éberlué. Des gens comme ce religieux s'étaient soumis au pouvoir hitlérien lors de son avènement, et son église était devenue une organisation nazie. Il refusait d'admettre les Juifs. Il ne voulait pas de nous aux alentours et, incroyable mais vrai, les Anglais étaient de son côté. En montant dans le camion, je m'aperçus que Herzko n'était pas avec nous. Absent lors de la dispute à propos de l'avenir de Schmidt, il était de nouveau absent lorsque les Anglais nous emmenèrent. Cet homme était capable de disparaître et de resurgir en Pologne ! J'entendis plus tard qu'il s'était caché dans les toilettes, certainement avec la complicité de Gerda Schmidt qui s'était plus qu'amourachée de Henry Herzko Bawnik. Il troublait sans doute à lui tout seul la quiétude du village.

Je restai dans les baraquements de la *Kriegsmarine* pendant environ deux mois. Les Britanniques étaient procéduriers d'une façon maladroite selon moi, surtout lorsqu'on avait vent des rumeurs venues du sud de l'Allemagne, sur la manière dont les Américains traitaient les autres réfugiés. Près de Buchenwald, lorsque les

GI's avaient libéré les camps, le général Eisenhower avait donné des ordres spécifiques : « Ouvrez les magasins, avait-il déclaré. Laissez les prisonniers prendre ce qu'ils veulent. Donnez-leur ce dont ils ont besoin, dans les boulangeries, dans les boucheries, donnez-leur. »

Rien de ce genre ne survint à Neustadt. C'était une ville occupée à la fin de la guerre, mais tout le monde avait son petit ordre du jour. Pour moi et Joe Zoller, il s'agissait de survivre, il y avait des années qu'il en était ainsi.

Je ne connaissais pas bien Joe, avant Neustadt. Il ne faisait pas partie de la même équipe que moi à Fürstengrube, car il dormait dans un autre Bloc. Mais nous avions tous deux une aptitude à *nous organiser* et nous nous étions associés. Ni l'un ni l'autre ne fumait, à l'époque, mais nous raflions des cigarettes partout où c'était possible pour les échanger au marché noir. Dans les rues de Neustadt, nous vendions tout ce qui nous tombait sous la main – des montres, des appareils photo, tout ce que les SS et la *Wehrmacht* avaient abandonné dans leur hâte de s'enfuir. À y repenser, Joe et moi n'étions pas très bons trafiquants et nous héritâmes de beaucoup de marchandises invendables.

Ces affaires me permirent néanmoins de mettre la main sur une moto allemande, et je partis avec Joe à Bergen-Belsen pour vendre du hareng que nous avions acquis auprès des pêcheurs de la baie de Lübeck. Le *Cap Arcona* dérivait toujours aux alentours, une carcasse noire battue par les flots de la mer grise ; durant des semaines, des cadavres s'échappèrent de sa coque calcinée. Nous prîmes des photos avec nos appareils, qui auraient constitué des documents aujourd'hui si j'avais fait développer la pellicule ou simplement si je l'avais conservée.

En réalité, on cherchait surtout des filles. Ma passade avec la sœur de Gerda m'avait stimulé, j'imagine, et à quoi peut-on s'attendre d'autre de la part de deux gamins de dix-huit ans qui ont des cigarettes et une moto ? Il y avait à Neustadt de véritables professionnels du marché noir en train de créer leurs réseaux – grand bien leur fasse. Nous ne désirions que profiter de la vie – *hefker*, une liberté sans rime ni raison, que nous trouvions grisante l'un et l'autre.

Les Britanniques n'envisageaient pas du tout ça de cette façon-là. Ils ne nous confinaient pas dans les baraquements de la marine, mais il était clair qu'ils cherchaient à se faire accepter de la population. En Angleterre, le marché noir était un crime puni par la loi, et les tommies fouillaient les jeunes dans la rue, confisquaient la contrebande, et les fourraient en cellule pour la nuit. Lorsque je tentai de me procurer de l'essence pour la moto, un soldat anglais portant des galons de sergent refusa de m'en vendre.

Un jour, pourtant, je réussis à avoir suffisamment d'essence pour retourner à la ferme des Schmidt. Un visiteur solitaire affublé d'une vareuse de l'armée britannique ne suscitait aucune émotion particulière aux alentours. Je passais à la laiterie pour avoir du beurre frais et du fromage, mais en réalité, j'allais voir la sœur de Gerda. On ne roula point dans la paille ce jour-là. Échangea-t-on des serments de rester en contact ? Si ce fut le cas, je n'en garde aucun souvenir, des besoins plus ordinaires occupaient mon esprit, et je quittai l'endroit mes sacoches arrière bourrées des produits de la laiterie. De retour dans les baraquements, je festoyai avec mes camarades.

Au fond, je me demandais, en ce début 1945, ce que j'allais faire du reste de ma vie. J'avais déjà vécu les proverbiales neuf vies du chat comme l'assure le dicton, et je n'avais pas encore vingt ans. Neustadt, après les camps, était une aventure surréelle. Mais ce n'était pas un mode de vie durable, et il me fallait passer à autre chose. Pour nombre de survivants des camps, cela signifiait rentrer. À la maison. Retrouver leur famille. La vie que nous avions connue avant-guerre. Certains retournèrent chez eux. Joe Zoller le fit, par exemple. Il lui restait une sœur, et il était convaincu qu'elle avait survécu, d'une manière ou d'une autre, en Pologne, et il partit dans l'espoir de la revoir. En ce qui me concernait, je savais que ma famille entière avait péri. Il était impossible que Ruchla-Lea, ma grand-mère, soit encore vivante. Ma mère, mon père, Hendla, Chana, Majer, Wolf et Josek avaient été expédiés au paradis par les cheminées d'Auschwitz-Birkenau. Ma dernière image de Bedzin, par une journée accablante du mois d'août, était celle de Polonais chrétiens raflant notre mobilier à Kamionka, après notre départ forcé. Plusieurs mois avant ces événements, quelqu'un d'autre s'était déjà installé dans notre maison de la rue Modzejowska. Seul Nathan était peut-être encore en vie, et ce n'était qu'une infime possibilité. L'ultime fois que j'avais entendu parler de lui, c'était lors de son séjour au camp de travail de Blechhammer. Nathan avait une hernie à cette époque et devait porter une ceinture spéciale pour le moindre effort. Combien de temps avait-il pu survivre dans un monde où les nazis cherchaient à créer l'État aryen parfait, et où les imperfections n'étaient pas tolérables ?

Durant ces semaines passées à Neustadt, les rumeurs allaient bon train. Les gens se déplaçaient dans toutes les directions, sur la route, à bord de trains et de camions, quand ils parvenaient à embarquer, recherchant des gens morts depuis longtemps. Les Juifs visaient plus que ça. Ils recherchaient leur passé, leur histoire, leur mode de vie. Mais tout cela semblait avoir disparu. C'est par une de ces rumeurs que j'entendis parler d'un cousin de mon père qui avait fini à Bergen-Belsen. Je me débrouillai pour faire le trajet, et je commençai mes investigations.

Le camp de concentration de Bergen-Belsen avait été libéré par la même division britannique que Neustadt. Ce fut un des premiers camps où pénétrèrent les Alliés, et les conditions épouvantables qui y régnaient avaient choqué le monde entier. Les SS capturés n'avaient pas une idée très précise du nombre de prisonniers ; ils supposaient qu'il y en avait quarante mille. Les morts étaient entassés dans les baraquements, ou sur l'*Appellplatz*. Des hommes trop affaiblis pour remuer gisaient dans leurs excréments sur leurs couchettes et leur merde dégoulinait sur la couchette inférieure. Les bombes avaient endommagé la plomberie, et ils étaient privés d'eau depuis une semaine, à l'arrivée des Anglais. Dans les magasins du camp s'alignaient les boîtes de la Croix-Rouge contenant de la soupe, du lait et de la viande, envoyées par diverses associations juives. Une grosse partie avait été volée par les SS, et on n'avait rien distribué aux déportés. La lecture des archives de la 2e armée anglaise enregistre la mort de cinq cent quarante-huit prisonniers. Ils moururent en hommes libres.

Bergen-Belsen n'avait rien à m'offrir. Un nouveau camp de concentration à raser, une nouvelle ville allemande forcée de se confronter à son passé récent. Toujours sans domicile, toujours dans l'errance, je rentrai à Neustadt. Et, en arrivant aux baraquements de la *Kriegsmarine*, Nathan m'attendait devant les bâtiments.

Il n'avait pas changé, mon grand frère. Et pourtant, il était si différent pour des tas de raisons. Comme moi. Nous tombâmes dans les bras l'un de l'autre, pleurant à chaudes larmes. Nous étions en train d'étreindre notre mère, notre père, notre aïeule Ruchla-Lea, Hendla, Chana et les petits frères, Majer, Wolf et Josek. Nous étions en train de nous étreindre nous-mêmes pour tout ce que nous avions traversé, tout ce que nous avions vu. Étreindre un mode de vie disparu à jamais.

Nathan ne me demanda pas ce qui était arrivé à notre famille. Pas besoin. Il savait déjà. Le paradis par la cheminée du crématoire – c'était aussi simple et brutal que ça. Huit personnes que nous aimions plus que tout, sacrifiées pour réaliser les rêves d'un dément qui n'avait pas quitté ce monde par une cheminée, même si nous apprîmes plus tard que le corps de Hitler avait été brûlé sur ses ordres, dans le jardin de la chancellerie du Reich. Y avait-il un quelconque réconfort dans cette nouvelle pour Nathan et moi ? Pas le moins du monde.

L'histoire de mon frère nécessiterait un livre entier pour être racontée en détail, et, pendant les jours qui suivirent à Neustadt, nous fîmes le récit de nos expériences respectives. D'une certaine manière, c'était plus facile à l'époque. Nous étions encore des gamins, l'un comme l'autre, et bien que ces atrocités soient encore et toujours cuisantes, il ne s'était pas écoulé suffisamment de temps pour que les cauchemars et la tristesse s'enracinent en nous et deviennent un mode de pensée. Nathan avait été transféré d'un camp à l'autre jusqu'à ce qu'on l'envoie à Blechhammer, et le temps qu'il y arrive, celui-ci dépendait déjà du complexe géant d'Auschwitz. Je me souviens avoir pensé en l'écoutant que s'il était parti à Auschwitz-Birkenau en même temps que nous par cette terrible journée d'août 1943, il aurait été expédié à la chambre à gaz avec le reste de notre famille à cause de sa hernie. Ce genre de handicap n'aurait pas été toléré par le comité d'accueil Mengele et l'élégante main gantée du médecin l'aurait expédié vers la gauche d'un petit geste négligent. Et si Nathan avait été envoyé dans les flammes, je l'aurais suivi, comme j'avais vu trop de gens le faire sur la Rampe ; des gens qui choisissaient de rester avec leur famille quoi qu'il arrive, comme ces deux frères, en particulier, dont l'un avait eu le bras cassé au cours d'une terrible raclée administrée par un *Kapo*. Son frère l'accompagna jusqu'à ces portails de mort en lui tenant le bras.

Dans les camps où travaillait Nathan, il n'y avait pas de déshabillage de force et de fouille au corps, de sélection, ni de chambres à gaz. Une fois sous la coupe d'Auschwitz, tout changea, bien sûr. Nathan dut abandonner ses vêtements civils, porter les rayures bleues et blanches qui nous marquaient comme du bétail à Auschwitz-Birkenau. Il était tatoué, lui aussi ; son matricule était quelque chose comme 176 000.

Tandis que nous bavardions en sécurité dans les baraquements de la *Kriegsmarine*, avec nos cheveux qui repoussaient et nos vêtements dépareillés, Nathan évoqua le nom de notre vieil ami Vladek Lipanski. Celui-ci travaillait aussi à Blechhammer lors du passage de Nathan et avait souvent rendu visite à notre famille avant que notre déménagement forcé vers Kamionka ne rende cela impossible. Nous avions tous les deux joué au football avec lui ; il avait même acheté le vélo de Nathan en échange de pommes de terre. Et il n'avait jamais parlé de Nathan. Il lui avait dit : « Je savais que tu finirais par échouer ici. Et à présent, tu vas crever comme un chien. » C'était notre ami. C'était un gentil Polonais.

Par une de ces bizarres coïncidences qui avaient lieu en temps de guerre, Nathan et moi avions failli nous retrouver. Le camp de Blechhammer s'était révélé en tout point aussi brutal qu'Auschwitz-Birkenau. Des heures à faire le planton sur l'*Appellplatz* par une température au-dessous de zéro, alignés en rangs par cinq. Passages à tabac et assassinats par les *Kapos* et les SS. Les *Muselmänner* qu'on tuait au travail. À la différence d'Auschwitz-Birkenau, Blechhammer avait été bombardé par les Alliés dix fois entre juillet et novembre 1944. J'avais probablement aperçu ces bombardiers survolant Fürstengrube, sans savoir qu'ils allaient viser mon frère.

Nathan avait quitté le camp à pied par ce glacial mois de janvier 1945, dans l'un des derniers groupes à abandonner le camp, trois jours après notre départ de Fürstengrube. Sur la route, il avait vécu des expériences aussi dantesques que les miennes, les affamés quittant la colonne dans l'espoir d'arracher des tiges de chou aux champs enneigés, pour être abattus par les SS, le sang maculant de rouge le blanc et le vert de la campagne. Lui aussi avait été transporté dans des wagons de houille à ciel ouvert et à Buchenwald, nous nous étions trouvés à bord du même train. Là-bas, alors que les SS tentaient désespérément de savoir quel plan adopter au moment où leur monde s'écroulait, le wagon de Nathan était parti avec la moitié du train vers Buchenwald tandis que le nôtre était dirigé vers Nordhausen et Dora-Mittelbau. Les coïncidences de la guerre.

Lorsque nous nous retrouvâmes dans les baraquements de la marine, Nathan vivait au bord du superbe lac de Constance, dans la zone française. Si ce n'était pas clair au départ, il devint rapidement manifeste que les Alliés de 1941-1945 ne l'étaient plus. Avant 1941, les Russes s'étaient partagé mon pays avec les Allemands. Avant 1941 et Pearl Harbor, les Américains avaient montré peu d'enthousiasme à être entraînés dans une nouvelle guerre européenne. Durant le conflit, la France s'était effondrée pour l'essentiel sous les coups de la guerre-éclair (le *Blitzkrieg*) menée par la *Wehrmacht*. Le secteur resté « indépendant », la zone libre de Vichy collaborait franchement avec les nazis. Il n'existait aucune tendresse particulière entre l'Est et l'Ouest, le communisme de Staline contre la démocratie de Churchill, et, pour leur part, les Français et les Anglais avaient guerroyé les uns contre les autres pendant des siècles, malgré leur alliance récente contre l'ennemi commun. Chacun des Alliés régnait jalousement sur la partie de l'Allemagne qu'il avait conquise, en gardant un œil vigilant sur l'autre.

Et c'était ainsi que Nathan m'avait retrouvé. Il avait pris un train avec un ami qui recherchait des membres de sa famille. Dans un camp appelé Feldafing, près de Munich, Nathan avait croisé quelqu'un de Bedzin qui lui avait confié m'avoir vu à Neustadt. À son arrivée, j'étais déjà de mon côté à sa recherche, à Bergen-Belsen.

Je n'avais aucune raison de m'attarder à Neustadt et je partis avec Nathan à Constance dans un de ces trains gratuits, au confort rudimentaire de la fin d'été 1945. Je n'étais jamais allé aussi loin à l'ouest de toute ma vie et, soudain, nous étions à Baden au bord d'un paisible lac envahi de bateaux à vapeur aux couleurs éclatantes, avec les montagnes de la Suisse toute proche qui me rappelaient que les horreurs de la guerre avaient été épargnées à certains pays. Nous savions tous deux, Nathan et moi, qu'aucun Juif de Suisse n'avait été expédié aux crématoires dans des wagons à bestiaux.

La 1re armée française équipée par les Américains avait pris la ville sans rencontrer de résistance, fin avril, et Constance était maintenant au cœur de la zone française.

Nathan vivait dans un palace ! Il y avait des siècles que les Juifs s'étaient installés à Gailingen, mais les nazis avaient tout détruit, et brûlé la grande synagogue peu de temps avant la guerre. La maison dans laquelle j'allais vivre avait appartenu à la famille Rothschild, ces riches Juifs de la banque internationale que Hitler avait désignés à la vindicte de tous pendant une grande partie de sa vie. Les nazis venaient de quitter cette maison transformée en hôpital pendant la guerre et un comité juif s'en était emparé récemment. Je dormais dans un lit plus confortable que dans les baraquements de la *Kriegsmarine* et mangeais une nourriture convenable, fournie par la Commission interalliée aux réfugiés.

Nous jouions au football. Nous apprenions l'hébreu. Nous pensions à l'avenir et nous pensions au passé. L'avenir, c'était la Palestine – le biblique pays de Canaan, terre du lait et du miel. Des camions transportant des réfugiés juifs décidés à s'y établir traversaient Constance quotidiennement. On les hébergeait quelques jours avant leur départ. Comme nous, il s'agissait de rescapés des camps, de jeunes hommes et de jeunes femmes assez forts pour avoir enduré tous les mauvais traitements des nazis. Débarrassés de leurs tenues rayées, ils reprenaient un peu de poids avant de s'embarquer pour l'inconnu.

Reposés, ragaillardis, ils partaient vers la frontière française ou italienne, munis de faux papiers et d'argent liquide pour soudoyer les douaniers. À partir de là, la Terre sainte leur tendait les bras.

Nous n'en étions pas là – pas encore. Notre passé était en Pologne, à Bedzin, ou bien avec la famille de ma mère au Jardin d'Éden. Pourtant, nos souvenirs étaient bien trop amers pour que nous puissions songer à un quelconque retour. Nous savions que la synagogue de Bedzin n'était plus qu'une carcasse calcinée. Je soupçonnais fortement que Kamionka n'était plus qu'une ruine délabrée et, quoi qu'il en soit, les conditions de vie seraient trop rudimentaires pour songer à y élire domicile. Le pays était *judenrein*, purgé des Juifs. Les Polonais qui s'étaient emparés de nos maisons et de notre mobilier nous avaient vus monter à bord du train pour Auschwitz et n'avaient probablement aucun désir de nous revoir.

La seule patrie que nous puissions envisager était l'Angleterre. Mon père avait vécu avec des membres de sa famille à Stamford Hill peu avant la Première Guerre mondiale et une de ses sœurs habitait encore l'East End de Londres. Nous écrivîmes à un lointain cousin à Bergen-Belsen qui avait gardé son adresse en mémoire et, grâce à la Commission interalliée d'aide aux réfugiés, nous fûmes parrainés pour émigrer à Londres.

À nouveau nous embarquâmes dans des trains, cette fois dans un wagon de passagers. La dernière fois, c'était lors de l'aller simple vers l'enfer, en compagnie de ma famille. Maintenant, il ne restait plus que nous deux, les derniers des Pivnik, et nous traversâmes la Manche, par une journée maussade et pluvieuse de l'automne 1947.

J'avais vingt et un ans, j'étais un adulte aux yeux du monde et, après l'été sur le lac de Constance, Londres offrait un spectacle accablant. Tout y était gris et terne, et la ville, qui avait traversé deux phases de bombardement intense connues sous le nom de *Blitz*, était défigurée. Il y avait des cratères de bombes partout, des trous, là où il y avait eu des immeubles, des hôtels, des magasins. La nourriture était encore rationnée et la Grande-Bretagne traversait une ère d'austérité. Il était interdit de passer ses vacances à l'étranger depuis le mois précédent, et la ration de viande hebdomadaire avait été réduite de moitié. Tandis que Nathan et moi apprenions l'anglais petit à petit et tentions de prendre connaissance du contenu des journaux, nous y lûmes que le gouvernement de Clement Atlee venait de faire passer une loi intitulée « Fournitures et services » qui forçait les ouvriers à travailler dans certaines industries. Cela attira mon attention, parce que l'opposition conservatrice la surnomma « le décret SS ». S'ils avaient su de quoi ils parlaient !

Un épais brouillard enveloppait la ville en ce mois de novembre – ce que les cockneys appelaient « la purée de pois ». Je n'avais jamais rien vu de pareil. Nous vivions chez mon oncle et ma tante dans l'East End, et ce n'était qu'un arrangement provisoire, parce qu'il n'y avait pas de place. Une des chansons que j'écoutais à la radio s'intitulait « Peut-être parce que je suis londonien » et le fait que je ne l'étais pas m'aveugla. Nous travaillions, Nathan et moi, dans le magasin de tailleur de nos parents, suivant les traces de notre père. Mais personne ne voulait entendre parler de ce qu'avaient subi les Juifs. Tout le monde avait ses propres difficultés à surmonter – le rationnement, le deuil des êtres chers, les bombes, les fameuses

« bombes volantes » que j'avais vu fabriquer dans les sulfureux tunnels de Dora-Mittelbau. Les camps, Auschwitz, l'Holocauste, tout cela était lointain et ne les concernait pas directement.

Depuis août 1943, je n'avais cessé d'être en mouvement – Auschwitz-Birkenau, Fürstengrube, la marche de la mort, Ahrenbök, Neustadt et Constance. Londres. Il était à nouveau temps de partir.

XIII

La Terre du lait et du miel

« L'an prochain à Jérusalem » était un des slogans du mouvement sioniste. Si je n'avais pas, pour ma part, grandi avec cette idée, Nathan et Hendla, quant à eux, en avaient été imprégnés, dans l'organisation *Gordonia* de Bedzin.

J'ai lu beaucoup de choses à propos du sionisme, lorsque j'en ai eu le loisir, et depuis, j'en suis devenu un petit élément. « Nous sommes un peuple à part entière, écrivait Theodor Herzl à l'époque de mon grand-père. Nos ennemis ont unifié notre nation, bon gré mal gré… L'affliction nous rassemble et de cette unité naît notre force. Nous sommes assez forts pour édifier un État, et même un État modèle. Nous possédons toutes les ressources humaines et matérielles nécessaires. »

Herzl écrivait ces lignes bien avant que l'Holocauste ne détruise une grande partie de nos ressources matérielles et humaines, mais l'idée d'une patrie juive n'avait pas disparu. Les épreuves collectives traversées pendant la guerre l'avaient même rendue plus séduisante, sinon impérative. Les survivants qui étaient rentrés en Pologne pour tenter de reconstruire leur ancien mode de vie avaient trouvé leurs maisons occupées par des étrangers, leurs synagogues réduites à l'état de vestiges calcinés et leurs coutumes n'avaient plus le droit de cité. Certains d'entre eux avaient été battus à mort dans les rues des villes polonaises.

Les nouvelles de Palestine emplissaient les colonnes des journaux britanniques en 1947 et au début de 1948. Depuis la conquête de la région sur les Turcs par les Anglais pendant la Première Guerre mondiale, c'était une possession de la Couronne. Bercé par les récits du Déluge, d'Abraham et d'Isaac, et contemplant leurs images sur les murs de la Grande Synagogue de Bedzin, j'avais probablement dans l'idée que les habitants s'habillaient encore comme ça, qu'ils s'occupaient de leurs troupeaux et que cet endroit n'était qu'un beau désert à peu près vide où ne vivait personne d'autre. Les nazis voyaient probablement leur projet de déportation des Juifs à Madagascar un peu de la même manière. Je savais très bien qu'il ne pouvait en être ainsi et les gros titres des journaux dissipaient toute illusion au sujet d'un nouveau Jardin d'Éden. Et pourtant, le rêve d'une vie rurale idyllique fondée grâce au kibboutz était partagé par des millions de Juifs dans le monde entier.

Il y eut des attentats terroristes au mois de mars dans la ville juive de Tel-Aviv. Divers groupes exaltés cherchaient à forcer le départ des Anglais et à obliger les Arabes – dont la Palestine était la patrie depuis des siècles – à faire place aux Juifs. Le groupe Stern et l'organisation Irgoun, certains vêtus d'uniformes britanniques comme j'en avais porté à Neustadt, avaient attaqué les prisons d'Acre et posé une bombe à l'Hôtel King David à Jérusalem. Deux soldats britanniques avaient été retrouvés pendus dans un massif d'eucalyptus près de Haïfa, et par une action qui frappa l'imagination du monde entier, les Anglais abordèrent le navire *Exodus 47* affrété par la Haganah qui transportait 5 000 Juifs en Palestine. On n'assista pas aux horreurs du *Cap Arcona*, mais il y eut des affrontements à bord, les Britanniques firent usage de gaz lacrymogènes contre les barres de fer et les boîtes de conserve, et trois Juifs périrent. Le timonier fut battu à mort. Le bateau dut faire machine arrière, et ses passagers furent emmenés à Chypre, qui devenait un vaste camp d'internement. À partir de là, on l'expédia en France, mais ses passagers refusèrent de mettre pied à terre et, entre tous les ports d'accueil possibles, il finit à… Hambourg.

En septembre de cette année-là, les Anglais décidèrent qu'il était temps d'évacuer la Palestine. Deux mois plus tard, le drapeau bleu et blanc frappé de l'étoile de David flottait sur Jérusalem lorsque l'Assemblée générale des Nations unies approuva la création d'un État juif.

Bien entendu, cela signifiait la guerre ouverte avec les Arabes, le premier d'une longue série de conflits qui continuent à déchirer le Moyen-Orient. Les gros titres du 17 janvier résumaient l'engrenage de l'affrontement qui se poursuit aujourd'hui encore. Peu après minuit, la veille, une bombe posée par des terroristes arabes avait fait exploser une épicerie située à proximité du Mur des Lamentations. En guise de représailles, la Haganah, la force de défense juive, avait fait sauter une maison et tué sept enfants arabes. Les Britanniques, qui tentaient de calmer le jeu en négociant avec des modérés des deux bords, étaient pris entre deux feux. Mais au fur et à mesure que les victimes s'accumulaient, le pourcentage de modérés diminuait.

Comme le gouvernement anglais bloquait l'immigration en Palestine, devenue un point chaud, il me fallut sortir du pays clandestinement, traverser la Manche, puis la France par chemin de fer et prendre un bateau à Marseille.

À ma grande surprise, il régnait une chaleur torride en Palestine, lorsque j'arrivai au mois d'avril. Le soleil n'était pas aussi brûlant en Pologne et je n'avais jamais autant transpiré de ma vie, même à la fin de notre séjour au ghetto de Kamionka, juste avant qu'on nous emmène à Auschwitz. En fait de lait et de miel, c'était un désert aride, rocailleux, avec du sable et encore du sable. De nombreux colons venus d'Europe du Nord ne purent supporter la chaleur, il y eut des coups de soleil et des épidermes brûlés en pagaille. Pendant presque tout le temps passé en Palestine, je portais un short et il ne fallait pas oublier son chapeau.

Je parlais un anglais assez correct, maintenant, et on m'envoya au camp de Telavinski, rattaché à une brigade qui venait d'être constituée, la 7e division blindée, qui comptait un important contingent d'anglophones, soldats et officiers. Je faisais partie d'une organisation appelée *Machal*, parmi trois mille cinq cents volontaires venus de quarante-six pays. Nous étions pour la plupart des survivants des camps venus de toute l'Europe, unis par notre épreuve commune, et désireux d'accomplir quelque chose. Être resté en vie exprimait un accomplissement en soi, mais j'avais vingt et un an, à présent, et la vie me semblait présenter plus d'opportunités qu'un boulot de tailleur dans l'East End. Les photos des chefs de ce que l'on devait plus tard appeler la guerre de libération montrent de jeunes hommes, prêts à affronter le monde entier si nécessaire. La photo de moi en couverture de ce livre fut prise à cette époque et elle représente un nouveau Sam Pivnik. Le gamin effrayé et introverti que j'étais trois ans auparavant a disparu. Dans cette version de moi-même, on reconnaît un homme adulte au regard d'acier, dirigé vers l'avenir.

Ma section du *Machal* ne comptait que deux cent cinquante anglophones, et je me liai avec deux d'entre eux pendant les classes, Herschel Margules et Max Wolinski. Je ne savais même pas par quel bout tenir un fusil, bien que j'aie vu les SS s'en servir sous mes yeux, l'exercice et les marches m'étaient eux aussi inédits, n'ayant rien en commun avec le pas traînant de la marche de la mort ou des allers-retours à la mine de Fürstengrube. L'un des commandants du 72e bataillon de la 7e brigade était le capitaine David Appel, et il produisit sur moi une grosse impression, ne serait-ce que parce qu'il avait beaucoup plus à perdre que nous, étant donné son origine. Il s'appelait en réalité Thomas Bowden et David Appel était son nom de guerre. C'était sans doute un des très rares Anglais à avoir été placé en camp de concentration parce qu'on avait trouvé sur lui des lettres d'amis juifs, et comme on le soupçonnait d'être par conséquent Juif lui-même, on l'avait expédié à Bergen-Belsen. Il était marié à une femme israélienne, et s'était donc établi au Moyen-Orient plutôt que de rentrer dans la ferme familiale de Norfolk.

Appel cherchait des chauffeurs pour ses véhicules. Les historiens militaires prétendent que les Juifs étaient plus nombreux que les Arabes sur les champs de bataille de 1948, mais, à nos yeux, la réalité semblait toute différente. C'était David contre Goliath et nous ne disposions que d'une fronde, métaphoriquement, à opposer à la puissance massive de notre ennemi. Nous n'avions aucune expérience militaire et la Seconde Guerre mondiale ne nous avait pas permis d'apprendre à conduire. À Bedzin, autrefois, seuls les riches possédaient des voitures. Mais j'avais appris à Constance avec Nathan et je me portai volontaire.

Je me souviens avoir mesuré la différence avec l'*Appellplatz* à Auschwitz-Birkenau où personne ne se risquait à se désigner. Je dis au capitaine Appel que je savais conduire et il m'affecta au 79ᵉ bataillon qui avait un besoin urgent de chauffeurs. J'y restai pendant tout mon séjour en Palestine.

À seize heures, le 14 mai, quelques heures avant la fin du mandat britannique, le chef de l'agence juive, David Ben Gourion, annonça qu'il était le nouveau Premier ministre du gouvernement de l'État d'Israël. Aux oreilles de millions de Juifs du monde entier, et en particulier pour les milliers de survivants des camps de la mort, cette déclaration sonnait comme une musique céleste. Celle-ci s'intensifia et devint plus joyeuse encore lorsque le Président des États-Unis, Harry Truman, devint le premier dirigeant international à reconnaître le nouvel État. Nous n'avions plus qu'à nous battre pour le défendre.

Entre conduire une voiture dans le civil, et un véhicule blindé pour l'infanterie motorisée, la différence est de taille. Mon instructeur était un homme qui devait par la suite devenir un ami cher : Sidney Friedman, un gars de Sheffield, vétéran du corps blindé britannique. Sidney m'enseignait à négocier les vitesses pour patiner dans la boue, grimper les dunes de sable et les redescendre, dévaler les ravines comme si de rien n'était. 4X4, traction avant ou arrière, véhicules, lourds ou légers. Je devais être capable de foncer sur les routes les plus primitives, prendre des virages en épingle à cheveux et affronter le sable dans toutes ses manifestations – brûlant les doigts, piquant les yeux dans la tempête. Je devais également savoir entretenir ces sacrées mécaniques, souvent penché pendant des heures sous le capot dans le froid mordant de la nuit du Neguev, jonglant avec marteaux et clés à molette. Dans la journée, le métal était trop chaud, on s'y brûlait les mains et on était dévoré par les moustiques.

J'imagine que les armées régulières européennes auraient été horrifiées par nos uniformes faits de bric et de broc. La plupart d'entre nous ne possédaient pas de rangers militaires, nous nous contentions de nos chaussures de civils. Nous portions des casques britanniques et nous nous entourions souvent la tête des foulards arabes pour éviter le sable dans la bouche. C'était une situation surréaliste. Nous combattions dans une guerre pour Israël, une guerre de libération pour un État juif, mais nous comptions dans nos rangs relativement peu de Juifs, et la majorité d'entre nous ne possédait que des rudiments d'hébreu.

Le premier commandant de la 7e division blindée était Chaim Laskov, un Russe dont la famille s'était installée à Haïfa en 1925. Il s'était enrôlé dans l'armée britannique en 1940 au tout début de l'occupation allemande à Bedzin et il était sorti du rang, devenant major dans la Brigade juive. Ces trois dernières années, il avait été très actif au sein de l'*Aliyah Bet*, une organisation qui permettait aux Juifs d'entrer illégalement en Palestine. Selon certaines rumeurs, il avait accompli de ses propres mains le genre de vengeance que je voulais faire subir à Max Schmidt, sans s'embarrasser ni de la loi, ni des tribunaux. Au cours des semaines qui avaient précédé mon arrivée au camp de Telavinski, il avait veillé à l'entraînement des officiers de notre armée en formation, d'une nécessité vitale, avant de recevoir le commandement de la 7e division.

Pendant mon séjour à Telavinski, Laskov fut de nouveau affecté au recrutement, avec le grade de major général, et son poste fut occupé par un Canadien décontracté du nom de Ben Dunkelman, qu'on avait surnommé dans le désert Benjamin Ben David. Comme moi, il était fils de tailleur, mais originaire de Toronto, venu à l'âge de dix-huit ans, comme Hendla l'avait souhaité, afin de travailler dans un kibboutz de Palestine. Il avait essayé de s'engager dans la marine canadienne mais, encore une ironie de l'Histoire, l'antisémitisme l'en avait empêché. Alors il avait choisi l'armée et en tant que major débarquait le Jour J à la tête de ses hommes sur la plage de Juno Beach, en Normandie, après avoir affronté des flots houleux. Tout comme Laskov, il n'était pas rentré en Palestine depuis très longtemps, lorsqu'il se trouva au beau milieu d'une nouvelle guerre.

La plupart de mes camarades du 79e bataillon étaient d'ex-soldats chevronnés et, une fois de plus, j'étais un bleu possédant beaucoup moins d'expérience que les hommes qui m'entouraient. Il y avait des Américains, des Canadiens et des Sud-Africains, et, entre les diverses nationalités, on n'était pas avares de quolibets. Les Américains taquinaient en particulier les Sud-Africains : « Ton boy a très mal ciré tes chaussures ! » Personne ne se vexait, ne serait-ce que parce que cette forme de racisme inoffensive avait remplacé celle qui s'était rendu coupable de millions de victimes dans les camps.

À l'été 1948, je conduisais le troisième véhicule de notre convoi sur les routes de Jish, Safed, et Galilée, villes que nous libérâmes l'une après l'autre. Nous étions six dans cette boîte de conserve à roues. J'étais entassé devant avec le commandant du half-track, et les véhicules abandonnés par les Syriens défilaient sous mes yeux. Les artilleurs étaient postés derrière, avec leurs canons anti-tanks et antiaériens, et les pièces de 20 mm à tir rapide. Le général Kaukji et ses Syriens tenaient une position en Galilée. Nous la prîmes avec succès.

Aux environs de Jish, j'échappai une nouvelle fois à la mort, au cours de cette campagne. On s'habitue au bruit, dans un véhicule blindé, mais ce jour-là nous fîmes face à un barrage d'artillerie lourde. Je ne sais pas ce qui s'est passé, parce que l'impact me fit perdre connaissance. Je ne me souviens que d'une déflagration assourdissante suivie du noir complet. Lorsque je revins à moi, le chaos régnait dans le half-track et une épaisse fumée noire s'échappait du véhicule. Derrière moi, un membre sud-africain de l'équipage avait été tué, et un autre hurlait, des flots de sang s'échappant de sa jambe, en partie arrachée. La guerre dans le désert n'a rien de sympathique, et c'est précisément parce que je m'attendais à voir mourir mes camarades à mes côtés que je me tenais à l'écart au camp d'entraînement, refusant de me lier particulièrement d'amitié avec quiconque. Lorsque nous inspectâmes le véhicule éventré, nous nous aperçûmes que si les obus avaient touché le half-track quelques centimètres plus bas, ils auraient atteint le réservoir de plein fouet, et aucun d'entre nous n'aurait survécu.

Fin mai, nous livrions bataille à Latrun. Nous étions sur le site d'un monastère médiéval, aux abords des routes menant de Jérusalem à Jaffa et de Gaza à Ramallah. Cela nous rappelait que nous nous trouvions sur le territoire où s'étaient déroulées les croisades et que l'Orient et l'Occident s'étaient affrontés ici depuis des siècles. Je suis loin d'être un historien militaire et, bien entendu, à l'époque, nous n'avions accès qu'à des informations strictement compartimentées. On nous donna l'ordre de prendre la forteresse de Latrun aux mains de la Légion arabe et nous nous efforçâmes d'y parvenir. La première étape fut l'opération Bin Noun Alef, nommée ainsi d'après Josué, le fils de Noun, conquérant de Canaan selon la Bible. La brigade Alexandroni était aux côtés du 7e bataillon et nous servions sous le commandement de Shlomo Shamir qui avait servi dans l'armée britannique dans la guerre en Europe.

L'assaut fut reporté de nombreuses fois avant l'heure H, et les canons n'ouvrirent le feu que dans la matinée du 25 mai. Notre artillerie n'avait pas la portée de celle des Arabes et nous dûmes battre en retraite, sans eau et cloués sur place par les canons du fort.

L'affrontement dura deux mois – deux mois de combats sporadiques, de manœuvres, de mouvements. Les livres d'histoire prétendent que les Jordaniens ont gagné, et que nous avons perdu, mais c'était plus complexe. Nous ne réussîmes pas à prendre Latrun, mais la route de Jérusalem resta ouverte et accessible, ce qui signifiait que nous pouvions ravitailler les Juifs de là-bas, leur fournir des armes et du matériel. Pour les Juifs, Latrun devint ce qu'avait été Dunkerque pour les Anglais. En 1940, Dunkerque représentait une défaite, mais selon Winston Churchill, c'était une victoire héroïque de l'armée anglaise. En réalité, cette bataille fut déterminante sur l'issue de la guerre et la formule « l'esprit de Dunkerque » est associée pour toujours à tout ce qui est anglais par tradition. Il en fut de même pour Latrun. Et David Ben Gourion était notre

Churchill. Cent soixante-huit soldats israéliens périrent dans ces combats incessants, ce qui n'équivalait qu'à une petite partie des victimes quotidiennes des chambres à gaz d'Auschwitz-Birkenau, mais cette bataille est devenue partie intégrante du mythe qui entoure la fondation d'Israël, et j'étais fier d'y avoir participé.

Nous attendîmes durant le statu quo qui suivit Latrun, tandis que les Nations unies mettaient au point un cessez-le-feu. Les Arabes avaient juré de nous rejeter à la mer, et n'y étaient pas parvenus. Si David n'avait pas tué Goliath, ce gamin était quand même resté debout.

Nous poussâmes tous un soupir de soulagement lorsqu'une trêve fut signée entre Israël et l'Égypte en février 1949. Ben Gourion permit aux Arabes qui avaient fui leurs maisons de revenir et les routes menant aux kibboutz de la région de Galilée restèrent ouvertes. Je partis dans l'un d'entre eux, le kibboutz Dafna. Il avait été fondé par des Juifs polonais et lituaniens en 1939. Lorsque je le découvris, les séquelles des récents combats étaient visibles, il était sévèrement endommagé par les bombes, mais les eaux de la rivière Dan qui l'irriguaient, en faisaient une oasis de paix. Et c'est là que je revis mon cousin Zvi Wandasman pour la première fois depuis Bedzin, une éternité auparavant.

Parfois, je me dis que j'aurais dû rester en Palestine, pays que j'ai contribué, modestement, à transformer en État d'Israël. C'était un pays jeune, plein d'espoir et d'aspiration à un avenir meilleur, pourtant lié à son passé. Des milliers de ses premiers habitants étaient des survivants des camps, comme moi. Ils faisaient maintenant face à un nouvel ennemi, plus durable que les nazis. Ils le combattent aujourd'hui encore.

XIV

Une sorte de justice ?
Une sorte d'apaisement ?

Londres, 1951. Le festival de Grande-Bretagne illuminait l'horizon de la ville, dans ce qui était censé être « une tape amicale sur l'épaule », un signe de sollicitude envers le peuple. Des immeubles imposants, d'aspect cossu le long de la rive sud de la Tamise, avaient pris la place des entrepôts et des petites maisons victoriennes que la Luftwaffe de Goering avait réduits en poussière. Ces édifices coûtaient une somme vertigineuse pour l'époque : huit millions de livres. Tout ce dont je me souviens, c'est du prix d'une tasse de café : neuf pence !

Je garderai pour moi la façon dont je suis rentré en Angleterre. J'en étais sorti clandestinement à un moment où le pays était en plein chaos, mais y retourner se révéla plus difficile, parce qu'on en était au retour à la normale. Je dus passer de Belgique en France avant de traverser la Manche.

Une vie nouvelle commença officiellement pour Nathan et moi le 15 septembre 1953, lorsque la *London Gazette* annonça que nous avions été naturalisés. Slomo et Nathan Pivnik vivaient dans une maison qu'ils avaient achetée ensemble, et quant à moi, j'exerçais la profession de tailleur-coupeur. Très ordinaire, sans danger. On pouvait dire que l'annonce de la *London Gazette* marquait moins la fin de notre ancienne vie que le début d'une nouvelle. Mais la vie est plus complexe. Je m'étais en quelque sorte « réinstallé à l'Ouest », mais je ne pouvais oublier la « réinstallation à l'Est » et ce qu'elle avait signifié. Dans les camps, le sommeil était sans rêves, mais je rêvais, maintenant, et, souvent, il s'agissait de cauchemars. Comme je l'ai dit précédemment, pour certains d'entre nous, la guerre ne finirait jamais.

Pendant les mois et les années qui suivirent, je commençai à reconstituer ce qui nous était arrivé à l'époque des camps. Une grande part de ce qui s'est passé nous reste incompréhensible, et le restera à jamais. En particulier la question de savoir comment un peuple aussi civilisé que les Allemands a pu être séduit par un dément au point de laisser faire l'impensable. Dans les années 1950, personne ne voulait connaître la vérité sur les Juifs. En 1939, beaucoup d'Anglais étaient opposés à la déclaration de guerre à la suite de l'invasion de la Pologne. Je pense qu'en France, il en était de même. Les hommes et les femmes de Grande-Bretagne devaient-ils se sacrifier pour honorer les clauses d'un traité signé avec un pays lointain ? Voilà comment beaucoup de gens voyaient la situation. Et la dernière chose que pouvaient vouloir ceux qui restaient, c'était qu'une bande de Juifs se mettent à poser des questions.

Un bref programme de dénazification fut mis en œuvre après-guerre. C'était en cours pendant mon séjour à Constance. Les gens se débarrassaient de leurs uniformes, de leurs brassards à croix gammée, et se fondaient tranquillement dans le paysage. Certains des plus célèbres nazis quittèrent l'Europe clandestinement et mirent le cap sur les montagnes anonymes d'Amérique centrale et du Sud. Les gens ordinaires se contentèrent de hausser les épaules et de nier avoir eu connaissance des camps et des atrocités nazies. Ceux qui ne pouvaient nier, ceux qui étaient pris la main dans le sac, arguèrent qu'ils s'étaient contentés d'obéir aux ordres car ils n'avaient pas le choix. Une brillante étude de l'historien américain Daniel Goldhagen – *Les Bourreaux volontaires d'Hitler* –, parue en 1996, a prouvé sans l'ombre d'un doute que c'était un mensonge.

Mais si la plupart des gens qui vivaient dans l'Angleterre des années 1950 refusaient de savoir, nous, les survivants, nous brûlions d'en avoir le fin mot. Que nous soyons partis pour l'Amérique ou Israël, ou que nous ayons tenté une résurrection quelconque, aussi impossible soit-elle, de nos anciennes vies, nous devions savoir. Pendant des années, un des problèmes auxquels se heurtait notre recherche était l'existence du rideau de fer. J'étais encore à Constance, j'apprenais à conduire et vivais d'expédients, lorsque Winston Churchill fit son discours de Fulton : « De Szczecin dans la Baltique, jusqu'à Trieste en Adriatique, un rideau de fer est tombé sur l'Europe. » Il continua sa prophétie, dans son style hyperbolique : « L'ère des ténèbres reviendra peut-être sur les ailes scintillantes de la science. Attention, dirai-je. Nous n'en avons peut-être plus pour longtemps. » Il parlait, bien sûr, de la guerre froide, de la menace communiste qui progressait vers l'ouest et du risque croissant de guerre atomique. L'aspect pratique des choses, de mon point de vue, est que les Russes, énigmatiques et sans humour comme toujours, ne livraient pas la moindre information sur ce qui se passait derrière ce rideau, camouflant une situation qui s'aggrava au fur et à mesure que le temps passait.

J'ai essayé de faire comprendre dans cet ouvrage que les hommes responsables de l'Holocauste tel que je l'ai vécu étaient des membres ordinaires des SS et les *Kapos* aussi qui prenaient très souvent plaisir à accomplir la tâche qui leur était dévolue. Néanmoins, pour l'Histoire, au sommet de la hiérarchie nazie, les hommes qui avaient mis en œuvre cette horreur périrent d'une façon qui ne pouvait bien entendu pas expier la mort de millions de gens – mais ils périrent quoi qu'il en soit. Adolf Hitler, considéré aujourd'hui par à peu près le monde entier comme l'homme le plus diabolique de l'Histoire, se tira une balle dans la tête et/ou absorba du poison dans son bunker souterrain de Berlin tandis qu'à la surface, l'Armée Rouge conquérait la ville au prix de féroces combats de rue. Cela eut lieu le 30 avril 1945, tandis que j'attendais à Neuglasau d'être emmené sur le *Cap Arcona.* Des milliers de volumes écrits par des gens plus cultivés que moi ont essayé d'analyser son esprit malade. Quant à Heinrich Himmler, le *Reichführer* SS dont le spectre hante encore mes nuits, il se mit un bandeau sur l'œil et se fit passer pour un agent de la Gestapo, ignorant apparemment que quiconque possédant des papiers l'identifiant comme tel était aussitôt arrêté. Les Anglais le capturèrent à Bremervörde et il avala une capsule de cyanure dissimulée dans la doublure de son manteau pendant une visite médicale de routine. Hans Frank, qui avait gouverné la Pologne à partir de 1939 et promis de tous nous réduire en esclavage, fut arrêté lui aussi et jugé au tribunal international de Nuremberg. Il prétendit être ébranlé par les témoignages entendus au tribunal, avoua ses crimes et raconta à tout le monde qu'il avait trouvé Dieu et s'était converti grâce à l'Église catholique. Il fut reconnu coupable, et pendu le 16 octobre 1946.

Qu'était-il arrivé aux gens que j'avais connus – à ceux du bas de l'échelle, victimes de ces monstres et à ceux qui apportèrent volontairement leur contribution à l'accomplissement de ces objectifs démentiels ? La liquidation de notre enclave de Wodzislaw, mon bien-aimé Jardin d'Éden, survint à peu près en même temps qu'à Kamionka. La propriétaire de ma tante Lima Novarski, dont j'ai malheureusement oublié le nom, faisait partie de ces rares chrétiens prêts à tout risquer pour nous autres Juifs. Le fils de Lima – mon cousin Shlomo – avait une vingtaine d'années à l'époque et la propriétaire le cacha chez elle. Malheureusement, un peu éméchée, elle laissa échapper l'information un soir, dans un bar. Il n'y avait pas qu'en Angleterre que « les paroles inconsidérées coûtaient la vie[1] », et quelqu'un la dénonça aux SS. Le jour suivant, ils furent tous deux, la Polonaise chrétienne d'un certain âge et le jeune Juif, traînés sur la place de la bourgade et fusillés.

J'avais vu pour la dernière fois ma grand-mère, Ruchla-Lea, au stade d'Hakoah, le jour où les nazis avaient entrepris leur *Aktion*. La vieille dame à demi aveugle était debout au milieu des autres vieillards de Bedzin, à la nuit tombante, terrifiée. Elle fut poussée dans un train et parcourut les kilomètres fatals qui la

1. *Careless talk costs lives* et *Loose lips sinks ships* étaient deux slogans de la propagande alliée recommandant la discrétion.

séparaient d'Auschwitz. Nous entendîmes dire qu'elle avait complètement perdu la vue durant ses dernières heures. Je ne saurais jamais s'il s'agissait d'une cécité causée par la peur. Je ne sais pas non plus s'il ne valait pas mieux être aveugle afin de ne rien voir de ce qui se déroulait sur la Rampe, où j'allais travailler quelques mois plus tard. J'espère que quelqu'un l'aida à descendre du train. J'espère que quelqu'un l'aida à se déshabiller. Et par-dessus tout, j'espère que quelqu'un lui a tenu la main lorsque sa dernière heure est arrivée.

« Déjà au Paradis », « Partie en fumée », tel était, je le savais depuis longtemps, le sort de ma famille : Lejbus Pivnik, le tailleur si respectueux des traditions et de la religion ; Fagla Pivnik, la mère qui me porta, me donna la vie et la sauva ; Hendla Pivnik, et ses rêves de *Heretz Yisrael* et de Terre sainte ; les enfants, Majer, quatorze ans ; Chana, treize ans ; Wolf, huit ans ; et le petit Josek, six ans. Il s'agissait d'êtres humains – mes proches – mais ils devinrent des statistiques et leurs noms ne furent gravés nulle part. Nous apprîmes que Hendla n'avait pas été immédiatement expédiée à la chambre à gaz, contrairement à ce que j'avais imaginé. Lors d'une entrevue, bien plus tard, Gutscha Diamond – *Kapo* au camp des femmes qui m'avait enjoint de quitter le camp à tout prix parce qu'ils allaient tous nous tuer – me confia que Hendla avait encore survécu une dizaine de jours. Ce qui signifiait qu'elle avait dû subir une initiation du type de celle que j'avais connue au Bloc de quarantaine, que j'espère moins brutale que la mienne. On l'avait tondue, on lui avait rasé les aisselles et le pubis. On lui avait donné une robe informe et une paire de sabots trop grands. Elle s'était certainement rendu compte, comme moi, que sa famille avait disparu. Et elle avait peut-être baissé les bras. Ou peut-être pas. Après tout, Hendla était combative, c'était ma grande sœur et elle était membre de *Gordonia.* Nathan ne put jamais pardonner à Gutscha. Il crut jusqu'à la fin qu'elle aurait pu en faire plus pour défendre notre sœur, puisqu'il s'agissait d'une parente, si lointaine soit-elle. Mais les propres enfants de Gutscha avaient été tués dans ce camp. Comment aurait-elle pu sauver l'enfant de quelqu'un d'autre si elle n'avait rien pu faire pour les siens ? Au bout de dix jours, une main de SS s'était tendue vers la gauche et Hendla avait marché vers la chambre à gaz.

Et les habitants de Bedzin, ceux que nous avions connus durant l'occupation ? Kornfeld, le tenancier du bar où se rendait mon père, fut un des premiers à partir lorsque les déportations commencèrent. Machtinger, son beau-frère, le cordonnier, disparut lui aussi. Où furent-ils envoyés ? Certainement pas à Blechhammer, parce que c'était un camp relativement petit et que Nathan les y aurait vus. Mais il existait de nombreux camps de travail en Pologne et ailleurs – Auschwitz comptait à lui seul quarante-sept emplacements satellites dans les environs – par conséquent, Dieu seul sait où ils finirent, et ce que fut leur destin ultime.

J'ignore également ce qui arriva à Häuber, le bienveillant gérant d'usine qui travaillait pour Killov, et à sa femme, dont j'emmenais parfois la petite fille à l'école. Je sais qu'elle est toujours vivante, mais ses parents doivent avoir péri il y a longtemps, dans leur délicat numéro de funambule des années de guerre où secourir un Juif était puni de mort. Alfred Rossner, qui dirigeait l'usine où travaillaient mon père et Hendla, subit les conséquences de son humanité. Bien que je n'en garde aucun souvenir, lorsque les déportations commencèrent à Bedzin, au mois de mai 1942, il parcourut les rues de la ville dans son cabriolet tiré par un poney, criant en yiddish – combien d'Allemands chrétiens parlaient-ils cette langue ? – et appelant les Juifs à ignorer les ordres du *Judenrat* et à refuser de se rendre aux convocations collectives. C'est un détail qui m'avait échappé, mais lors de notre attente terrifiée du train qui devait nous emmener à Auschwitz, le 6 août 1943, certaines personnes dans la foule furent ramenées à leur poste de travail. Il s'agissait des ouvriers les plus qualifiés de Rossner, tous juifs. Ce qui signifiait sans nul doute de gros pots-de-vin aux responsables SS. Quatre mois plus tard, alors qu'une poignée de Juifs travaillaient dans son usine, désormais obligés d'y vivre faute de mieux, Rossner fut arrêté par la Gestapo. Sous le coup d'accusations dont on n'eut jamais le fin mot, les nazis le pendirent en janvier 1944. Cinquante et un ans plus tard, *Yad Vashem*, Mémorial de l'Holocauste à Jérusalem, reconnut Alfred Rossner comme un des Justes parmi les nations.

Le vieux Dombek, le livreur dont les chevaux nous étaient si chers à Nathan et à moi, finit ses jours à Auschwitz-Birkenau. Je me souviens l'avoir vu se transformer en *Muselmann* sous mes yeux ; après l'avoir à moitié tué au travail, les SS l'emmenèrent à la chambre à gaz.

Bien qu'il n'ait jamais vécu à Bedzin, mon oncle Moyshe avait indirectement joué un rôle d'une importance cruciale dans ma vie, sans l'avoir jamais su. Si, comme je le crois, le *Kapo* Manfred est intervenu en ma faveur tandis que je gisais atteint du typhus et en proie au délire de la fièvre à Auschwitz-Birkenau, c'est parce qu'il connaissait l'oncle Moyshe, contrairement à d'autres qui l'envoyèrent à Buchenwald, où il dormait au-dessus de Nathan sur une couchette bondée. À un certain moment, pour une raison quelconque, un bureaucrate sans visage l'avait transféré. Il n'existait pas de chambre à gaz à Buchenwald ; j'imagine donc qu'il mourut dans un autre camp.

Le lecteur m'aura suivi dans ce train sinistre bourré d'hommes terrifiés qui chantaient les psaumes de David, par cette journée d'août d'une chaleur accablante. Il m'aura accompagné à Auschwitz, que je quittai en janvier 1944.

Durant l'été de cette année-là, tandis que je prenais des risques au fond de la mine de Fürstengrube, les exécutions de prisonniers se firent plus nombreuses, à Auschwitz-Birkenau. La sélection n'existait plus ; les nouveaux arrivants sur la Rampe étaient tous directement expédiés à la chambre à gaz. On peut lire les statistiques, mais elles ne livrent qu'une partie de la vérité. À mesure que l'Armée Rouge se rapprochait, venue de l'Est, la panique s'empara du haut-commandement nazi et des SS. L'extermination de masse cessa officiellement au mois de novembre, sur les ordres de Himmler en personne, même si nombre de survivants témoignèrent qu'en réalité il n'en fut rien.

Au cours des derniers mois de 1944, les baraquements qui nous avaient abrités furent démantelés et expédiés ailleurs dans le Reich. Ainsi que le contenu de l'entrepôt *Kanada*, les vêtements, les lunettes et les prothèses des morts qui pouvaient encore servir à l'économie nazie, même à ce stade. À partir du mois de septembre, les fosses communes où avaient été jetés les corps et les cendres de ma famille furent vidées et remplies de terreau, en dépit des efforts des travailleurs esclaves qui se chargeaient de cette tâche pour conserver certaines preuves de cette extermination de masse, en vue d'une libération prochaine qu'ils appelaient de tous leurs vœux. Le *Sonderkommando*, les pauvres bougres qui traînaient les cadavres de la chambre à gaz aux fours, se révolta le 7 octobre. On leur avait dit qu'on les envoyait aux « usines de caoutchouc » dans les sous-camps dépendant d'Auschwitz, mais ils savaient très bien qu'il s'agissait d'une sentence de mort. Ils attaquèrent les SS avec des manches de pioche et des pierres, et mirent le feu aux crématoires. Un SS fut précipité vivant dans les fours du crématoire II. La tentative était courageuse, mais elle mettait en lumière le caractère désespéré d'une rébellion ouverte, alors que le camp vivait ses derniers jours et que les SS étaient dos au mur. On estime que quatre cent cinquante prisonniers périrent, pour trois SS seulement.

Le dernier appel d'Auschwitz eut lieu le 17 janvier 1945, deux jours avant qu'on nous emmène loin de Fürstengrube par une nuit glaciale. Un total de trente et un mille huit cent quatre-vingt-quatorze prisonniers se tenaient sur l'*Appellplatz* ce jour-là, Birkenau ayant vu sa taille réduite et les deux camps fusionnés en un seul. Dans les marches de la mort qui suivirent, environ la moitié d'entre eux périrent dans les mêmes conditions que celles que nous avions connues après Fürstengrube.

Auschwitz-Birkenau fut libéré par la 60e armée du front ukrainien le 27 janvier. C'était un samedi – *Shabbat*. Les SS en retraite opposèrent une résistance farouche, mais vers trois heures un drapeau de la Croix-Rouge improvisé s'éleva du camp des femmes. Une détenue cria en russe : « Bienvenue aux libérateurs victorieux. » Un soldat lui cria les mots que très peu d'entre eux purent entendre : « Vous êtes libres. »

Ce jour-là, il y avait sept mille prisonniers survivants

à Auschwitz. D'après les estimations les plus modérées, on y avait tué un million et demi de déportés.

Qu'arriva-t-il aux hommes qui avaient dirigé ce camp, ceux qui s'étaient acharnés à faire de notre vie un enfer pendant ces années-là ? À mon époque, le *Kommandant*, que je ne me souviens pas avoir jamais vu, était Rudolf Höss. J'ai lu quelque part que son père le destinait à rentrer dans les ordres, mais sa vocation fut d'une nature toute différente. Capturé par les Alliés, il passa en jugement à Nuremberg. Son témoignage au tribunal a depuis été publié et demeure aujourd'hui comme une des preuves les plus criantes de l'Holocauste. Les révisionnistes qui nient la Shoah peuvent mettre en doute les souvenirs de gens comme moi comme autant d'exagérations et de travestissements de la réalité, surtout après tant d'années. Mais Höss avait supervisé l'extermination et l'on recueillit sa déposition quelques mois à peine après la fin de la guerre. Il n'est pas facile aux négationnistes de nier la véracité de son récit. Ce qu'il y a de plus glaçant, dans la description tranquille du génocide est qu'il en parle comme d'une chose très ordinaire et qu'il était plus soucieux de faire bonne impression sur ses supérieurs que de se préoccuper de l'inhumanité d'une telle entreprise. Lorsque sa femme lui demanda si on gazait vraiment les gens à Auschwitz-Birkenau, il écrivit : « Au printemps 1942, beaucoup de gens dans l'éclat de leur jeunesse passèrent sous les arbres en fleur de la ferme et de ses dépendances sans avoir aucune prémonition de leur mort prochaine. » Comme il est plaisant de noter qu'un des massacreurs les plus efficaces de l'Histoire était aussi – presque – un poète. On pendit Rudolf Höss devant le Bloc II d'Auschwitz I – le Bloc de la mort, où tant de gens avaient péri sur son ordre.

Il but une dernière tasse de café – du vrai café, pas l'ersatz auquel nous avions droit – et mourut sur une potence qui se dresse encore aujourd'hui. Son corps se balança au bout d'une corde pendant treize minutes avant que les médecins ne le déclarent mort. Ce fut la dernière exécution publique en Pologne.

L'*Hauptscharführer* Otto Moll fut capturé et jugé par les Américains. Sa déposition peut être consultée par tout le monde aujourd'hui. Il réclama la présence de Höss pendant toute la durée de l'interrogatoire, de façon à pouvoir réfuter les erreurs commises par celui-ci dans son témoignage. Même à ce stade, alors que sa culpabilité ne faisait plus aucun doute, Moll essaya de dégager sa responsabilité. Moll reconnut avoir dirigé les crématoires, mais selon sa version des faits, les médecins eux-mêmes jetaient les capsules de Zyklon B dans les chambres à gaz après avoir procédé à la sélection. En ce qui concernait le nombre de morts, il prétendait qu'il était exagéré – le genre de mensonge dont les révisionnistes s'emparent aujourd'hui. Moll se plaignit d'être menotté à un de ses gardiens, alors que Höss était libre de ses mouvements. Son interrogateur, le lieutenant-colonel Smith W. Brookhart n'en fut pas autrement ému : « Vos sentiments sur cette question ne nous intéressent pas. » Reconnu coupable de crimes de guerre à Auschwitz-Birkenau, Fürstengrube et durant les marches de la mort, Moll fut pendu le 28 mai 1946. Il avait trente et un an.

Aujourd'hui, enseveli avec plusieurs autres de ses pairs dans la vieille prison de Landsberg où Hitler avait purgé une peine, la tombe de Moll est entretenue par l'État de Bavière, comme si on devait le moindre respect à cet homme.

L'*Unterscharführer* Karel Kurpanik, un homme dont

le visage me hante encore dans le noir, dirigea une marche de la mort en janvier 1945 et fut blessé par un raid aérien au cours des mois chaotiques de l'effondrement du Reich. On l'arrêta dans sa ville natale de Neu Beuthen, aujourd'hui une banlieue de Bytom, le 19 juillet, et il fut jugé par un tribunal spécial à Katowice, non loin de l'endroit où il avait commis tant de crimes. Il fut pendu en février 1946.

J'aimerais savoir que tous les monstres d'Auschwitz ont été punis comme ils le méritaient, mais ce n'est pas le cas. Le docteur Josef Mengele, l'Ange de la Mort, qui avait envoyé ma famille aux chambres à gaz et avait fait de son mieux pour que je subisse le même sort, fut transféré au camp de concentration de Gross-Rosen après la fermeture d'Auschwitz à la fin janvier 1945. Il fut brièvement médecin pour la *Wehrmacht* avant de se fondre dans la vie civile. Malgré les témoignages des survivants, on disposait d'assez peu de preuves de la présence de Mengele à Auschwitz jusqu'à 2007, lorsqu'un album photo fut présenté au Mémorial de l'Holocauste de Washington. Ces photos uniques montrent les SS à leurs heures de loisir. Les officiers font la fête et pique-niquent quand ils ne sont pas en train de tuer. Mengele y figure, souriant, prenant plaisir à la compagnie de Caïn.

Il sortit d'Allemagne, où il travailla comme ouvrier agricole à Rosenheim en Bavière, grâce à de faux papiers, et partit pour l'Argentine. Il œuvra comme médecin à Buenos-Aires, pratiquant des avortements illégaux, jusqu'à ce que les autorités s'en émeuvent et découvrent sa véritable identité. Il y croisa Adolf Eichmann, que l'on peut considérer, plus que tout autre nazi, comme l'architecte du génocide. Mais, en 1960, les jours d'Eichmann étaient comptés puisqu'il était surveillé par le Mossad, le service de renseignements israélien. Lorsque ses agents enlevèrent Eichmann pour le faire passer en jugement en Israël, Mengele s'enfuit à nouveau, cette fois au Paraguay, sous son véritable nom. À la fin des années 1960, l'état d'esprit avait changé, dans le monde. D'une part, l'Holocauste était devenu un sujet d'études historique reconnu et on rassemblait déjà les récits des survivants. D'autre part – et ça datait déjà des années 1950 – les Américains, et même les Russes, qui pourtant avaient souffert de pertes écrasantes pendant la Seconde Guerre mondiale, avoisinant les vingt millions de victimes, semblaient moins enclins à pourchasser les nazis. Quoi qu'il en soit, il paraît assez incroyable que l'ambassadeur d'Israël au Paraguay se permette de dire : « Je dois avouer que je n'étais pas très pressé de retrouver Mengele... C'était, après tout, un citoyen allemand qui s'était rendu coupable de crimes au nom du IIIe Reich. Aucune de ses victimes n'était israélienne puisque Israël ne fut fondé que plusieurs années après. » Si même un Israélien accepte qu'on puisse se défendre avec l'argument « Je ne faisais qu'obéir aux ordres », peut-on espérer qu'une quelconque justice soit rendue ?

Mengele mourut très certainement de noyade au Brésil, et, six ans plus tard, son cadavre, enterré sous l'identité de « Wolfgang Gerhardt », fut exhumé et autopsié. Sa dent manquante aurait suffi à prouver son identité réelle, mais l'examen ADN la confirma. Son fils devait déclarer publiquement que l'Ange de la Mort était resté un nazi impénitent jusqu'au bout, prétendant qu'il n'avait jamais fait de mal à personne. Qu'on aille dire ça aux centaines de milliers de victimes de ce bourreau. Personne ne voulut hériter du corps de Josef Mengele. Il repose encore aujourd'hui à l'Institut médico-légal de São Paulo, au Brésil.

Aux ordres des SS qui dirigeaient Auschwitz-Birkenau, on trouvait les *Kapos*, Juifs et gentils, qui participaient activement aux brutalités et aux meurtres. Des hommes comme Rudi, du Bloc de quarantaine, eurent trop souvent l'occasion de s'éclipser dans le chaos de l'Allemagne d'après-guerre, sachant que la plupart de leurs victimes avaient disparu, et de changer d'identité, faisant profil bas. Ils devinrent pères de famille, puis grands-pères, braves vieillards prenant de l'âge tranquillement, et personne n'était très désireux de retourner en arrière ni de fouiller les tombes. Et, bien entendu, les *Kapos* eux-mêmes étaient en position de faiblesse, même dans les camps. Tant qu'ils obéissaient aux SS, ils étaient utiles, peut-être même indispensables. Mais s'ils se permettaient la moindre transgression, se servaient avec un peu trop de libéralité, se montraient humains, ils prenaient eux aussi le chemin des crématoires.

Celle qui sort du lot à mes yeux, c'est Gutscha. Je n'ai jamais pu l'envisager comme un *Kapo*. C'était une femme très chaleureuse qui finit ses jours en Israël. Je ne sais pas ce qu'elle avait fait à Auschwitz-Birkenau. Les recherches et les mémoires d'autres déportés ont confirmé que les femmes travaillant à l'entrepôt *Kanada* n'étaient pas tondues comme les autres ; que Höss avait organisé un bordel strictement réservé aux SS et certains *Kapos* triés sur le volet. Il est très probable que certains SS aient mis de côté leur répulsion pour les Juifs et eu des relations sexuelles avec des prisonnières du camp. Je n'ai jamais rien évoqué de tout cela avec Gutscha. Ses trois enfants étaient morts au camp ; elle avait assez souffert comme ça. Elle refit sa vie à Tel-Aviv, où elle rencontra Moniek Diamond, et ils eurent deux enfants, Myriam et Emmanuel. Gutscha mourut en 2001. C'était une femme adorable.

Manfred est l'autre *Kapo* qui me reste en mémoire. Il n'était pas dans mon Bloc, je ne le vis donc pas beaucoup à Auschwitz-Birkenau, et je n'ai jamais pu le remercier pour son intervention en ma faveur à l'hôpital. Je n'ai jamais su quel fut son destin par la suite.

Et le boxeur, « Kajtek » ? Les SS s'étaient servis de lui comme d'un sac de frappe à Auschwitz-Birkenau, l'opposant à des hommes de catégorie supérieure et plus en forme. C'est ainsi qu'ils envisageaient le sport. Je suis ravi de pouvoir dire qu'il survécut, retourna en Pologne après-guerre, et entraîna des boxeurs. Il mourut à un âge respectable, en 2003.

Après notre départ, Fürstengrube fut le théâtre d'un massacre. J'avais vu cet endroit pour la dernière fois dans les ténèbres d'une nuit de janvier. Nous demeurâmes debout presque toute la journée sur l'*Appellplatz*, pendant que les SS brûlaient les archives. Ceux qui ne pouvaient pas marcher, sans doute mille deux cents d'entre nous, les *Muselmänner* et les malades qui avaient perdu toute volonté de vivre, restèrent sur place pendant une journée sous une garde réduite au minimum, sans eau et sans nourriture. Je suis sûr que certains d'entre eux se traînèrent hors du camp, maintenant que les miradors étaient quasiment désertés. Combien d'entre eux parvinrent à s'échapper, et combien d'entre eux furent secourus par la population, je n'en ai aucune idée. Mais la majorité d'entre eux n'eurent même pas la force de s'en aller et ils restèrent sur leurs couchettes ou bien errèrent sur l'*Appellplatz*, égarés, affamés, perdus, jusqu'à ce que, bien que le tonnerre de l'artillerie russe se rapprochât, une voiture remplie de SS fasse son apparition, liquidant les grabataires à l'arme automatique et mettant le feu aux baraquements. Ceux qui échappèrent aux balles succombèrent au feu. Je ne crois pas qu'on sache combien l'Armée Rouge retrouva de survivants quelques jours plus tard à son arrivée, mais il n'y en avait qu'une poignée tout au plus.

La plupart des travailleurs de la mine du Prince étaient avec moi lors de la marche de la mort, leur destin appartient donc à la dernière partie de mon histoire. Mes amis Herzko Bawnik, Hersh Goldberg et Peter Abramovitch émigrèrent aux États-Unis après-guerre, où Goldberg et Abramovitch devinrent maçons. Herzko se maria, ses enfants et petits-enfants l'adorent. Hermann Josef, ce survivant des plus douteux, purgea une peine de prison – où et pendant combien de temps, je l'ignore – et vécut le reste de sa vie en travaillant comme architecte à Nuremberg.

Le *Rapportführer* Anton Lukoschek ne s'était pas joint à nous pour la marche de la mort. Qu'était-il devenu avant 1948 ? Le 20 février de cette année-là, un tribunal de Cracovie le condamna à dix ans de prison. C'était l'homme qui avait orchestré les pendaisons de Maurice, Léon, Nathan et de l'homme qui s'occupait du poulailler.

Mauthausen fut libéré le 5 mai par vingt-trois soldats de la 11e division de la 3e armée blindée du général Patton. De nombreux prisonniers politiques espagnols y étaient détenus, des communistes internés pendant la guerre civile espagnole. Les SS avaient reçu l'ordre de les rassembler dans les tunnels du camp et de les faire sauter, mais ne purent le mettre en œuvre. Une photo prise le jour suivant montre les prisonniers en train de démonter l'aigle emblématique au-dessus du portail principal et de s'aligner, pleins de gratitude, le long d'une banderole improvisée où on peut lire, en espagnol : « Les antifascistes espagnols saluent les forces de libération. » La nuit précédente, un tribunal populaire composé de prisonniers avait jugé et exécuté huit *Kapos* et six SS. Les cent quatre-vingt-six marches et le mur des parachutistes ne serviraient plus.

Buchenwald avait été libéré plus tôt, le 11 avril, par quatre soldats seulement. La scène avait dû être surréaliste pour ces hommes de la 6e division blindée de Patton, quand ils entrèrent sans rencontrer d'opposition, sous la tour de l'horloge du portail principal. La veille, les détenus avaient lancé un assaut contre leurs gardiens SS, en tuant plusieurs et chassant les autres qui se cachèrent dans les bois environnants. Le capitaine Frédéric Keffer, commandant l'unité, en guise d'ovation, fut placé dans une couverture et projeté en l'air plusieurs fois. Dans une interview accordée des années plus tard à la presse, il se rappelle : « Bigre, mais c'était un grand jour ! » Si on visite Buchenwald aujourd'hui, on voit la tour de l'horloge à peu près dans l'état où l'a trouvée Keffer, et l'horloge est bloquée sur trois heures moins le quart, l'heure à laquelle les prisonniers décidèrent de prendre leur sort en main et de chasser les SS du camp.

Le complexe de Dora-Mittelbau, y compris Tourmaline dans les monts Harz, fut libéré le même jour que Buchenwald, cette fois par la 104e division d'infanterie américaine. Ils y trouvèrent trois mille cadavres et sept cent cinquante *Muselmänner*, et prirent en photo tout ce qu'ils voyaient. Ces clichés sont aujourd'hui accessibles sur Internet – preuve, si besoin était, de l'inhumanité du IIIe Reich et de la réalité de l'Holocauste. Les Américains brûlèrent les baraquements contaminés par toutes sortes de maladies et forcèrent la population locale qui, comme de juste, professait une ignorance absolue de l'existence du camp et de ce qui s'y passait, à enterrer les morts. Les galeries souterraines où l'on construisait V-1 et V-2 furent comblées par les Russes, un peu plus tard.

Mais les Américains laissèrent une tache indélébile sur Dora-Mittelbau en évacuant une équipe d'ingénieurs du camp le 20 juin 1945, et en les couvrant par la suite d'honneurs et de distinctions. Je ne le soupçonnais pas à cette époque, mais le principal maître d'œuvre des fusées V-2 qui terrorisèrent la Grande-Bretagne, n'était autre que Wernher von Braun, titulaire d'une carte du parti nazi depuis 1937 et membre de la SS depuis 1940. Il répéta après-guerre que l'un comme l'autre choix avaient été inévitables pour pouvoir continuer à travailler sur la conception de fusées, dont il était fanatique. Il nia avoir visité Dora-Mittelbau, où moururent environ vingt mille personnes, et prétendit que lorsqu'il eut vent des brutalités, il réprimanda un deuxième classe SS qui le menaça de le mettre lui en tenue rayée s'il continuait à se mêler de ce qui ne le regardait pas. Dans la mesure où von Braun avait le grade de *Sturmbannführer* (major) dans la SS, cette histoire sonne faux. Les prisonniers français du camp disent qu'il donna en personne l'ordre de les flageller pour manque d'enthousiasme au travail. Personnellement, je sais à quel avis me fier.

Deux ans après ma naturalisation comme citoyen britannique, von Braun obtint la nationalité américaine. Son rôle dans le programme spatial de la NASA est très connu. On sait moins que les autorités américaines lui fabriquèrent en 1945 une nouvelle biographie « dénazifiée », effaçant une partie de son passé. Je me souviens avoir vu une photo de lui au début des années 1960, où il est en grande conversation avec le Président Kennedy. Le leader du monde libre bavardait chaleureusement avec un *Sturmbannführer* SS. Cela me fit froid dans le dos.

Le désir de revanche de nombreux Juifs de ma génération n'a rien à voir avec l'appât du gain, et tout avec le désir que justice soit rendue. Nous vivons dans un monde injuste et, de nos jours, nous nous débattons dans une contradiction malsaine. Nous évoluons dans une culture de la faute – tout est de la faute de quelqu'un et celle-ci a un prix. D'un autre côté, personne n'est jamais responsable de rien, personne ne lève la main pour dire : « Oui, je l'ai fait » ou : « Oui, je suis coupable. » Et depuis la fin de la Seconde Guerre mondiale, le seul moyen pour que justice nous soit rendue après l'effroyable expérience de l'Holocauste, c'est d'avoir recours aux tribunaux. Malheureusement, ceux-ci voient leur travail entravé par des questions de droit échappant au commun des mortels et sont souvent dirigés par des gens beaucoup trop sensibles aux pressions de leurs pairs. La question de la culpabilité allemande fut, bien sûr, jusqu'aux derniers mois de 1989, impénétrablement brouillée par le fait qu'il existait deux Allemagnes – Est et Ouest – obéissant à des impératifs moraux et politiques différents. En une occasion, les tribunaux agirent de façon rationnelle : c'était à la fin des années 1950, et ce fut à l'initiative de Nathan. Il poursuivit le gouvernement allemand pour emprisonnement frauduleux.

Aujourd'hui encore, je possède la documentation relative à ce procès, et trouve le vocabulaire légal presque risible : « Le plaignant (Nathan) fut l'objet de mesures discriminatoires et de persécutions orchestrées par les Nationaux-Socialistes en raison de son ascendance juive… Le Service international des personnes disparues a confirmé les détails suivants : arrestation du plaignant à Bendsberg (Bedzin) le 28-03-1943, et son transfert… au camp de Buchenwald le 10-02-1945… Il se trouvait dans un camp de concentration à la fin de la guerre où il avait été emprisonné pour des motifs raciaux. »

Nathan traîna des problèmes de santé toute sa vie après ce qu'il avait subi dans les camps, et voilà pourquoi il cherchait à être dédommagé. Il obtint trois mille six cents Deutschmarks pour une période de deux ans, jugement rendu en février 1957. Et j'obtins une pension des Allemands ! Ayant travaillé à l'usine Killov et payé mes « cotisations » à l'époque, j'y avais droit. Celle-ci me fut versée en une fois dans les années 1980, curieux héritage de l'occupation allemande en Pologne, de la quête d'un « espace vital » par un seul individu pour son peuple.

Mais il arriva souvent que la justice ne soit jamais rendue, comme ce fut le cas pour l'*Oberscharführer* Max Schmidt. Je n'ai rien d'un Simon Wiesenthal, chasseur de nazis acharné à poursuivre chacun des salauds qui avaient tué des innocents pour une cause barbare. Mais Schmidt était un cas à part. Nous avions dormi dans sa porcherie. Dans sa maison. J'avais couché avec sa belle-sœur, et Herzko Bawnik avec sa femme. Nous avions mangé à sa table. Et nous l'avions laissé filer.

C'était une affaire mal engagée dès le début. Entre décembre 1963 et août 1965, vingt et un anciens officiers SS d'Auschwitz passèrent en procès à Francfort-sur-le-Main. Ils brandirent l'éventail des excuses habituelles, de « Je n'ai fait qu'obéir aux ordres », jusqu'à nier avoir été impliqués dans les brutalités qui se déroulaient quotidiennement dans l'enceinte du camp. Je ne reconnus aucun nom dans le journal, mais je savais que les accusations portées contre eux étaient exactes. Sur les vingt et un, six furent condamnés à la prison à perpétuité ; leurs affaires révélaient des exécutions massives comptant un minimum de quatre cent soixante-quinze personnes. Onze d'entre eux furent condamnés à diverses peines allant de trois ans et demi de prison à quatorze ans de travaux forcés. Trois furent acquittés. Lorsque je pris connaissance du verdict, j'eus du mal à le croire, mais il reflétait l'esprit du temps. Vingt ans s'étaient écoulés depuis la fin de l'Holocauste et beaucoup de gens, en Allemagne et ailleurs, voulaient oublier le passé, tirer un trait définitif et aller de l'avant. Pery Broad, membre de la Gestapo du camp, fut reconnu coupable de vingt et un meurtres et de complicité dans l'assassinat de milliers de gens – il écopa uniquement de quatre ans de travaux forcés. Le docteur Franz Lucas, un officier membre de l'équipe de Mengele, reconnu coupable de complicité dans l'assassinat d'un millier de déportés, déclara au banc des accusés : « Naturellement, je cherchais à sauver autant de Juifs qu'il m'était possible. » Naturellement. Il fut condamné à trois ans et demi d'emprisonnement.

Je me mis à rassembler les éléments nécessaires à la constitution d'un dossier contre Schmidt. Je savais qu'il était responsable de l'exécution de Léon, Maurice, Nathan, et de l'homme qui nourrissait ses poules. Il avait aussi ordonné la pendaison des cinq intellectuels polonais de Fürstengrube. C'était là qu'il avait abattu Chaskele, celui qui devait s'occuper de la chaudière quand elle tomba en panne, ainsi que l'officier russe qui avait tenté de s'évader par le mirador. En qualité de *Lagerführer*, il avait commandé l'exécution de ceux restés dans le camp lorsque nous partîmes pour la marche de la mort et un massacre similaire eut lieu à Tourmaline. Il était coupable du meurtre du *Kapo* Hans, le mineur. De son propre aveu, Max Schmidt avait tué, de ses mains ou par personne interposée, plusieurs centaines de personnes. Et pourtant, il restait un homme libre. Mon seul problème, c'était la façon de le retrouver.

Je pris contact avec l'ambassade allemande à Londres. Ils ne voulurent pas en entendre parler. Ils avaient perdu la guerre et devaient trouver très difficile de travailler dans un pays qui les avait battus et humiliés au printemps 1945. Un des larbins de service me posa la question : « Mais qu'est-ce que vous voulez, au juste, vous autres ?

— Que justice soit faite, lui répondis-je. Rien de plus et rien de moins. »

Ils n'eurent finalement d'autre choix que d'enregistrer ma plainte contre Schmidt. Après tout, je savais où il vivait, et mes accusations contre lui étaient si explicites qu'elles ne pouvaient être ignorées. Le problème de nombreux anciens déportés est que leurs souvenirs s'estompent et qu'ils en viennent à accuser des vieillards. Qui aurait pu se douter que ce charmant vieux monsieur de Klaus Altmann était en réalité l'*Hauptscharführer* Klaus Barbie, le Boucher de Lyon, celui qui avait expédié les enfants d'Izieu à Auschwitz, où j'entendis leurs cris et contemplai leurs cadavres. Mais c'était lui.

Au final, la solution au problème vint à moi.

Les autorités allemandes prirent contact avec moi en 1979, parce qu'ils voulaient poursuivre Max Schmidt en justice. Nous étions trois anciens déportés dans ce cas : Bronek Jakubowicz, qui se faisait à présent appeler Ben Jacobs et vivait aux États-Unis, moi, et un autre dont je ne sus jamais l'identité. Je présentai les accusations exposées ci-dessus et attendis qu'on me rappelle. Ce qui n'arriva pas. Pendant dix ans, Schmidt fut mineur de charbon en Rhénanie, au cœur de la Ruhr, et vécut sous la fausse identité du Kapo Hans, le mineur qu'il avait tué à Tourmaline. Il avait dû maintenir des relations assez proches avec sa famille de Neuglasau, puisque Gerda et lui eurent trois enfants. Je ne voudrais pas paraître cruel, mais peut-être que la vengeance de Dieu s'abattit sur Max Schmidt ; deux de ses fils périrent accidentellement dans leur adolescence – l'un se noya et l'autre se tua à moto.

Selon toute probabilité, ce fut également une moto qui épargna à Max Schmidt la prison à vie. En procès à Kiel, comparaissant devant la Haute Cour, il prétendit n'avoir aucune connaissance des victimes de la marche de la mort parce qu'il ouvrait le chemin, devant la colonne, sur sa moto. Il est évident qu'il ne fut pas question de Chaskele, ni des pendaisons de Fürstengrube, ni du massacre qui y eut lieu après notre départ, selon nous organisé par lui, ni de l'exécution de l'officier russe, ou de celle du *Kapo* Hans. Dans la mesure où l'on ne me convoqua pas au procès, je ne pus faire aucune déposition sous serment et divers témoins de moralité originaires de Neuglasau furent convoqués à la barre pour expliquer que c'était un chic type. L'Ostholstein avait la réputation d'avoir été farouchement nazi pendant la guerre, et les populations rurales de ce genre ne se débarrassent pas si facilement des vieux préjugés. Max Schmidt était un brave homme. C'était un bon père. La mort de ses fils avait été une telle tragédie. Et il s'était écoulé tant d'années depuis la guerre. On énuméra toutes les excuses classiques dans ce genre d'affaire. Mais on ne pouvait ignorer les dépositions que Jakubowicz et moi avions envoyées et douter que de nombreux hommes étaient morts sous le règne de l'*Oberscharführer* Schmidt ; aussi la Haute Cour de Kiel le condamna donc à dix ans de prison avec sursis. Pas mal pour un homme reconnu coupable de meurtres de masse.

À la fin des années 1980, le docteur Gerhard Hoch, un historien de Alveslohe, au nord de Hambourg, prit contact avec moi. Il avait entrepris des recherches sur la période nazie dans son Ostholstein natal et me demandait mon aide. Il avait remarqué mon nom dans les minutes du procès de Max Schmidt et ça l'intriguait. Hoch lui-même avait été élevé dans un milieu nazi, avait rejoint les Jeunesses hitlériennes l'année de leur création et combattu dans les rangs de la *Wehrmacht* pendant la guerre. C'était l'après-guerre qui l'avait transformé. Il avait passé trois ans en Angleterre, s'était converti au christianisme, était rentré en Allemagne, déterminé à combattre l'antisémitisme et à faire poursuivre en justice les criminels de guerre. Il publia le résultat de ses recherches dans un livre : *Von Auschwitz nach Holstein : Die Jüdischen Häftlinge von Fürstengrube* – d'Auschwitz à l'Holstein : les prisonniers juifs de Fürstengrube – qui n'est malheureusement disponible qu'en allemand. Son ouvrage comporte une photo de moi après la libération, quand je vivais dans cette partie de Pologne qui fut annexée.

Ces recherches donnèrent lieu aussi à un documentaire télévisé réalisé par Bernd Janssen, journaliste du *Norddeutscher Rundfunk*. Je n'étais pas certain de vouloir y participer. L'équipe de la télévision me demandait de revenir sur mon passé, sur la fin de la marche de la mort, les hommes abattus dans les granges et la crainte d'être tué, à tout moment, par les SS. Les négationnistes de l'Holocauste avaient le vent en poupe, dans les années 1980. Ils se faisaient appeler révisionnistes, ce qui signifiait qu'ils souhaitaient effacer la vérité héritée du passé et, en particulier, celle des années de guerre. Quelques Juifs avaient péri, la belle affaire. Beaucoup de gens étaient morts entre 1939 et 1945. Ça arrive, en période de guerre. Mais où étaient passées les preuves d'un projet de génocide systématique ? Certes, le musée d'Auschwitz-Birkenau recelait des centaines de bidons vides de Zyklon B qui était un désinfectant dont on se servait contre les poux. Loin d'être l'arme du crime, on utilisait cette substance pour empêcher une épidémie de typhus – pour nous aider.

Mais j'avais survécu à tout ça. Et à plus encore. Au fond de moi-même, j'avais la sensation de ne pas avoir été jusqu'au bout à Neuglasau ; je n'avais pas atteint mes objectifs. J'acceptai donc de participer au documentaire, avec l'aide de la *45 Aid Society*, qui vient en soutien régulièrement aux victimes de l'Holocauste, et ils m'envoyèrent Barry Davis, conférencier en histoire au *Ealing College of Higher Education.* C'était un spécialiste de l'Holocauste qui parlait le yiddish, si bien que revisiter avec lui les chemins lugubres de ma mémoire était un retour au bercail.

Le mois d'avril 1989 n'avait rien de printanier. Hambourg était gris et froid, et l'hospitalité chaleureuse de la maison de Gerhard Hoch me réconforta. Trois jeunes techniciens allemands – le caméraman et les preneurs de son – étaient présents et nous évoquâmes la folie meurtrière qu'avait été le IIIe Reich à partir de nos différents points de vue. Un Juif d'Amsterdam, Moritz Koopman, était parmi nous lui aussi. Il avait rejoint les rangs de la marche de la mort sur la route de Neustadt et, de concert, nous allions raconter notre histoire face aux caméras.

Sur le quai de Lübeck où, tant d'années auparavant, j'avais attendu accroupi d'embarquer sur le *Cap Arcona*, le vent soufflait sans merci, secouant la caméra, rendant la prise de son très difficile. Je ne pouvais m'empêcher de frissonner, espérant que les techniciens attribueraient mes tremblements au froid. J'avais raconté l'histoire du *Cap Arcona* de nombreuses fois, mais ici, sur les lieux mêmes où elle s'était déroulée, elle prenait un poids et un sens différents. La grêle se mit à crépiter, fouettant nos visages, mais je ne voyais que la brume grisâtre et la coque du bateau en feu, dans un rugissement d'apocalypse. Je n'entendais que les cris des hommes à l'agonie, et le grondement des moteurs d'avions. Je fus soulagé de quitter les lieux. Moritz avait fait partie des plus chanceux ; en tant que Juif d'Occident, il avait été autorisé à prendre place dans un des autocars de la Croix-Rouge et, pour lui, la guerre était finie.

Le troisième et dernier jour du tournage, je me trouvai une nouvelle fois devant la ferme de Neuglasau, où il s'était passé tant de choses étranges, le domicile de Max Schmidt. Face au bâtiment qui avait surgi selon moi bien après 1945, se dressait une grande pierre rectangulaire où était gravé le nom : « Max Schmidt ». Quel genre d'homme faut-il être pour inscrire son nom en lettres de dix centimètres devant sa maison ? Cela me rappela un autre symbole du IIIe Reich, cette formule porteuse d'une ironie amère qui figurait au-dessus du portail d'Auschwitz I : *Arbeit macht frei*, le travail rend libre.

Il y avait quarante-quatre ans que j'attendais cet

instant, celui où je serais face à face avec ce criminel de masse. Se jetterait-il à mes pieds pour implorer mon pardon – comme moi autrefois devant Mengele pour implorer sa pitié – dans un esprit de contrition et de culpabilité de repenti de fraîche date ? Ou bien me tirerait-il une balle dans la tête comme au bon vieux temps ? En l'occurrence, il choisit d'être un lâche et envoya sa belle-fille, accompagnée d'un chien. « Herr Schmidt est absent », nous dit-elle. Avais-je vu les rideaux s'entrouvrir au premier étage, ou bien était-ce une illusion d'optique ? Elle rentra à l'intérieur, et les caméras tournèrent tandis que je faisais le récit de la marche de la mort et du rôle qu'avait joué l'*Oberscharführer* Max Schmidt.

Tandis que nous filmions, nous croisâmes une femme dont la famille s'était réfugiée dans la ferme en 1945, fuyant les Russes. Je me souvenais de sa sœur aînée et je lui demandai des nouvelles de la bienveillante famille Miller qui nous avait fait des pommes sautées délicieuses et dont la fille s'était mariée à Mendeler le bottier. Oui, elle connaissait les Miller, mais ils avaient déménagé longtemps auparavant. Mendeler et sa femme avaient émigré aux États-Unis.

Puis nous fûmes confrontés à l'ancienne Allemagne, de l'époque du Reich. Une Allemagne que les Allemands aiment à croire disparue à jamais. Le propriétaire d'une station-service voisine nous confia être un Polonais *Volksdeutscher*. À la fin de la guerre, il était âgé de dix ans, et il nous assura qu'il n'y avait eu aucun déporté, et que personne n'avait porté de tenue rayée. « Pourquoi est-ce que vous êtes toujours en train de rabâcher la même histoire ? » lança-t-il.

Je lui répondis que j'étais juif.

« Ah, vous les Juifs, grogna-t-il comme si j'avais

appuyé sur le bon bouton. Toujours des problèmes avec eux, toujours à faire des histoires… Je vous dis qu'ils font toujours des histoires, ils ont tué Jésus-Christ… »

Je me souviens à peine du retour, j'étais épuisé au bout de ces trois jours de tournage. J'imagine que j'avais fait tout mon possible en ce qui concernait Max Schmidt. Barry Davis eut la gentillesse de dire que je m'en étais sorti une fois de plus et peut-être avait-il raison. Mais je ne me rappelais que les tombes de six déportés au camp de concentration d'Ahrensbök et l'inscription gravée sur la pierre tombale : *Den Lebenden zur Mahnung*, que les générations futures n'oublient jamais.

Je me pose des questions, à ce sujet.

Il y eut un post-scriptum curieux à tout cela. Vers la fin des années 1990, le pasteur Schwab, responsable de l'église évangélique d'Ahrensbök, entra en contact avec moi. Schwab avait rencontré Gerhard Hoch et celui-ci lui avait donné mon adresse. Max Schmidt était l'une de ses ouailles et le pasteur suggéra d'organiser une rencontre entre nous. S'agissait-il d'une initiative de Schmidt lui-même, une tentative de repentir ? Je lui répondis que j'étais prêt à le voir, à condition qu'il m'envoie d'abord une lettre d'excuse. Il m'écrivit ce qui suit, en allemand :

Cher Herr Pivnik,

Herr Schwab m'a confié que vous étiez désireux de prendre contact avec moi. Je suis prêt à répondre à toutes vos questions dans la mesure de mes moyens, n'hésitez pas. Je vous salue amicalement,

Max Schmidt

Comme tous les documents historiques, cette lettre soulève plus de questions qu'elle n'apporte de réponses. Elle implique que j'ai demandé à le voir, ce qui est absolument faux. J'étais certainement curieux de savoir comment il allait répondre aux questions que je lui poserais : Qui vous a renseigné sur le plan d'évasion de l'officier russe ? Pourquoi avez-vous abattu Chaskele dans ce même camp ? Comment pouvez-vous justifier les pendaisons de Maurice, Léon et les autres à l'époque où vous étiez *Kommandant* ? Et admettrez-vous, contrairement à vos déclarations à la cour de Kiel, que vous étiez directement responsable de tout ce qui s'est passé pendant la marche de la mort ? Quant à la dernière ligne, j'osais à peine croire qu'on soit capable d'une telle hypocrisie. Comme il était généreux de sa part de me saluer amicalement, comme il l'avait fait le jour où il avait resurgi à la ferme la tête rasée, en possession des papiers d'un homme qu'il avait tué. J'ai baptisé cette missive ma lettre d'excuse, mais il n'en est rien, bien entendu.

Ce courrier fut suivi d'un autre, envoyé par le pasteur Schwab, qui me disait que Schmidt, sur le conseil de ses avocats, était revenu sur son offre de me voir et exigeait que je lui retourne sa lettre. Je m'y refusai – elle m'était adressée, elle m'appartenait donc. L'*Oberscharführer* m'avait déjà dépouillé de suffisamment de choses pendant les quelques mois où nous avions vécu ensemble.

Max Hans Peter Schmidt mourut en 2001, au cours de vacances en Espagne. À la fin de sa vie, il organisait encore des réunions, avec des gredins de son acabit, des nostalgiques du IIIe Reich, et après avoir absorbé suffisamment de schnaps, ils évoquaient le bon vieux temps et entonnaient les vieilles chansons :

Le clairon sonne l'appel final et puissant,
Nous nous dressons, prêts à livrer bataille,
guerriers ardents.
Bientôt l'oriflamme de Hitler flottera librement,
Annonçant sur notre terre
la fin de l'esclavage allemand !

J'espère qu'il me pardonnera de ne pas reprendre ces couplets avec ses camarades.

XV

Retour à Éden

Nathan fut le premier à y retourner. Nous fûmes interwievés séparément par l'*University College of London* dans les années 1990, lorsqu'on se rendit compte soudain que les survivants de l'Holocauste constituaient une espèce en voie de disparition. Depuis des années, je gagnais ma vie comme marchand d'art, achetant, restaurant et revendant des tableaux. Pendant un certain temps, je possédais même une galerie près de Portobello Road, la Mecque des amateurs d'antiquités dans l'ouest de Londres. Nathan avait épousé Jill en 1975 et autour de la maison que nous partagions – ils vivaient au rez-de-chaussée et moi au premier étage –, je construisis un mur dans le jardin grâce aux compétences acquises à Fürstengrube. Je n'éprouvais guère d'enthousiasme à l'idée de revenir en Pologne, après l'accueil qu'avaient reçu ceux qui étaient partis à la recherche de leur passé. Janek, le *Kapo*, qui m'avait caché à la ferme des Schmidt, avait été tué par des Polonais du cru en essayant de récupérer son ancienne demeure.

Nathan y retourna pourtant avec des étudiants de diverses universités des West Midlands, en 1996. Ce voyage se déroula sous la houlette de Stephen Smith, fondateur et directeur du Centre Shalom de Laxton, à Nottingham. Il s'agit là du seul lieu consacré à l'Holocauste en Grande-Bretagne ; sous une colonne de son paisible jardin se trouve un arpent de la terre prélevée dans les six camps d'extermination du régime nazi – un petit souvenir d'Auschwitz à la lisière de la forêt de Sherwood.

Le groupe arriva à Bedzin tôt un matin et, quelques minutes après être descendus de l'autocar, ses membres furent entourés par des Polonais, uniquement des hommes, jeunes et ivres pour la plupart. L'un d'entre eux exhiba ses parties génitales, malgré la présence des femmes dans le groupe de visiteurs. Un autre bouscula Nathan, et l'atmosphère vira à l'aigre. Ils exigèrent de savoir pourquoi « vous autres » étiez revenus. Aucun espoir, l'assurèrent-ils, de récupérer ses biens. « Pourquoi ne retournez-vous pas chez vous, à Auschwitz ? »

En 1996, Bedzin demeurait tel qu'il était cinquante-trois ans plus tôt lorsque les Allemands avaient liquidé le ghetto de Kamionka : *judenrein*, purgé de ses Juifs. Je crois que Nathan fut au moins satisfait de voir qu'on n'avait pas profané les deux mémoriaux juifs. L'un d'entre eux se situait sur le site de l'ancien orphelinat de Bedzin et signalait que deux cent cinquante enfants avaient été déportés pour être envoyés dans les chambres à gaz. L'autre était un bloc de béton portant un candélabre à sept branches de chaque côté, il marquait l'endroit où s'était élevée la grande synagogue que j'avais vue flamber à l'âge de treize ans. Nathan fut ému en voyant les jeunes étudiants du groupe poser des pierres sur le cube, témoignage de respect de gentils venus de loin envers les Juifs polonais.

Le groupe s'inquiéta un peu lorsque Nathan déclara

qu'il voulait rendre visite à l'école Rapaport. Après l'épisode du comité d'accueil de la gare routière, ils ne savaient pas trop à quoi s'attendre. Il reconnut le bâtiment de briques rouges, à l'entrée duquel, tant d'années auparavant, lui et moi enlevions nos chaussures pour ne pas abîmer les sols polis. Il fonça à l'intérieur, laissant le reste du groupe attendre au-dehors dans la bise mordante de Bedzin pendant une vingtaine de minutes. Puis il ressortit avec un large sourire.

« Venez, leur dit-il. Les enfants veulent vous voir. »

Ils entrèrent dans une salle de classe – l'école Rapaport est toujours une école primaire –, tout le monde se leva. Ils chantèrent une chanson polonaise en l'honneur des visiteurs et parlèrent de leur projet d'étude historique sur l'héritage juif de la ville. Ils étaient ravis de pouvoir parler à un « véritable » Juif, parce qu'ils n'en avaient jamais vu. Au final, ce fut un moment réconfortant, mais Nathan ne put s'empêcher de penser que, bientôt, ces charmants enfants pourraient se transformer en voyous antisémites comme ceux qui écumaient les rues.

J'y suis moi-même retourné deux fois, maintenant. Pourquoi ? Je ne sais pas vraiment. De même qu'il me fallait savoir ce qui était arrivé à ma famille, il fallait que je sache ce qu'était devenue la maison familiale. Notre groupe était mené par un rabbin et nous visitâmes des endroits qui m'étaient inconnus, parce qu'ils sont devenus emblématiques de l'histoire des Juifs polonais : Varsovie où les prisonniers du ghetto se soulevèrent et livrèrent une guerre d'usure désespérée aux SS ; Cracovie où Oscar Schindler sauva plus de onze cents Juifs de la chambre à gaz. Nous nous rendîmes à Wodzislaw, mon premier séjour au Jardin d'Éden en soixante-six ans. Il n'y a plus aucun Juif, là-bas, depuis que les SS, semblables à l'Ange Jophiel, les ont emmenés dans le désert. Les demeures de ma famille, le moulin de ma tante, l'atelier de cordonnerie de mon oncle se sont embourgeoisés, ils ont été rénovés et sont occupés par des gentils polonais.

Je pris une photo de la vieille synagogue dans une rue encore enneigée, ce printemps-là. Il n'y avait plus de vitres et le toit s'était effondré. Les fenêtres béaient comme des yeux sombres, tristes et vides, le plâtre était fissuré et s'écaillait. Le rez-de-chaussée servait de décharge. Nul besoin d'explication. Je n'avais jamais vu Wodzislaw qu'en été, lorsque tout était doré sous un ciel d'un bleu sans nuages. Je n'aurais jamais dû y retourner.

Je n'aurais pas dû me rendre à Bedzin non plus, bien que je n'aie pas vécu les hauts et les bas que Nathan connut lors de sa visite. Le château de Kazimerz était toujours là, toujours en ruine, plus ou moins dans le même état, sinon que le prix de la visite avait augmenté ! J'errais dans les rues de la ville et je m'étonnai de me souvenir de noms que je pensais avoir oubliés. De nombreuses maisons familières se dressaient toujours au même endroit, et elles n'étaient plus habitées par des Juifs. J'imaginais mes anciens amis et voisins me sourire aux fenêtres, me faire signe du pas de leur porte. L'usine de mobilier chez Feder, voisine de chez Welner, les ferrailleurs, et les Weiselman à la porte suivante. Les Jakubowic faisaient commerce d'huile, les demeures des Shaneberg et des Klinger succédaient à leur boutique. Je me souviens que Lejbus Klinger était un sioniste fervent et qu'il avait quatre filles et un fils ingénieur. Ils avaient sans nul doute tous péri dans les camps.

J'entrai sous la voûte qui menait à notre cour et

arpentai à nouveau les pavés sur lesquels j'avais joué au football. Le numéro 77 est maintenant devenu le numéro 81, mais ça n'a pas beaucoup changé. En pénétrant dans ces lieux, une sensation d'engourdissement m'envahit. Une impression de perte totale et de deuil, que je ne peux décrire. Je voyais presque le vélo de Nathan contre le mur et la petite Chana en train de sauter à la corde avec ses amies. Une partie de moi-même sentait ma mère dans la cuisine, en train de préparer le repas de *Shabbat* avec Hendla et Ruchla-Lea. Je souris peut-être en pensant : Père ne sera pas là. Il sera encore au *Stiebel*, ou bien en grande conversation avec le rabbin.

Je dus m'ébrouer. Il n'y avait plus de rabbin à Bedzin, plus de *Stiebel*, et plus de synagogue. Quelqu'un prit une photo de moi devant mon ancienne demeure familiale. Les ombres de la fin d'après-midi obscurcissent la cour et les larmes qui coulent sur mon visage sont invisibles. Je tombai malade lors de l'une de ces visites et échouai à l'hôpital, une version rénovée de celui qui était interdit aux Juifs pendant l'Occupation. J'avais contracté une pneumonie – toute ma vie, la poitrine avait été mon point faible – et la fièvre me faisait délirer. Je me souviens avoir dit à un membre de notre groupe : « Ramenez-moi chez moi, je ne veux pas mourir ici. » J'imagine que c'eût été d'un romantisme achevé : Szlamek Pivnik – menuisier, maçon, tailleur, marchand d'art et survivant – était rentré chez lui pour mourir. Mais à Bedzin, je n'étais plus chez moi. J'en avais rêvé si longtemps. Mais l'espace était vide, à présent, et le rêve tournait au cauchemar, au bout du compte.

Je connus tout de même un moment réconfortant lors de mon retour dans la rue Modzejowska. Je les entendis avant de les voir, mais dans l'étroit grenier au sommet de l'immeuble, je pus contempler les petits oiseaux gris, paradant, voletant, et roucoulant dans leurs cages. Les pigeons de monsieur Rojecki – ou du moins leurs descendants – étaient toujours là.

Puis nous revînmes à Auschwitz. Auschwitz-Birkenau est aujourd'hui le plus tristement célèbre des camps d'extermination nazis, parce qu'il a été préservé pour les générations futures comme témoignage de l'inhumanité de l'homme pour son prochain. Les grillages n'y sont plus électrifiés, et des pelouses bien entretenues ont remplacé la surface inégale du Bloc de quarantaine que j'avais contribué à construire, en ces jours sans espoir, sans merci, terrifiants. L'endroit regorgeait de visiteurs, jeunes pour la plupart, tous fascinés. Certains d'entre eux étaient des élèves venus du monde entier, qui avaient entrepris des recherches historiques, puisque le nazisme fait partie intégrante du cursus scolaire d'aujourd'hui. Je visitai alors des parties du camp dans lesquelles je ne m'étais jamais rendu. On y exposait des boîtes de verre contenant les restes des morts – leurs cheveux, leurs chaussures, leurs châles de prière. Je retrouvai le bloc où j'avais vécu lorsque je travaillais sur la Rampe et me souvins même de l'endroit où se dressait la couchette où je dormais.

Mais je ne restai pas longtemps sous ce toit. La vieille terreur revint au galop et il me fallut sortir pour respirer l'air frais. De nouveau, je me tenais sur la Rampe où mon imagination multipliait les échos des fous en tenue rayée. On me chuchotait : « Dis-leur que tu as dix-huit ans. Dis-leur que tu as dix-huit ans. » Je regardai autour de moi et, à l'endroit où des enfants israéliens chantaient des chansons de leur pays en agitant le drapeau portant l'étoile de David, je voyais encore les Juifs de mon enfance, chancelant hors des wagons à bestiaux, clignant des yeux sous l'aveuglante réverbération du soleil ou de la neige. J'entendais encore les chiens aboyer, les SS gronder leurs ordres. Et, reportant mon regard sur la Rampe, je revis un *Hauptscharführer* SS en bottes cirées, les mains gantées de daim, et son sourire où manquait une dent de devant.

Et il agitait un gant vers la droite.

Notes sur les sources d'information

La source principale de ce livre a été Sam Pivnik lui-même. Au fil des années, il a relaté son histoire à sa famille, à ses amis, et à divers médias, mais il n'est jamais rentré dans les détails comme ici. Entre 2007 et 2011, Sam a donné une série d'interviews à ses amis Philip Appleby et Adrian Weale. L'historien Mei Trow s'est ensuite joint à cette équipe et a mis ce livre en forme.

Dans ces enregistrements, Sam a revécu des expériences traversées entre treize et vingt-deux ans. Il est aujourd'hui âgé de quatre-vingt-cinq ans. Inévitablement certains détails sont devenus confus dans son esprit, et ce livre le souligne quand c'est le cas. Certains de ces épisodes demeurent probablement trop douloureux pour que Sam puisse les affronter et les communiquer. Lorsqu'il dit : « J'étais commotionné » ou bien : « La terreur m'envahit à nouveau », les lecteurs ou même ceux qui ont travaillé à ce livre ne peuvent que tenter de comprendre ce qu'il ressent. L'expérience de l'Holocauste était si douloureuse et destructrice qu'il est probablement impossible à quiconque aujourd'hui de la saisir dans sa totalité.

Lyn Smith qui a interviewé d'autres survivants pour l'*Imperial War Museum* résume succinctement le problème : « De nombreux survivants des camps confondent les noms et les lieux… ce qui n'a rien d'étonnant ; ce n'est que depuis que cette période est revenue au premier plan, en particulier avec le procès d'Eichmann en 1961, que l'Holocauste, son histoire et son organisation ont commencé à attirer l'attention. Ces personnes [les survivants] se sont trouvées dans une situation de confusion, de chaos, de bouleversement, conçue à dessein par les nazis. »

Les gens de la génération de Sam n'ont eu droit à aucun suivi psychologique après avoir traversé une épreuve pareille. Il existe aujourd'hui tout un éventail d'aides psychologiques et psychiatriques, accessibles aux survivants ayant traversé des événements traumatisants. Dans l'Europe d'après-guerre, personne n'avait envie de savoir, ni les vaincus, ni les vainqueurs. Les victimes de l'Holocauste devaient supporter leur fardeau, quel que soit le pays dans lequel elles avaient finalement élu domicile.

Les souvenirs de Sam ont été recoupés et vérifiés chaque fois que c'était possible par Philip Appleby. Il fut interviewé en 1989 par le *Norddeutscher Rundfunk* pour un documentaire allemand et participa en 2012 à un documentaire sur l'attaque aérienne du *Cap Arcona* pour Channel Five. De même que d'autres survivants, il fut interviewé en 1992 par une équipe de chercheurs du *University College of London*.

Les événements relatés par Sam ont été replacés dans leur contexte pour que les lecteurs puissent les évaluer à leur juste valeur. Par exemple, l'invasion de la Pologne par la *Wehrmacht* en septembre 1939 fut incomprise par les Polonais adultes de l'époque – ils attendaient des tanks anglais ou français. Ainsi, comment un garçon qui venait d'avoir treize ans aurait-il pu percevoir correctement ces cataclysmes ? Le contexte de l'Holocauste doit être expliqué lui aussi, à travers ses connotations raciales, mais nous sommes toujours revenus aux événements vécus par Sam, au travers du filtre des rumeurs et de la propagande.

Les souvenirs que Sam garde de Bedzin sont confirmés par la documentation, et accessibles sur www.jewishvirtuallibrary.org, une série d'articles écrits par des experts juifs et polonais. Ses souvenirs du camp peuvent être vérifiés grâce au grand nombre d'ouvrages aujourd'hui disponibles, le plus impressionnant étant : *Auschwitz : Nazi Death Camp*, publié par le musée d'État d'Auschwitz-Birkenau et Douglas Selvage, 1996 (deuxième édition) et *Auschwitz : les nazis et la « solution finale »* de Laurence Rees.

Les souvenirs de Sam sur la marche de la mort et notamment sa fin peuvent également être recoupés grâce au livre de Gerhard Hoch *Von Auschwitz nach Holstein : Die jüdischen Häftlinge von Fürstengrube*, écrit en 1998. Son compte rendu décapant du naufrage du *Cap Arcona* peut l'être grâce à la documentation officielle de la Royal Air Force dans *A Survey of Damaged Shipping in North Germany and Denmark* (1945), vérifié aujourd'hui par *The Air Historical Branch of the Ministry of Defence*.

Appendice

Ces listes (dont l'original se trouve dans les archives d'Auschwitz) montrent que j'ai été enregistré comme le prisonnier Pivnik, matricule 135913 à Auschwitz-Birkenau, le 6 août 1943.

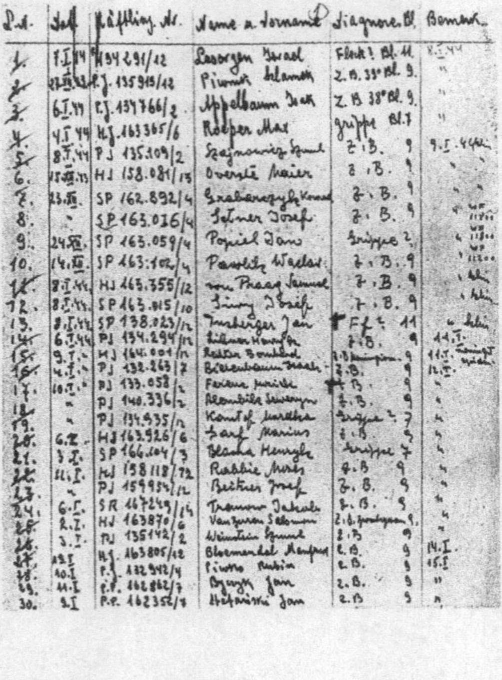

L.N.	Tag	Häftling Nr.	Name u. Vorname	Diagnose Bl.	Bemerk.
1.	7.I.44	H.J. 134.291/12	Lasorgen Israel	Fleck? Bl. 11	8.I.44
2.	27.[illegible].43	P.J. 135.913/12	Piwnik Salamon	Z.B. 39° Bl. 9.	"
3.	6.I.44	P.J. 134.766/2	Appelbaum Isak	Z.B. 38° Bl. 9.	"
4.	4.I.44	H.J. 163.365/6	Roeper Max	Grippe Bl. 7	"
5.	8.I.44	PJ 135.109/2	Szajnowicz Szmul	Z.B. 9	9.I.44
6.	15.[illegible].43	HJ 158.081/13	Oversluis Maier	Z.B. 9	"
7.	23.[illegible].	SP 162.892/4	Grabarczyk Konrad	Z.B. 9	"
8.	"	SP 163.036/4	Setner Josef	Z.B. 9	[illegible]
9.	24.[illegible].	SP 163.059/4	Popiel Jan	Grippe 2	[illegible]
10.	14.[illegible].	SP 163.102/4	Pawlitz Waclaw	Z.B. 9	[illegible]
11.	8.I.44	HJ 163.355/12	van Praag Samuel	Z.B. 9	[illegible]
12.	8.I.44	SP 163.015/10	[illegible] Josef	Z.B. 9	[illegible]
13.	8.I.44	SP 138.023/12	Insberger Jan	Ff.? 11	[illegible]
14.	6.I.44	PJ 134.294/12	[illegible]	Z.B. 9	11.I.
15.	9.I. "	HJ 164.001/12	[illegible]	Z.B. [illegible] 9	11.I. [illegible]
16.	4.I. "	PJ 132.263/7	[illegible]	Z.B. 9	12.I.
17.	10.I. "	PJ 133.058/2	[illegible]	Z.B. 9	"
18.	"	PJ 140.336/2	[illegible]	Z.B. 9	"
19.	"	PJ 134.935/12	[illegible]	Grippe ? 7	"
20.	6.I.	HJ 163.926/6	[illegible] Marius	Z.B. 9	"
21.	3.I.	SP 166.104/3	Blacha Henryk	Grippe 7	"
22.	11.I.	HJ 158118/12	Rabbie Moses	Z.B. 9	"
23.	"	PJ 159954/12	Bechner Josef	Z.B. 9	"
24.	6.I.	SR 167249/14	[illegible] Jakob	Z.B. 9	"
25.	2.I.	HJ 163870/6	Van Zuren Salomon	Z.B. [illegible] 9.	"
26.	3.I.	PJ 135142/2	Weinstein Szmul	Z.B. 9	"
27.	13.I.	H.J. 163805/12	Bloemendal Manfred	Z.B. 9	14.I.
28.	10.I.	P.J. 132942/4	Piwko Rubin	Z.B. 9	15.I.
29.	11.I.	P.P. 162862/7	[illegible] Jan	Z.B. 9	"
30.	9.I.	P.P. 162352/7	[illegible] Jan	Z.B. 9	"

Ces documents prouvent également que j'ai été admis à l'infirmerie des prisonniers du Bloc de quarantaine le 27 décembre de la même année.

À les relire, il est clair qu'on m'a transféré d'une unité de soin à l'autre, mais j'étais trop malade pour me rendre compte de l'endroit où je me trouvais.

XVII

Lfde. Nr.	Häftlings-Nr.	Bemerkung	Lfde. Nr.	Häftlings-Nr.	Bemerkung
1084	141001		1112 o	140793	
85 o	161712		1113 oc	A 9042	
86 o	B13350		1114 o	B6950	
87 o	A 4263		15 oa	141117	
88 o	B6927		16 o	B13358	
89 o	A3388		17 o	B13359	
90 o	B6952		18 oc	B13336	
91 o	B6892		19 oc	141181	
92 o	B13530		[illegible] o		
93 o	159631		20 o	B13346	
94 oc	B6972		21 o	B6973	
95 o	B13606		22 o	B13356	
96 oc	B13518		23 oc	B13521	
97 oc	176034		24 o	B5382	
98 o	B13310		25 oc	B13519	
99 o	141104		26 o	141040	
1100 oc	B7077		27 o	159664	
1101 o	113863		28 oc	141245	
1102 oc	174282		29 o	135913	
1103 oc	B6917		30 o	140789	
1104 o	B13332		31 o	161584	
1105 o	B13340		32 o	176005	
1106 o	113694		33 oc	140999	
1107 o	B13319		34 oc	161711	
1108 o	140802		35 o	141150	
1109 oc	140732		36 o	B7032	
1110 oc	B13313		37 oc	141019	
1111 oc	B13317		38 o	141042	

567/53

Remerciements

Il y a trop de gens que j'aimerais remercier d'avoir participé à la publication de ce récit pour que je puisse les nommer tous. Certains d'entre eux occupent néanmoins une place particulière et je voudrais leur signifier ma gratitude : Philip Appleby, pour sa patience et son indéfectible soutien – ce livre n'aurait pas vu le jour sans lui ; Andrew Lownie, mon agent, qui avait foi en ce projet ; Rupert Lancaster, Kate Miles et toute l'équipe éditoriale de Hodder & Stoughton ; tous les chercheurs et auteurs qui ont collaboré avec moi pendant des années, en particulier Danielle Fox et Adrian Weale, mes amis et sympathisants, Ray Appleby, David Breuer-Weil et Alan James ; Judith Hassan et tout le personnel du *Holocaust Centre* de Hendon ; Chris Brassett ; Jill Pivnik, ma belle-sœur, et Mei Trow, l'auteur compétent qui a su animer mes souvenirs, les mettre en forme, et leur rendre vie. Mais je voudrais surtout ici remercier ceux qui n'ont cessé de me manquer depuis ma prime jeunesse ; ma mère et mon père, mes frères et mes sœurs et tous mes amis de Bedzin. Ils m'ont donné la force de continuer.

Sam Pivnik

J'aimerais remercier quatre personnes en particulier pour le secours qu'elles m'ont apporté dans la rédaction de ce livre. Tout d'abord – comme toujours – Carol, ma femme, qui a passé tant d'heures à taper ce manuscrit, et ce, même avec un coude fracturé ; Taliesin, mon fils, qui s'est révélé comme toujours lui aussi un chercheur infatigable, un critique amical et, en cette occasion, un dactylo de secours ; Greta Hofmann pour ses indispensables traductions de textes allemands ; et Bryan Jackson, pour m'avoir accordé l'accès à son impressionnante bibliothèque consacrée à l'Holocauste.

M.J.T.

Remerciements photos

Collection de l'auteur : pages 1, 2 (photos du haut et du milieu), 3 (photo du haut), 8 (photo du haut), 9, 10, 11, 12 et 13 (photos du haut et du milieu). Aish UK : page 14 (photo du haut), 15. Akg-images : 4 (photo du haut), 5 (photo du haut), 8 (photo du milieu). Forray Didier/sapaphoto.com/Alamy : 7 (photo du haut). Getty Images : 3 (photo du bas), 4 (photo du bas), 6 (photo du bas de David Clapp). Avec l'aimable autorisation de Bernd Janssen : 13 (photo du bas). Adrian Weale : 6 (photos du haut et du milieu), 14 (photo du bas), 16. Yad Vashem, l'autorité pour le souvenir des martyrs et héros de l'Holocauste : 2 (photo du bas), 3 (photo du milieu), 5 (photo du bas). United States Holocauste Memorial Museum, Washington DC : 7 (photo du bas).

Le maximum a été fait pour retrouver les propriétaires des droits des photos reproduites ; s'il y avait une quelconque erreur ou omission, l'éditeur s'engagerait bien sûr à rectifier le copyright erroné lors d'une future réimpression.

***Sam Pivnik** est né le 1er septembre 1926 à Bedzin, dans le sud-ouest de la Pologne, près de la frontière allemande.*

En 1943, sa famille a été déportée à Auschwitz-Birkenau où le père et la mère de Sam, ses deux sœurs et ses trois frères cadets furent exterminés.

Après-guerre, Sam est devenu un marchand d'art respecté par ses pairs à Londres, et ses souvenirs sont aujourd'hui connus du grand public grâce à ses tournées de conférences.

***MJ Trow**, le collaborateur de **Sam Pivnik** pour la rédaction de* Rescapé : Auschwitz, la Marche de la mort et mon combat pour la liberté, *est l'auteur de nombreux ouvrages historiques sur des époques très diverses. Il a étudié l'Histoire militaire au King's College, à Londres. Il donne à présent régulièrement des conférences et participe à des émissions télévisées dans le monde entier.*

Table des matières

Cet ouvrage a été composé et mis en page par Nord Compo à Villeneuve-d'Ascq

Imprimé en France par CPI
en juin 2022
N° d'impression : 2065488

Pocket – 92 avenue de France, 75013 PARIS

Dépôt légal : juillet 2014
Suite du premier tirage : juin 2022
S24622/10